名师精讲
语文

上 从基础到高分

申怡

著

中国大百科全书出版社

图书在版编目（CIP）数据

名师精讲语文 . 从基础到高分 上 / 申怡著 .

北京：中国大百科全书出版社 , 2025. 1. — ISBN 978-
7-5202-1789-7

Ⅰ . G234.303

中国国家版本馆 CIP 数据核字第 2024V0C686 号

出　版　人：刘祚臣

策划编辑：杜晓冉

责任编辑：杜晓冉　程忆涵

责任校对：张恒丽

封面设计：末末美书

责任印制：李宝丰

出版发行：中国大百科全书出版社

地　　　址：北京市西城区阜成门北大街 17 号

邮政编码：100037

网　　　址：http://www.ecph.com.cn

电　　　话：010-88390718

印　　　制：北京市十月印刷有限公司

字　　　数：173 千字

印　　　张：11.25

开　　　本：889 毫米 ×1194 毫米　1/16

版　　　次：2025 年 1 月第 1 版

印　　　次：2025 年 1 月第 1 次印刷

ＩＳＢＮ：978-7-5202-1789-7

定　　　价：118.00 元（上、下）

序言

作为一个从教 30 年的语文老师，我经常收到学生和家长的咨询，"我就是阅读理解不会解题怎么办？""我的孩子别的都好，就是文言文不行怎么办？"其实，能够这样发问的学生和家长，对语文的认知是有偏差的。在语文老师眼里，语文学习虽然可以分模块，但必须作为一个整体来系统提高，模块与模块之间，更是相互促进和带动的。一个真正语文好的学生，通常每个模块都好，没什么短板。而一个语文偏弱的学生，通常哪哪都是漏洞。

不管是哪个学科，都有共通的规律，"基础不牢，地动山摇"，语文也不例外。如果字词句的基础都不扎实，怎么可能做好阅读理解，怎么可能写得好作文？如果连意象和意境都分不清楚，怎么能够鉴赏诗词？如果文言文的常用实词和基本语法不能掌握，怎么可能读懂从未见过的课外文言文？

语文就像一座宏伟的宫殿，汉字、词和短语就像大大小小的砖块，是建筑起这座宫殿最基础的材料；语法、标点就像水泥、砂浆，它们把砖块有机地连缀起来砌成句子墙壁；修辞就像是墙上的装饰和独特的设计，让句子富于变化和韵味。这样的句子搭建起来，就形成了诗词、文章、名著等一间间屋子，可以让我们在里面诗意地栖居。

这本《名师精讲语文：从基础到高分》，就是打开这座语文宫殿的钥匙。大家可以从汉字开始，了解语文宫殿每一个模块和构造之法，一步步走进这座妙不可言的殿堂，不但可以懂得欣赏，更能够学会创造。

不过，走进语文宫殿、创造自己的宫殿的过程一定是长期的，所以，大家不要急，也不要看到这么厚厚的一大本就望而却步。那要怎么使用这本书呢？

首先，它是一本语文知识的索引大全，是一本可以陪伴你整个基础教育阶段 12 年语文学习的工具书，在平时的学习过程中，哪个地方遇到了问题和障碍，就可以来查找一下对应的条目。比如，你不理解什么是"双关"，就可以找到这个条目去了解基础常识，掌握常规用法。

其次，它也是一本系统化的语文知识读物，对于初中生或高中生，完全可以一个章节一个章节地系统阅读。每个章节后面都有一幅思维导图，对本章的内容进行了系统梳理，不但能让你夯实每一个基础概念，还可以串联起每一个模块的知识，建立起知识体系。当你的脑海里建立起了语文知识的体系，并对每一个模块的内容都了然于胸，那么任何形式的考试，都不再是让你摸不着门道的迷宫，而是一次你在语文宫殿中的徜徉。

最后，它还是一本让你拓宽语文视野的兴趣指南。比如，当你通过这本书了解了汉字的基本知识，并对汉字产生了更加浓厚的兴趣，那么你也可以再去找一本专门讲解汉字的书，再来进行深入的学习；如果你读了这本书里对诗词或名著的介绍，又觉得意犹未尽，那么你也可以再去听听我讲解的诗词和名著的课程，进行专项的学习。

有人说，"得语文者得天下"，也有人说，"学好数理化，走遍天下都不怕"。其实，语文根本不必与数理化去争学科地位，因为语文知识和语文能力是终身使用，令人终身受益的。无论你从事什么工作，大多都要写报告、写总结、写方案，这些输出都需要语文能力。自媒体时代，很多人都想成为个人 IP，擅于表达是 IP 的必备技能，背后自然也是依赖语文能力的。我们身处迅速发展的世界，要想保持竞争力必须要终身学习，只有学好语文，掌握高效阅读的方法，才能更好地通过阅读去学习。

拿上这把通向语文宫殿的钥匙，出发吧！

句子与标点

修辞与文章

1

汉字

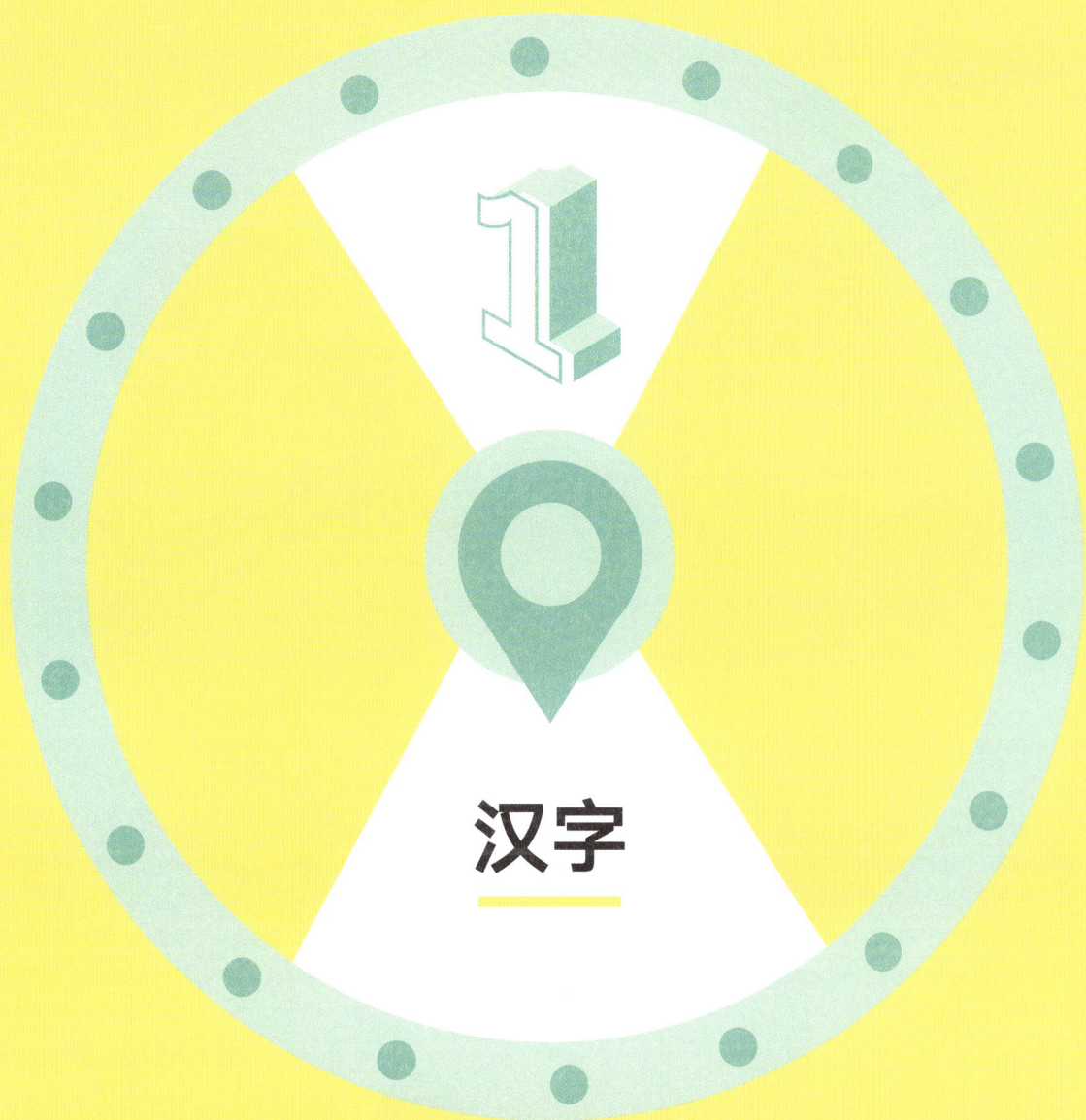

汉字是中华文化的载体。文章、文学、文化都是从文字上生长出来的。这一章会讲到汉字的定义、造字法（六书）、字体演变（七体）、汉字结构、字音、字义等 30 余个概念，帮助大家透彻理解与汉字相关的基础知识。

定义与特点

汉字是记录汉语的文字，是一套完整、成熟的文字符号系统。简单来说，我们日常说出来的语言被称作汉语，书写出来的文字就是汉字。

汉字是世界上最古老的文字之一，也是迄今为止持续使用时间最长的文字。

世界上大部分文字都是拼音文字，而汉字属于表意文字，字形是大小均等的方块字。经过几千年的演变，汉字在形体上逐渐由图形变为笔画，由象形变为象征，由复杂变为简单；现在，汉字有繁体字和简化字两套系统，我们日常使用的是简化字。

汉字到底有多少个呢？据统计，汉字有8万~10万个，不过我们日常使用的只有几千字，《新华字典》收录的单字有13000余个。

3000个常用字就能覆盖99%的书面资料，即掌握3000个常用字基本可以满足日常应用。囊括了13部儒家经典的古籍《十三经》一共使用了6600多个汉字。所以，如果认识6000个汉字，基本就可以通读古今著作，称得上掌握汉字密码的识字达人了。

造字法

汉字是怎么形成的呢？汉字发展到汉代，有学者对汉字进行了归纳和总结，把汉字的构成和使用方式归纳成六种类型，总称六书，也就是六种造字法。六书包括象形、指事、会意、形声、转注和假借。

象形

象形是一种描摹事物形状的造字法。象形字就是用文字的线条或笔画，把要表达的物体的外形特征具体勾画出来。古埃及象形文字、苏美尔楔形文字、古印度文字以及中国的甲骨文，都是独立地从原始社会最简单的图画和花纹中产生出来的象形字。

象形字脱胎于图画，有的像事物的形状、轮廓，有的只体现局部特征，虽具很强的图像性，但并没有画得很细致，只把一类事物的特征表现了出来。

象形字通常分为两种，独体象形和依附象形，其中依附象形又叫合体象形。独体象形指形体是单体结构、不可再分割的象形字，如人、日、水等。合体象形指形体是双体或多体复合结构的象形字，如眉、竹、巢等。

例如下图"女"字的演变。最早的甲骨文，"女"字画的是女性双手交叉跪坐的形象，最后变成了我们现在使用的样子。

| 甲骨文 | 金文 | 篆书 | 隶书 |

再来看一个与物品相关的例子。下图是甲骨文与金文字体的"酉"字，是不是非常像一个酒瓶？这个字也属于象形字，而且本义就是"酒"。

| 甲骨文 | 金文 |

通过以上的概念和例子，是不是对象形字有了更深的理解呢？

指事

指事是一种相对比较抽象的造字法，对没有具体形象的事物，或不方便画出具体形象的事物，就用一种抽象的符号来表示。用指事法造出来的字就是指事字，大多数指事字是在象形字的基础上添加笔画或符号创造出来的。

指事字的类别比象形字多一种，总共有三种。

第一种称作独体指事字。独体的汉字，在形体上没有经过后来的增减或变更，用来表示抽象事类。这类汉字通常以线条、符号来指明抽象概念。比如常见的上、下、一、二、三等。

第二种称作合体指事字。当已有的文字形象或符号不足以表达抽象概念的时候，就要以一个文字为主体，附加不同的符号，二者组合成新的文字，如刃、末等。

第三种称作变体指事字。有的时候为了表达一些更抽象的概念，会把一个完整的形象进行位置上的变化，例如左边换到右边、上下颠倒等，通过这种变化来传达一种抽象的意义。如在小篆字体中，"乏"的字形就是"正"字做了水平翻转，而"乏"字的本义就是不正。

来看下面两张图，第一张图是汉字"人"的演变，第二张图是汉字"元"的演变。

甲骨文　　　金文　　　篆书

甲骨文　　　金文　　　篆书

甲骨文为了便于刻写，头部通常用一横或两横来表示。"人"和"元"两个字的甲骨文很像，在"人"字的顶端加两横就是"元"字。"元"字最初表示的就是人头的意思。早期金文中的"元"字，像一个侧面而立的人形，特别突出了人的头部，后来就变成现在的样子。从上往下看"元"字，第一个能看见的部位就是"头"，所以现在，"元"字又表示事情的开头，有了"开始、第一"的意思。

从前面讲解可知，大多数指事字是在象形字的基础上衍变而来的。那怎么区分象形字和指事字呢？

来看两张图，上面是象形字"瓜"，下面是指事字"刃"，对比这两张图你看出什么了吗？

| 金文 | 篆书 | 隶书 |

| 甲骨文 | 篆书 | 隶书 |

前面讲了，象形字的重要特征是这个字很像要描绘的事物，但有的字是通过附带的部分成为象形字。比如"瓜"是象形字，就是附带了瓜蔓的样子。指事字的重要特征是用抽象符号来进行提示，但有一类指事字是在象形字上加提示符号，比如"刃"字，是在刀口上加一个点，表示刀刃所在，这个点就起到一个提示的作用。

会意

用两个或两个以上的独体字根据它们意义之间的关系合成一个字，综合表示这些构字成分合成的意义，这种造字法叫会意。用通俗的话来说，两个独体字有各自要表达的意思，它们合到一起之后，表示新的意思，于是，合起来的两个字就成了一个新的字，这种方法造出来的字就叫会意字。

会意字分为两种，一种是异体会意字，用不同的字组成。如"武"，从戈从止，"戈"是兵器，"止"是"趾"的本字，戈下有脚，表示人拿着武器走，有征伐或显示武力的意思。另一种是同体会意字，用相同的字组成。如"从"，表示两人前后相随；"比"，表示两人接近并立。

举个例子，"有"字的金文形象表现了一只手持肉的样子。手上提着一块肉，怎么就是"有"呢？

有			
	甲骨文	金文	篆书

原来，在很久很久以前，解决温饱问题是非常重要的事。那时野兽的肉是人类的主食，有了肉就能解决温饱，有肉才算是真正的"有"。

前面介绍了象形、指事和会意三种造字法，那么，这三种造字法有什么区别呢？其实它们最大的区别就是能不能拆开。

象形字和指事字都是整体，不能拆开，我们称为独体字。比如下图象形字"鹿"，它的甲骨文最上面是两个鹿角，下面是鹿长长的脖子和有力的肢体，这个字最初是根据鹿的样子画出来的，因此不能拆开。

鹿			
	甲骨文	金文	篆书

再如前面讲过的指事字"刃",在"刀"上加一点,表示刀锋所在,如果拆开之后,"丿"不是独立的文字。

而会意字是"合文"为字,是以象形或指事为构件的复合体,所以会意字可以拆分为两个或两个以上的、可以独立表意的文字。如"信",左边是"亻",也就是"人"字,右边是口能言的"言",意思是人的言论应当是诚实的,所以这个字的本义是真心诚意。如果将"人"和"言"拆开,就是两个独立的汉字。

篆书

概括来说,象形、指事是以独体和静态来说明某种事物;会意则是以合体、动态来表明意思。反映在语法上,象形字、指事字大多都是名词,会意字则多是动词。当然,不全是这样,还要根据具体的字进行分析。

形声

形声这种造字方式是在象形字、指事字、会意字的基础上形成的。形声字由两个文或字(古代把独体字叫作"文",把合体字叫作"字")复合成体,由表示意义范畴的意符(形旁)和表示声音类别的声符(声旁)组合而成。意符表示意义,声符表示读音。简单来说,形声字 = 形旁(表示含义)+ 声旁(表示读音)。

形声是最高产的造字方式,80% 以上的汉字是形声字。形声字的分类比较多,有六种,大家不用刻意去记,了解就好。

左形右声	清	左声右形	锦
上形下声	竿	上声下形	想
外形内声	围	外声内形	闻

举个例子。下图的"抱"字是一个形声字，其本义是用手臂围住。在篆书中，其字形左边是一只手，代表字义；右边为"包"，代表字音。因为用手臂围住呈环绕之势，所以"抱"字后来引申为环绕之义。因为环绕有保护的意思，所以"抱"字还通"保"，意思是保护、爱护。此外，"抱"字用作名词，是胸怀、理想的意思，如"某某有远大的抱负"。

抱　胞　抱　抱

篆书　　隶书　　楷书

需要注意形声字的读音问题。由于古今语音的演变等原因，大约有四分之三的形声字其读音和其声旁并不相同，形声字并不是都能根据声旁来推断其读音。在答题时，一般形声字注音为"同声旁读音"的正确性小，注音为"不同声旁读音"的正确性大。所以，一定要摒弃"汉字读半边，不会错上天"的错误想法，养成勤查字典的习惯，准确记忆，注重积累。比如"砧板"的"砧"，就不读声旁"占（zhàn）"而读"zhēn"。

四体二用

除了前面说过的四种造字法，六书还包括转注和假借。但清代语言学家戴震有不同看法，他认为转注和假借不算是造字法，而算是用字法，即"用字之法"，所以六书的另一种说法是"四体二用"。

转注和假借非常复杂，大家不要过于纠结，能简单理解就行。

什么是转注字？许慎在《说文解字》中解释："转注者，建类一首，同意相受，考老是也。"意思是，两个字最开始同根同源，有可以归类的部首，也就是有相同的形旁，后来随着汉字慢慢发展，两个字中的一个转到了别的字义。许慎举例的两个字，"老"和"考"，甲骨文都是老人拄着拐杖，但慢慢"考"字变成了其他含义。

老

考

　　至于假借，可以理解为要创造新字比较麻烦，同时也是为了避免汉字大量增加而想出的办法。试想，如果先人遇到不同的情况就要造一个字，那么现在汉字的数量远远不止这些。所以古人遇到无法用已有汉字表达出来的意思就去借。比如，"自"字的本义是"鼻子"，后来被借去表达"自己"的意思。久而久之，本来临时借用的意思，渐渐为大家所熟知，本义反而消失了，这就是借而不还。现在提到"自"字，多理解为"己"，而不是"鼻子"。

自

　　文字从古到今是在不断演变的，不但写法在演变，读音也在演变。写法变了还有图形资料可以查证，而读音变了却没有语音资料可查，所以就不展开讲解转注和假借了。大家只要记住，这俩是用字法，而不是造字法，就可以了。

　　根据考古学的发现，汉字于新石器时代已经产生。在发展过程中，在形体上，由图形转变为笔画；在造字原则上，遵循形、意、声；在使用上，除了字的本义，还有转注、假借。可以说，汉字的创造和演变是丰富而璀璨的，同时又是优美而富有逻辑的。中华文明绵延数千年，汉字承载了中华民族的荣辱和兴衰，传承了中华民族的灿烂与辉煌。因此，了解汉字，学习汉语，应当是每个中国人的责任。

字　体

七体是汉字独有的七种结体方式，包含甲骨文、金文、篆书、隶书、楷书、草书和行书。

甲骨文

甲骨文是中国商代晚期王室为了占卜记事而在龟甲或兽骨上刻的文字。甲骨文很像图画。

殷商时期，王室贵族上至国家大事，下至私人生活，如祭祀、气候、收成、征伐、田猎、病患、生育、出门等，都要求神问卜，得知吉凶祸福之后再决定做不做这件事。于是，占卜成了国家政治生活中的一件大事，朝廷设置了专门的机构和卜官。因此甲骨上的卜辞成为研究商代历史的第一手资料，它反映了 3000 多年前的社会生活的各个方面。占卜在周代逐渐绝迹，其文字也逐渐不为人知。

甲骨文是目前已知中国最早的成体系的文字形式，现代汉字即由甲骨文演变而来。目前发现了大约 15 万片甲骨。甲骨文单字数量已逾 4000 字，研究者已经解读的约占三分之一。

来看几个甲骨文，猜猜都对应的是什么字。

甲骨文

第一个是"蛇"，第二个是"马"，第三个是"羊"。你猜对了吗？

那甲骨文都记录了什么事呢？第 10405 号甲骨上面记载了世界上最早的一起重大交通事故。这片甲骨共分为三部分，其中中间的部分记载了这次重大交通事故的全过程。

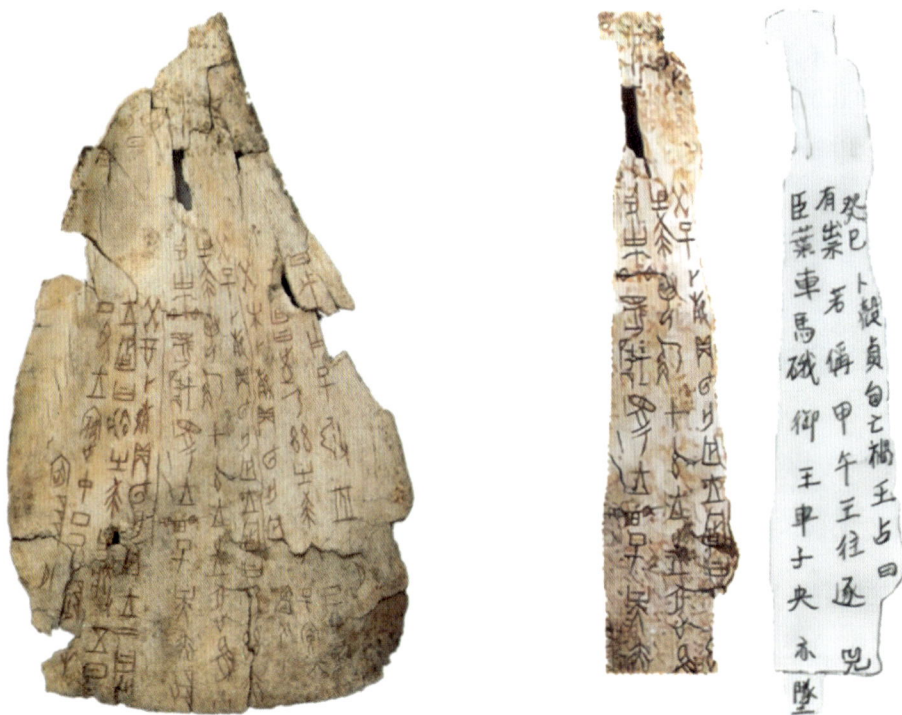

第 10405 号甲骨

癸巳日那天，殻（qiào）（人名）卜了一卦，问接下来十天内有没有祸事。国君武丁的占卜结果显示将有鬼神作祟。结果，占卜真的应验了。甲午日那天，武丁去打猎捕兕（sì），也就是犀牛。小臣"甾"（zī）驾驶的那辆车车轴突然断了，马到处乱撞，撞翻了武丁的王车。"子央亦坠"，子央（应该是国君武丁的儿子）也坠下地了。这里的"亦"字也有深意，说明还有人"坠"了。那么这个人是谁呢？从王车上掉下去，还要避尊者讳不提名字，所以肯定是国君武丁"坠"了。

你们看，甲骨文是不是很有意思呢？它不单是一堆符号，还体现了先人的智慧、社会文化的演变，更有助于我们了解和研究商代的历史文化。

金文

金文，是中国古代刻铸在青铜器上的文字。先秦时称铜为金，所以后来就把刻在青铜器（主要是钟和鼎）上的文字叫作金文，也叫钟鼎文。

金文应用的年代上至商代末期，下至秦灭六国，经历了千余年的发展变化，样式大同小异，有商代金文、西周金文、春秋金文、战国金文、秦汉金文等。到西周时，金文大为流行。金文记录的内容与当时王公贵族的活动息息相关，多为祀典、赐命、征伐、围猎以及契约之事，记录丰功伟绩等重大事件的也不少。

据文字学家容庚在《金文编》中的记载，金文的字数共计 3722 个，其中可以识别的字有 2420 个。我们通常讲的金文，多是指商周金文，即商、西周和春秋时期的金文。

来看下图。"走"字，上半部分画了一个两臂前后摆动的人，下半部分画了一只脚，一个人踩在一只脚上走，那不就走得更快了吗？"走"本义就是跑，后来又有了逃跑的意思。不过，现在我们用"走"字，就只是表示行走，没有跑的意思了。

金文

有一些字金文看着和甲骨文很像，金文有什么独有的特点呢？

早期的金文比甲骨文更象形。比如说下图的"犬"字，犬就是狗，"犬"字甲骨文里画的就是尾巴向上卷的一只狗，但我们可以直观发现金文比甲骨文更接近狗的形象。

甲骨文　　　　　金文

早期金文笔道圆转肥粗，多团块。甲骨文的主要特点是笔道细和直笔处多，弯折处大多比较锐利、有棱角。金文则不同，其笔道非常肥、粗，弯笔处也很多，弯折处大多呈现团块样。比如下图的"步"字。

甲骨文　　　　　早期金文

后期金文的笔道由圆转肥粗变为线条化。见下图"家"字。房子通常用于祭祀祖先或召开家族会议，所以早期金文的"家"，房子里是一个很明显的猪的象形。到了后期，金文房子里的猪形演变成了"豕"，即野猪。"豕"显然比一只猪的象形更线条化，也更容易篆刻。在那个时候，野猪比老虎、熊还危险，是非常难得的祭品，所以最隆重的祭祀是用野猪做祭品。

早期金文　　　　　后期金文

后期金文出现了美术化的倾向。随着时间的推移，到了春秋时期，金文的线条也逐渐变得更美术化了，例如"元"字的金文演变将这一点体现得非常明显。

商　　周　　春秋　　春秋

篆书

篆书分为大篆和小篆。大篆一般指春秋战国时代秦国的文字，小篆指秦始皇统一六国后整理、推行的标准字体。

大篆字形比金文整齐，笔画均匀，仍有少量的异体字。到目前为止，专家学者对大篆包含哪些具体种类仍然没有统一的看法，所以这里就不展开讲了。

我们常说的篆书指的是小篆。小篆的特点是构字线匀圆整齐，线条化；结构简化统一，定型化。小篆通行的时间虽然不长，但它是汉字发展中的一个重要阶段，标志着汉字史上的第一次大统一。

甲骨文　　　金文　　　小篆

来看"舞"字的演变图。"舞"的甲骨文字形，像一个人两手执鸟羽而舞，也有学者认为像一个人衣袖上佩戴着穗状饰物，舒展衣袖翩翩起舞。金文字形就变得复杂起来了，上半部分保持了甲骨文饰物的字形，下半部分添加了左边的彳（chì）和右边的止（趾）。彳和止都是行走的意思，跳舞的时候当然要移动脚步了。而小篆字形，下半部分简化成了两只相背的脚，指舞蹈时脚步的移动，字形就变得更加美观了。

因为小篆外形美观，两千年来，人们一直用它镌刻印章。

鄱阳湖畔的西汉海昏侯墓中曾出土一枚印章，上面清清楚楚地刻着"刘贺"二字，正是这枚印章帮助考古工作者认定了墓主的身份。这枚印章是汉代常见的"方寸之印"，印文"刘贺"二字为阴刻篆书，左右等分。字迹线条粗细基本一致，空间分割讲求匀适，显示出方朴端重的艺术风格。除了印章使用小篆之外，虎符上的字也使用小篆来书写。虎符是秦时调动军队之符信，是国家重器，制作朴厚、文字精美，有的甚至采用错金工艺，也就是用金子镶嵌后抛光。

西汉海昏侯刘贺印章

现存的阳陵虎符、新郪（qī）虎符等至今字迹完好，笔画规整，是秦小篆的重要遗存。

阳陵虎符

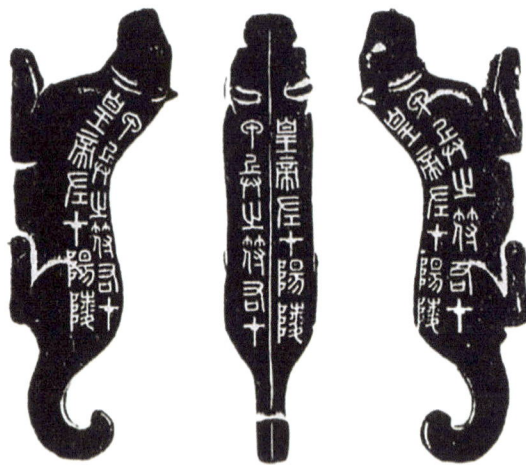

"甲兵之符，右在皇帝，左在阳陵"

阳陵虎符是秦始皇颁发给阳陵守将的兵符，据说是郭沫若在重庆偶然发现的。这个虎符呈卧虎状，可中分为二。虎的左、右颈背各有相同的错金篆书铭文12字——"甲兵之符，右在皇帝，左在阳陵"，但由于年代久远，对合处已经锈死，不能分开。阳陵虎符现藏于中国国家博物馆。

隶书

隶书是在篆书基础上，为书写便捷而产生的字体，有秦隶（也叫古隶）和汉隶（也叫今隶）两种。秦隶是形成于秦代的隶书，把小篆圆转弧形的笔画变成方折平直的笔画，基本摆脱了古文字象形的特点。汉隶是在秦隶的基础上演变而来的，是汉代通行的字体，字形规整，撇、捺、长横有波磔（zhé），很少残存篆书痕迹。隶书的出现，是古代文字与书法的一大变革。现在说的隶书，通常是指汉隶。

秦隶相传是秦代的程邈所作。他本是一个县里的狱吏，对文字很有研究，因为得罪了秦始皇，被囚禁在云阳（位于今陕西省咸阳市）狱中。他感到当时官狱公牍繁多，篆书结构复杂，书写不便，就对篆书进行整理，削繁就简，变圆为方，拟定了一批日常应用的标准隶书，最后做成了隶书 3000 字奏报秦始皇。秦始皇看到之后很欣赏，不但赦免了程邈的罪，而且起用他做了御史，并规定这种字体在官狱中应用。官府衙役古代叫"隶"，故这种字体被称为隶书，程邈则被称为"隶书之祖"。

右图是 2002 年在湖南省龙山县发现的里耶秦简。这批简牍的字体为古隶书，也就是秦隶。它没有标准隶书中的蚕头雁尾，而是笔画平正短促，字迹工整，运笔流畅自如，是篆书到隶书的过渡书体，有些字还明显保留着篆书的特征。字大多呈方形和长形，用笔相对单一，起伏变化不大，但很有线条的质感，既具备篆书的特征，又有隶书的灵动。

隶书便捷适用，因而迅速发展，到西汉时期已成为官方及社会认可的通用文字，以隶书为主的时代从此开始，直到东汉，达到隶书字体发展的全盛时期。

《张迁碑》是汉隶的典型代表，刻于东汉中平三年（186 年）无盐（位于今山东省泰安市）境内，于明代出土。《张迁碑》是东汉晚期作品，通篇为方笔，碑文记载了张迁的政绩，属于传世汉碑中风格雄劲的典型作品。碑文隶书朴厚劲秀，方整多变，碑中字体大量渗入篆体结构，字形方正，用笔棱角分明，长横有波磔，具有齐、直、方、平的特点。

隶书所谓的"波"，是指笔画左行如曲波，后楷书中变为撇；

秦隶，里耶秦简

所谓"磔"指右行笔画的笔锋开张，形如"燕尾"的捺笔。写长横时，起笔逆锋切入如"蚕头"，中间行笔有波势俯仰，收尾有磔尾，笔势飞动，姿态优美。

楷书

楷书也称真书、正楷。"楷"是法式、模范的意思。楷书据传是东汉末年出现的新字体，在魏晋南北朝时期通行，一直沿用至今。楷书保留隶书的字形方正、笔画趋于直线、偏旁结构基本定型的特点，同时也比之前的字体更为简化。

在东汉隶书普遍使用之时，一些书迹的点画、结构已初具后世楷书的雏形。在书法史上，以楷书著称并有书迹传世的第一位大书法家是钟繇。钟繇生活在东汉桓帝元嘉元年至三国魏明帝太和四年（151～230年），他的小楷代表作有《贺捷表》《宣示表》等。

《贺捷表》是钟繇于建安二十四年（219年）末，听到蜀将关羽被杀后，写给曹操的奏章。钟繇运用了隶书的笔意，字体结构呈扁方形，整体的布局、字体之间的距离把握、字体大小的变化都非常完美。

自汉末由隶书逐渐演变，经过魏晋时代书写者的实践、创造和总结，楷书作为一种新的字体逐渐成形，从魏晋开始取代隶书而成为通行的正体汉字。

这一时期的主要人物是以东晋王羲之为代表的革新派。王羲之的楷书作品有《乐毅论》《黄庭经》《东方朔画赞》等。王羲之的儿子王献之在楷书上的造诣也非常高，他的《洛神赋》用笔挺拔，书法用笔已完

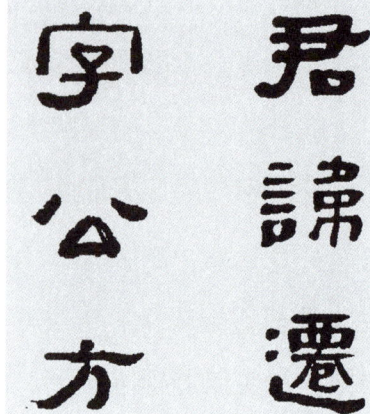

汉隶，《张迁碑》

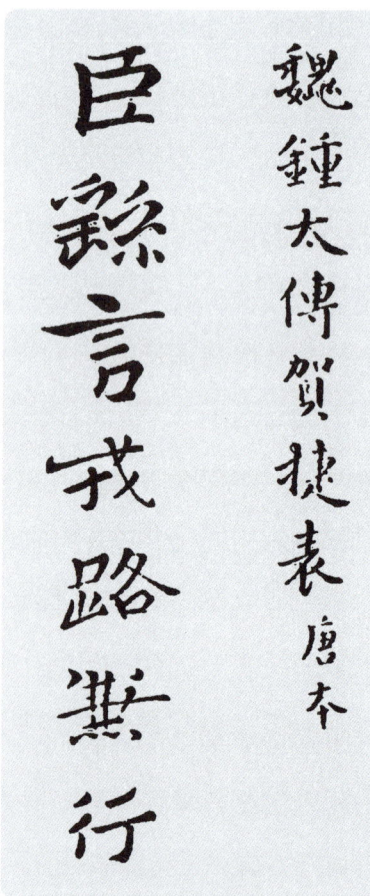

钟繇《贺捷表》

　　　　　　　　　　名师精讲语文：从基础到高分（上）

全没有隶意，既有王羲之楷书凝练、朴厚之质，又极具清健、秀逸的气韵。

南北朝时期，楷书绚丽多姿，技法逐渐完备，为楷书走向辉煌奠定了基础，由隋至唐是楷书达到极盛的历史时期。一是楷书在技法上高度成熟，创作走向程式化；二是典型书法家的典型楷书风格作为模式确立下来；三是形成了以书法家个人楷书风格特征作为书体流派，并以个人姓氏命名楷书风格类型的社会文化现象。欧阳询《皇甫诞碑》、褚遂良《房玄龄碑》、颜真卿《多宝塔碑》、柳公权《玄秘塔碑》都是非常有代表性的作品。

欧、颜、柳是楷书四大家中的三家（第四大家是赵孟頫）。欧阳询的字占了一个"险"字，字态显得凝重，通常竖画高耸，像极了山峰的险峻之色。颜真卿生活在盛唐时代，他的字在盛唐很有代表性，和初唐时期欧阳询字的瘦硬、褚遂良字的空灵相比，颜真卿的字写得肥大、雄壮。柳公权的字是唐代晚期楷书的代表，综合了欧、颜二人的字自成一家，他的字比欧字正，比颜字瘦硬，世称"颜筋柳骨"。晚唐时期的楷书，也达到了一种极致的境界。

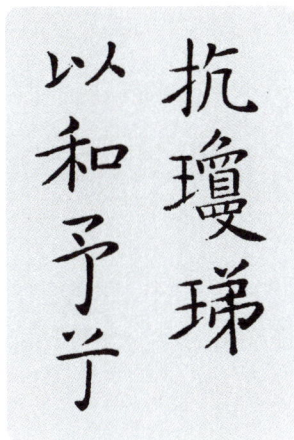

王献之《洛神赋》

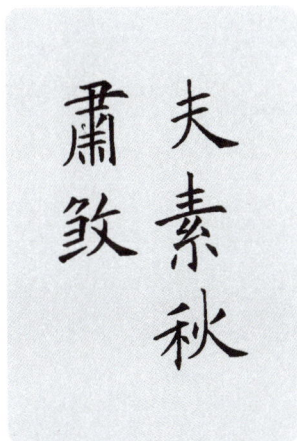

欧阳询《皇甫诞碑》

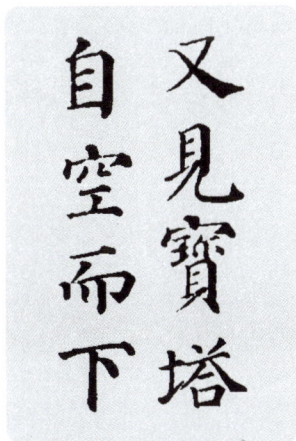

颜真卿《多宝塔碑》

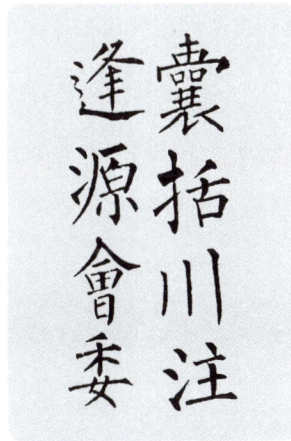

柳公权《玄秘塔碑》

楷书有三个特点。第一，点画精到。有点、横、竖、撇、捺、提、折、钩八种笔画，这八种笔画的写法称"八法"，"永"这个字的笔画涵盖了八种写法，所以书法界把用笔法则称为"永字八法"。第二，结字方正。楷书字体有方正、匀称、规整的特点。第三，章法规整。横要成行，竖要成列，在布局上有一种整齐匀称之美。

"永"字八法

草书

楷书、隶书都是工整好看的字体，但代价就是书写速度慢下来了，所以随着书法的发展，在汉代初年，产生了一种书写快速便捷的书体——草书。

草书并不是书写潦草的意思，而是按一定规律将字的结构简省，笔画钩连在一起，有的地方看似断开了，其实是一笔下来的，有时候连着的两个字还会共用一个偏旁，所以草书虽然看起来比较潦草，但并不是随心所欲地乱写。不过，对于不熟悉书法的人来说草书不易辨认，所以草书是一种有较高艺术价值的字体，其审美价值远远超越了实用价值。

草书分为章草、今草和狂草。

初期的草书打破了隶书方整规矩的写法，被称为章草。章草是早期草书和汉隶相融的雅化草体，波挑鲜明，笔画钩连呈波形，字字独立，字形扁方，笔带横势，还比较容易辨认。章草在汉魏之际最为盛行，在汉代十分普及。

到了汉末，大书法家张芝改变了章草中保留的隶书特点，将上下字之间的笔势牵连相通，偏旁部首也做了简化和互借，称为今草，也就是现在所称的草书。今草从魏晋开始一直盛行不衰。

到了唐代，张旭、怀素将今草写得更加狂放，笔势连绵回绕，字形变化飞扬，这就产生了狂草。狂草变化多端，极难辨认，变成了纯粹的艺术品。

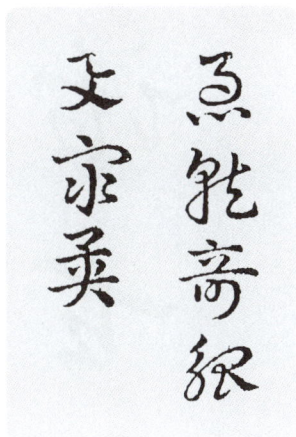

（章草）皇象《急就章》

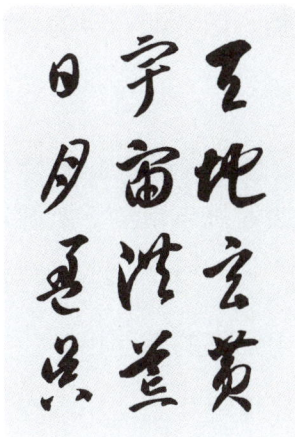

（今草）智永《真草千字文》

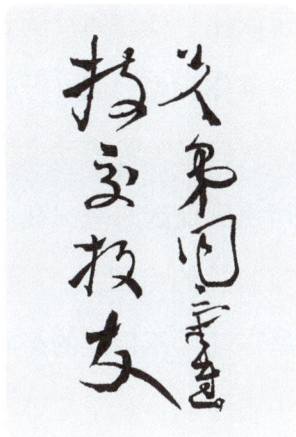

（狂草）张旭《断千字文》

行书

行书是在楷书的基础上发展起来的，介于楷书、草书之间，是为了弥补楷书的书写速度太慢和草书的难于辨认而产生的。"行"是行走的意思，它不像草书那样下笔如飞，也不像楷书那样慢条斯理，它是楷书的草化或草书的楷化。在书写上，楷法多于草法的叫"行楷"，草法多于楷法的叫"行草"。

行楷将楷书的点画变得圆转连带、变化多样，书写更接近于楷书，容易辨认。如王羲之的《兰亭集序》，字体圆润优美，点画灵动，运笔轻盈流畅。在优美的行书中又隐含着楷书的筋骨。

行草的写法更接近于草书，笔画连接的地方带出一个小小的附钩，恣意纵横，流畅活泼，一气呵成，富有气势，不易辨认。如赵孟頫的《雪晴云散帖》，笔意纵横连绵，字体秀美飘逸。

行书有四个特点。一是减省点画。对楷书的某些部位做

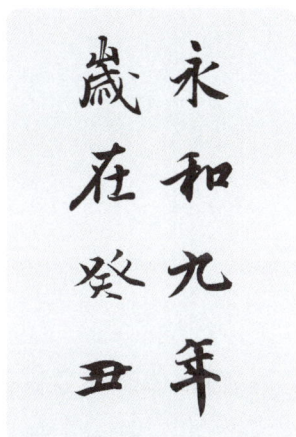

（行楷）王羲之《兰亭集序》

（行草）赵孟頫《雪晴云散帖》

了简化，或减省点画，或合并线条。如"话"字的"言"字旁，楷书繁体字为七画，行书只有两画。

　　二是笔势流动。楷书是一笔一画地写，要求点画分明，行书则可点画连起来写，在点画之间增加勾挑与牵丝。所谓勾挑，是在没有勾挑的点画上，顺势写出短勾，如"古"字的横画；所谓牵丝，是在前后不相连的点画之间顺势用细细的牵丝相连，如"心"字的中右两点。有了勾挑与牵丝，更显得笔势流动，意态活泼。

　　三是用笔灵活。行书用笔点画灵活，不受约束。如"戈"字，横画写好后，既可以直接从右侧翻笔上去写戈钩，也可以从右侧上去绕个小圈再写戈钩。

　　四是体态多变。行书往往一个字有几种写法。如"花"字的四个字头，写得有收有放，有工整有写意，同中有异，多样而统一，饶有趣味。

| 赵孟頫 | 郑板桥 | 米芾 | 李邕 |

　　历史上有三大行书最为出名，王羲之的《兰亭集序》是天下第一行书，颜真卿的《祭侄文稿》第二，苏轼的《黄州寒食帖》第三。《兰亭集序》真迹不知所踪，现在传世的皆为临摹仿本。

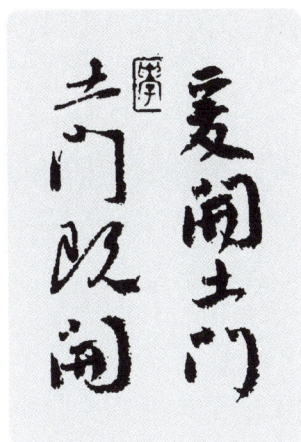

颜真卿《祭侄文稿》

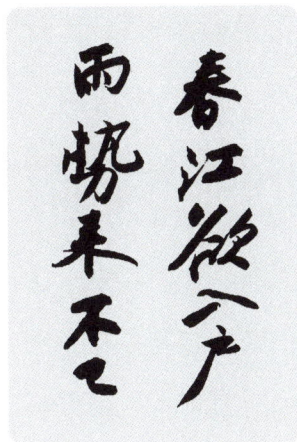

苏轼《黄州寒食帖》

字形结构

笔画

笔画是构成汉字字形的最小单位。写字的时候，从落笔到提笔，叫作一笔或一画，由一笔写成的各种形状的点和线就是笔画。笔尖的走向和行程不同，产生的笔画就不同。

前面提到过，传统的汉字基本笔画有八种：丶（点）、一（横）、丨（竖）、丿（撇）、㇏（捺）、㇀（提）、乛（折）、亅（钩）。而现行汉字的基本笔画有五种：横、竖、撇、点、折。

笔画的组合方式主要有相离、相接、相交三种。相离，即笔画与笔画之间互相分离，如二、三、川、八、儿。相接，即笔画与笔画之间互相连接，如人、入、几、乃、刀。相交，即笔画与笔画之间互相交叉，如十、七、九、力、丰。

多数汉字是综合运用两种或三种方式构成的。例如，"干"运用了相接、相交两种方式；"幺"运用了相离、相接两种方式；"义"运用了相离、相交两种方式；"犬"运用了相离、相接、相交三种方式。

汉字

有时候，笔画相同而组合方式不同，会形成不同的字，如"刀"与"力"、"八"与"人"。

偏旁

在了解偏旁之前，我们先来了解一个概念——合体字。

合体字就是由两个或两个以上单个字组合成的字。在古代，合体字左边组成的部分叫"偏"，右边组成的部分叫"旁"，合称就叫偏旁。后来，人们把一个字的上下左右能独立的部分统称为偏旁，比如我们前面讲到的形声字，它的形旁和声旁都是偏旁。

一个偏旁可以由一画或更多的笔画构成，如构成"亿"中的"乙"。有些偏旁本身就是一个汉字，比如"框"可以分为"木"和"匡"，"字"可以分为"宀（mián）"和"子"；有些偏旁是字的变形，比如"扌"是"手"的变形，"氵"是"水"的变形。

部首

部首是字典、词典按汉字结构和意义进行分类，以便于检字的符号目录。它是汉字的第一笔画或形旁。汉字的部首约有 200 个。对于独体字来说，部首是第一画，比如"永"的部首是"丶"；对于合体字来说，把同一偏旁的字归为一类，这个偏旁就是这类字的部首。

我们在造字法一节讲过了形声字，汉字中大部分字是形声字。形声字由形旁和声旁组成。部首大多是形声字的形旁，古代字典在给汉字进行分类的时候，把具有共同形旁的字归为一部，置于这部分字的首位，因为处在一部之首，所以称为部首。比如妈、妹、妙、姑这几个字，都有共同的形旁"女"，所以就把"女"字作为这部分字的部首；江、河、湖、海等字都和水相关，就用"氵"作部首；跑、跳、踢、踏等字和脚相关，就用变形的"足"作部首。

那么，部首和偏旁又有什么区别呢？答案是，所有的部首都是偏旁，但偏旁不一定是部首，偏旁的数量要比部首多。因为部首表示同一类字的词义类别，还是拿形声字来举例，偏旁除了表意的部分，更多的是表音的部分。如"江、河"两个字中的

"氵""工""可"都是偏旁。"氵"是这两个字所属的部首，而"工""可"只是表音的偏旁，并不是部首，所以偏旁的数量要比部首多。

总之，区分部首与偏旁，先弄清楚部首是给汉字分类的字类标目，而偏旁是从造字构形角度来定义的。另外，注意看一个字的偏旁是不是与别的字的偏旁有相同之处，相同的偏旁就是部首。

独体字

独体字是以笔画为直接单位构成的汉字。它是一个囫囵的整体，无法切分。

独体字在现在使用的汉字里所占的比例很小，但它是构成合体字的基础和单位，构字频度相当高，例如以独体字"木"为偏旁构成的现代常用汉字就有 400 多个。所以独体字虽然少，但地位十分重要，是汉字系统的核心。掌握了这些常用的独体字，学习其他汉字也就不难了。

独体字一般都是象形字和指事字。因为这类字是从图画演变而来的，所以每一个字都是一个整体。一般来说独体字的笔画较少。

由古代象形字演变而来的独体字，已经不像原物的形状，如日、月等。只有个别的字还保留原物的形象，如田、山等。

甲骨文"月"　　　　　　　　甲骨文"田"

由古代指事字演变而来的独体字，大都看不出指事的意思，如寸、亦等。"亦"的甲骨文字形，是在"大"（人）旁加两点，指示两腋所在，它也是"腋"的本字。只有个别的字还保留指事的特点，如上、下等。甲骨文"上"下面一长横，表示地面；上面一短横，表示在地面之上。

少数独体字是从古代合体字演变而来的，如"及"。"及"字字形从"人"，表示被追赶的人；从"又"，表示追赶者伸出右手将他抓住。这本来应该是一个合体字，结果两个字组合起来反而变成了独体字，这是一种特殊的情况，比较少见。

甲骨文"亦"

甲骨文"上"

甲骨文"及"

合体字

合体字是由两个或两个以上的单个字构成的字。所谓单个字，指的是独体字。也就是说，如果要拆分一个合体字，拆到最后不能再拆，拆出来的都是独体字。它们相对独立，彼此笔画不互相穿插，绝大多数彼此间是有间隔的。独体字不能再拆的意思是，不能强行将相连的某一笔画拆断，如独体字"我"，就不能将贯穿左右的第二画"一"拆断，这也是判断一个字是合体字还是独体字的标准。

合体字中形声字占大多数，如"狼狈"的"狈"，"张狂"的"狂"等。还有一小部分是会意字，如"休息"的"休"等。

合体字有五类结构，分别是上下结构、左右结构、包围结构、框架结构、品字结构，前三种结构又衍生出更细致的组合，比如上中下、左中右、半包围等。

框架结构，如巫、坐、乘、噩、爽等。品字结构，如晶、森、矗、磊等，呈品字形。

上下组合	上下结构	如岩、笔、类、姜、骂等。
	上中下结构	如器、葬、曼、率、哀等。

左右组合	左右结构	如明、许、把、粘、保等。
	左中右结构	如粥、辨、街、班、掰等。

包围组合

两面包围
- 左上包围　　如厅、庆、病、居、房等。
- 右上包围　　如旬、司、氧、式、可等。
- 左下包围　　如远、赶、题、建、翘等。
- 没有右下包围。

三面包围
- 上三包围　　如问、凰、同、网、冈等。
- 下三包围　　如凶、凼、函、幽、山等。
- 左三包围　　如区、医、匠、臣等。
- 没有右三包围。

四面包围
- 如国、围、回、困、园等。

形近字

形近字就是在形体、结构、部件等方面很相近的字。形近字主要分为以下四种情况。

一是声旁相同，形旁不同。如愉和喻，"俞"本指挖空树木做的小船，加上竖心旁表示如泛舟水上，心情舒畅，本义是快乐；加上口字旁表示来往两旁的舟互相沟通，本义是说明、告知。

二是笔画相差一两笔。如狼和狠，两个字只差一个点，但意思相差很多。

三是某些笔画的位置不同。如末和未，前者长横在上，后者长横在下，意思截然不同。

四是某一局部不同。如旋和旅，右下部分结构都相对复杂，但具体笔画并不相同。

笔顺

笔顺指的是书写汉字时下笔的先后顺序。

一个字先写哪一笔后写哪一笔，都要按照一定的规则，这就是汉字的笔顺规则。正确的笔画顺序是写字的一项基本功，也是基础教育阶段需要掌握的一项内容。

不过，方块字那么多，不用每个字都一一记住，字与字之间的书写规则是有共性的，见下表。

先横后竖	十
先撇后捺	人
从上到下	二、芳
从左到右	川、汉
先外后里	月、同
先外后里再封口	四、国
先中间后两边	小、水

有些字的书写比较特殊，应当特别注意，否则很容易写错。左三包围结构，要先上、内，后竖折，这类字有区、匹、巨、臣、匠、匣等；左下包围和下三面包围结构的字，要先内后外，如边、辽、延、廷、凶、函等；左上和右上包围结构的字，要先外后内，如厅、司、习等。

另外，点在上部或左上，要先写点，如衣、立、为等。

字音与字义

汉字经过几千年的发展，无论读音还是含义都是丰富多彩的。同一个读音可以对应多个不同的汉字，同一个汉字也可以拥有多种读音或意义。

同音字

同音字就是指现代汉语里语音相同但是字形、意义不同的字。所谓语音相同，一般是指声母、韵母和声调完全相同，比如说"真"和"针"、"轩"和"宣"、"话"和"桦"等，就是同音字。同音字主要有两大类。

第一类是这两个字既同音，字义也很相近，这就导致有时表示的意思不易分清楚，所以在书报上常常因为混淆而被误用。例如"决不"和"绝不"，两者的区别是，"决"作副词时，表示一定、坚决的意思，比如说决不退缩、决不罢休等。"决不"强调主观意愿上的坚决否定，当要对某件事情表态时，应该用"决不"，以明示决心。而"绝"作副词时，表示极、最、绝对的意思，比如绝大多数、绝无此事等。"绝不"表示完全不，强调的是客观上的完全不可能。当强调客观上否定的绝对性时，应该用"绝不"而不用"决不"。例如"事情____像人们想象的那么简单"，含有对已经发生过的事物进行否定之意，所以应该用"绝不"。

第二类是这两个字既同音，字形也很相近，但意思并不相同，也容易被混用、误用。例如"练习题"的"练"和"炼钢"的"炼"。"练"主要表示训练、练习的意思，比如练功、操练等，还表示经验多、纯熟，比如老练、熟练等。"炼"则主要表示用加热等办法使物质纯净或坚韧的意思，如炼钢、炼铁等。表示人的各种锻炼都用"炼"，如体育锻炼。

对于同音的形声字，可以通过不同的形旁来判定它们所表示的意义。比如驱、岖和躯，都读 qū。因为古代是用马来拉车的，所以"qū 车"就应该是用和马相关的"驱"字；"崎 qū"形容山路不平，必须选择和山有关的"岖"；"身 qū"则和身体有关，只能用"躯"。

对于常用的同音字，多留意它们的搭配和使用，慢慢就能应用自如了。

多音字

多音字是指拥有不止一个读音的字。

多音字的产生是由于这一类字分别被组合在不同的词和词组里，这些字是所属词和词组不可分割的一部分。辨别多音字，关键在于根据这个词来确定字音，根据字音来辨别词义。如"折"，可以读 zhé，表示断，弄断（折断）；弯转，屈曲（转折）；折扣，按成数减少（折价）；叠的状态（折扇）。也可以读 shé，表示断（枝折花落）；亏损（折耗）。还可以读 zhē，表示翻转（折跟头）；倒腾（用两个碗把开水折一折）。

多音字的出现，常常有以下几种情况。

第一种情况，因为词性不同导致的读音不同。例如"难"，读 nán 的时候组词"难办"，"难"是艰难的意思，是形容词；读 nàn 的时候可以组词"空难"，"难"是灾难的意思，是名词。

第二种情况，因为词义不同导致的读音不同。例如"降"，读 jiàng 的时候，可以组词"下降"，"降"是落下的意思；当组词"投降"的时候，读 xiáng，是降服的意思。

第三种情况，因为书面语和口语不同导致的读音不同。例如"血"，读 xuè 的时候可以组词"血型"，是书面语；读 xiě，"血淋淋"，就是口语了。值得注意的是，"血"只有这两个读音，没有 xuě 的读音。

第四种情况，因为普通用法和古人名、地名用法不同导致的读音不同。例如

"单"，现在常读的读音是 dān，比如组词"单独"；当这个字在"单于"这个词中，就应该读 chán 了，是特定的意思，也就是匈奴君主的称号；在"单县"（地名）和作为姓氏的情况下则应该读 shàn。

多义字

汉字不仅有一字多音的特点，大多数汉字都具有两个或两个以上的义项，这种有两个以上互有联系而又互不相同的意义的汉字叫多义字。也就是在不同的语言环境中，同一个汉字具有不同的意义。

比如"开"字在词典中有以下几个意思。①使关闭着的东西不再关闭，打开，如开门。②打通，开辟，如开路先锋。③（合拢或连接的东西）展开，分离，如开花。④发动或操纵（枪、炮、车、船、飞机、机器等），如开车。⑤支付，开销，如开工钱。⑥开始，如开工。⑦举行（会议、座谈会、展览会等），如开会。⑧写出（单据、信件等），说出（价钱），如开发票。⑨（液体）受热而沸腾，如水开了。

"开"的这几个意思，虽然不完全相同，但彼此有一定的联系。一个字的众多字义中，有一个最基本、最常用的，这就是字的基本义，其他的意义都是在基本义的基础上引申和发展而来的，这些都叫作引申义。一般来说，每个字在字典中的第一个解释就是它的基本义，其余的都是引申义。

一字多义给学习带来了不少困难，查字典或者使用的时候要将其放在具体的语境中去理解，就容易辨别了。

多义字有本义、比喻义、引申义，下面来详细说说。

本义

字的基本义就是本义。本义并不一定都是词源学上说的词的原始意义。

例如"士兵"的"兵"，它的原始义是武器，但是在现代汉语中，"兵"的本义变成了战士。

又如"深"字的本义是从上到下或从外到里的距离大。"这里的河水很深。""那里有一条纵向的很深的峡谷。""这个宅院很深。"这三句话中"深"的意思都是本义。

再如"实在"的"实"，本义是内部完全填满，没有空隙。"这是一个实心的铁球。""河水已经冻实了。"这两句中"实"的意思都是本义。

比喻义

借用一个词的基本义来比喻另一种事物，这时所产生的新的意义是比喻义。

例如"帽子"的基本义是戴在头上保暖、防雨、遮日光等或做装饰的用品，后来用它比喻罪名和坏的名义，例如"给人乱扣帽子是不对的"，这里的"帽子"就是用它的比喻义。

又如"近视"这个词。①"灯光太暗，眼睛容易近视。"这就是基本义，指视力缺陷的一种。②"他看不见前途，眼光太近视了。"这里就用的是比喻义，指眼光短浅。

再如"结晶"这个词。①"盐的结晶是白色的。"这是基本义，指从溶液中或蒸气中析出来的晶体。②"这部著作是他十年心血的结晶。"这句用的则是比喻义，说明他的著作是非常珍贵的成果。

词的比喻义与修辞上的比喻不同。修辞上的比喻是临时打比方。例如"困难是弹簧"，就是把困难比作弹簧，"弹簧"这个词并没有"困难"这个转义。词的比喻义则不同，虽然大都是通过修辞的比喻用法逐渐形成的，但是它已经成为词义中的一部分，应用时几乎感觉不到它是一种比喻了。简单来说就是，修辞上的比喻是临时性的打比方，它的喻体指的是什么，一般要在具体的上下文中才能知道；而词的比喻义的喻体所指已经固定在词中，并为人们所熟知。

引申义

在基本义的基础上，经过推演发展而产生的意义是引申义。一个词诞生之后，并非在那停滞不前，随着广泛使用，词的本义会慢慢发展出新的意思。下面举个例子。

"深"字的本义是从上到下或从外到里的距离大，这是物理空间上的深，继而推演为抽象意思上的深，也就是程度很高的意思。比如"只要功夫深，铁杵磨成针"，就是下功夫的程度很高的意思。还可以引申成时间的深，也就是距离开始的时间很久的意思，比如"夜已经很深了"，就是距离夜晚开始已经过去很久了的意思。还可以引申成颜色很浓，比如"这件衣服颜色很深"，就是说这件衣服的颜色很浓。

了解词的引申义，可以更好地理解多义词，体会文字的奥妙。

检字法

部首检字法

部首查字法是根据字的部首来查字的一种方法。

一般字典的检字表都是按部首排列的。《新华字典》的部首检字表中有《部首目录》《检字表》。《部首目录》中按部首笔画的多少排列出了所有汉字的常用部首。《检字表》中的汉字也按部首笔画的多少顺序排列，在同一部首下按除去部首后剩余的笔画数进行排列。知道了部首的排列规律，学会部首检字法就很容易了。

部首检字法的步骤：①确定要查的字的部首。②在《部首目录》中查出这个部首在《检字表》中的页码。③按照页码在《检字表》中找到这个部首，并根据剩余笔画查出这个字在字典正文中的页码。④按页码在正文中查出所要找的字。

例如查"使"字，先确定"使"字的部首是"亻"，共两画。然后在《部首目录》二画中找到"亻"在《检字表》中的页码，再根据相应的页码在《检字表》中找到"亻"。"使"字去除"亻"后剩余六画，在"亻"六画下面所列的汉字中查找"使"字，就能找到"使"字在字典正文中的页码。

使用部首检字法有一些规律。

一是比较好确定部首的形声字，一般查形旁不查声旁，如飘（风）。

二是不好确定部首或多部首的字。

①左右结构的字，一般查左不查右，如默（黑）。

②上下结构的字，一般查上不查下，如奋（大）。

③全包围结构，一般查外不查内，如回（口）。

三是结构复杂的字。

①查主体不查附件。由两个以上部件交叉起来构成的字，主体和附着在主体上的部件都是部首，一般查主体，如坐（土）、兆（儿）。

②查合不查分。构字间架上是"分合式"的字，"分"与"合"都是部首，查合旁，如影（彡）、驾（马）。

③查多不查少。一个笔画多的部首里包含有其他笔画少的部首，一般确定笔画多的部首，如磨（麻）、解（角）。

④查先不查后。先写哪个部首，就查哪个部首，如鼓（士）、赣（立）。这适用于"田"字形架构的字，"田"字形结构的字，一般有四个部首，那就先写哪个部首，查哪个部首。鼓、赣都属于这种。

四是独体字可以查整体，如巾、瓦，或者查第一笔，如长（ノ）。

五是有少数字，本身不是部首，从本身也分析不出其他部首，就查起笔，如下（一）、中（丨）。

音序检字法

音序检字法就是按照字音来查字典的方法。

音序检字法查字的步骤：①确定要查字音节的第一个字母的大写字母。②在字典《音节表》中找到该字母，并找到要查的音节，确定该音节的页码。③按音节的页码翻到字典正文找到要查的字。

例如"石匠"的"匠"字，第一个字母的大写字母是 J，先到字典《音节表》中找到大写字母 J，再到它下面的音节中找到 jiàng，然后根据这个音节对应的页码到正文中找"匠"字。

一般的字典所收录的字都是按《汉语拼音方案》中字母音序排列，所以如果熟悉字母的顺序，音序检字法是最便捷的一种查字方法，但音序检字法只适合查已知晓读音的字。

笔画检字法

笔画检字法就是按照字的笔画数的多少来查字的一种方法。这种方法常用于汉字中不易识别部首的字或较生僻的字。

笔画检字法查字的步骤：①数所查字的笔画数。②在《难检字笔画索引》中按照该字的笔画数查字，看清这个字在正文中的页码。③按索引中所标的页码在正文中找到要查的字。

例如"隶"字，先数出"隶"字共八画，再到《难检字笔画索引》中找到"八画"，在八画稍后的位置找到"隶"字的页码，然后翻到正文中相应的页码，即可找到"隶"字。

实践中如何选择合适的检字法呢？①知道读音不知道意思：音序检字法。②不知道读音，但知道部首：部首检字法。③既不知道读音，也不知道部首：笔画检字法。

汉字

- 定义与特点
- 造字法
  - 象形
  - 指事
  - 会意
  - 形声
  - 四体二用
- 字体
  - 甲骨文
  - 金文
  - 篆书
  - 隶书
  - 楷书
  - 草书
  - 行书
- 字形结构
  - 笔画
  - 偏旁
  - 部首
  - 独体字
  - 合体字
  - 形近字
  - 笔顺
- 字音与字义
  - 同音字
  - 多音字
  - 多义字
- 检字法
  - 部首检字法
  - 音序检字法
  - 笔画检字法

词与短语

在这一章中，我们将从不同种类的词开始，感受汉语的丰富变化，体会词的感情色彩，进一步了解短语的概念，以及有趣的成语、歇后语、谚语和惯用语。

名词

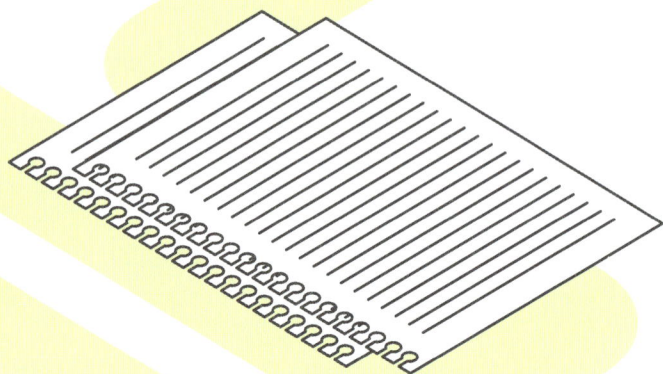

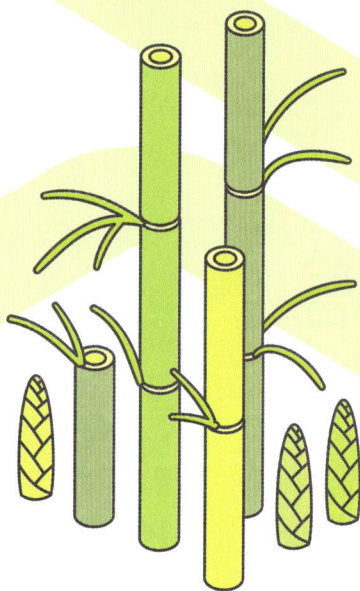

词的概念与分类

在现代汉语中，"词"和"词汇"是两个不一样的概念。

狭义的词指语言里代表一定意义、具有固定形式、可以独立运用的最小单位，也是本节我们讨论的概念。而词汇是指语素、词、短语的集合。

很多同学有个误区，觉得词至少得有两个字，其实未必。我们有大量的词是一个字，比如名词鸡、鸭、鹅，动词走、打、跑。单字组成的词叫作单音节词，同理，两个字组成的词就是双音节词，多于两个字的就是多音节词，比如糖、果糖、葡萄糖都是词，只是音节变化了而已。所以判断是否是词不在于有几个字，而在于以下四点：①代表一定意义；②形式固定；③可以独立使用；④同时满足前三点的最小语言单位。

汉语中有多少个词呢？《现代汉语词典》中收录词语六万九千余条，其中常用词不到三万个。那么，在浩如烟海的词的世界中，应该了解什么内容？接下来，我们会通过词的构成、分类、意义、感情色彩这几方面，来学习词的基本知识，其中重点是词的构成和分类。

名词

名词是表示人或事物名称的词。从事物的名称往往可以联想到事物的含义，所以认识名词就是认识万千事物，就是认识世界。

名词表示人，人的名字就是一个名词。名词表示事物，这个事物可以是实际存在的、具体的物品，比如手机；也可以是抽象的、虚拟的概念，比如夜晚，是时间名词。

名词在句子里主要作主语和宾语，比如"申老师用手机"，"申老师"和"手机"都是名词，分别做主语和宾语。

名词有时也可词类活用，作为动词、形容词。名词作动词在文言文里比较常见，比如"大楚兴、陈胜王"，这个"王"就是动词称王的意思。名词作形容词在现代文里比较常见，比如"这很中国"。写作时适当地使用一下词类活用，可以让文章变得更新奇、活泼。比如，"冬天，我喜欢猫在屋里不出去"，这里的"猫"就是名词作动词，指像猫一样缩起来。

名词后加"们"可以表示复数，比如老师们、学生们。但需要注意，在已经表示复数的情况下，就不能再在名词后加"们"了，比如各位老师们、别的学生们、这些照片们、三个朋友们，都是不正确的用法。

动词

动词，我们都不陌生，表示人或事物的动作或一种动态变化，一般出现在名词主语后面。

动词又分好几类，一般是按照它的表义功能来分的。有表示动作、行为的动词，比如走、坐、看、听；有表示心理活动的动词，比如喜欢、觉得、想念；有表示存在、变化的动词，比如有、在、出现、消失；有表示判断的动词，比如是、不是；有表示能愿的动词，比如能、会、愿意；有表示移动趋向的动词，比如上、下、进、出等等。

平时造句、写作文都会用到动词，那动词的主要用法都有哪些呢？

首先，动词常作谓语或谓语中心词，比如他哭了、我爱语文；其次，可以受副词修饰，比如不喜欢、很想念；再次，大多数动词后面可以带"着、了、过"等表示动态，如看见了、想着、听过；最后，有些动作行为动词可以重叠，表示短暂、轻微，如想想、说说、散散步、洗洗澡。

形容词

形容词主要用于描述人或事物的性质、状态、特征或属性。比如，有表示形状的形容词，胖、瘦、高、矮；表示事物性质的形容词，强、弱、好、坏；还有表示事物状态的形容词，冰冷、炎热、初级、高级等。

形容词有哪些主要的用法呢？

一是表示性质的形容词能被副词"不"和"很"修饰，比如不大、很大、不生动、很生动。少数表示状态的形容词不能用"不"和"很"修饰，比如不冰凉、很冰凉、不雪白、很雪白，听起来比较奇怪。

二是形容词能修饰名词，如高楼、冰凉的西瓜。

三是部分形容词还可以重叠使用，比如小小、长长、高高。

名词和动词有时候会被误用为形容词，形容词有时候也会被误用为名词和动词。如，"小明怀着激动的兴奋参观了国家博物馆"，这句话中"兴奋"是形容词，在这里被误用为名词，应改为"心情"。再如，"小明从小熟练书法"，这句话中"熟练"是形容词，在这里被误用为动词，应改为"练习"。同学们可不要误用哦。

数词

顾名思义，数词和数字有关，是表示数目多少或顺序多少的词。数词分为基数词和序数词。表示数目的词称为基数词，比如三倍、十分之三、十来个、五厘米；表示顺序的词称为序数词，比如第一、第二、初一、初五。

数词有多种不同的用法。

数词通常与量词组合成数量短语，如十位村民、一辆车。有一些特殊用法：数词一般不直接跟名词组合，但是古汉语中会这样用，现在也保留了某些古汉语的说法，如一草一木；基数词不能单独做句法成分，只有在数学计算时或者文言格式中可以单用，如一加一等于二；序数词在特定情况下可以直接修饰名词，多数是组成专名，中间不用量词，如第二车间。

数词中的一些词还有固定用法，如"俩、仨"，分别是"两个、三个"的合体数量词，意义和功能相当于数量短语，后头不能加量词"个"，只用于口语，如俩人、哥儿俩、仨瓜俩枣。

倍数只能用来表示数目的增加，不能表示数目的减少；分数既可以表示数目的增加，也可以表示减少。如可以说"减少了十分之九"，而不能说"减少了九倍"。

数词有什么误用呢？一个常见问题是"二"和"两"的区分不明确。例如，"上学期小明有二门功课考得不好。"这个句子中，"二"应改为"两"。两者用法不完全相同：当单独用在度量衡量词前时，除了"二两"不能说成"两两"外，其他可以通用，比如"二斤""两斤""二尺""两尺"；单独用在其他量词前一般只能用"两"，比如"两条路"不能说成"二条路"，但在"位"字前，"二位""两位"都可以使用。

量词

数词和量词是分不开的，所以才有数量词的说法。量词是用来表示人、事物或动作的数量单位，分为物量词和动量词。物量词表示人和事物的计算单位，比如一个人；动量词表示动作次数和发生的时间总量，比如听三次、看三天。

量词的用法很丰富。

量词总是出现在数词后边，两者一起组成数量短语，比如一个人、一把拉住、看一次。

单音量词大都可以重叠，比如条条大路通北京、个个都是好样的、步步高升、繁星点点。由数词和量词组成的数量短语也可重叠，比如一队一队的人、一箱一箱的物资。数量短语重叠有时不限于数词"一"，比如三架三架地飞过、两箱两箱地搬。

量词有时可单独使用，比如我想有个家、带份礼物给你、这本书、那件衣服，例句中"个、份、本、件"是"一个、一份、一本、一件"的省略。不过这种用法仅限于数词"一"，别的数词不能省略。

在语言运用时要注意量词和名词的搭配，不同的名词需要搭配不同的量词。例如，一（阵）风、一（场）雨、一（匹）马。在近现代作品中，"匹"做量词有一些特殊用法，比如"一匹黑色的小小的鸡雏"（郭沫若《鸡雏》），"一匹苍蝇飞到史循的鼻尖上，用它的舌头舔了许久"（茅盾《蚀》）。作为知识拓展，大家了解就好。

在修改病句时，常常会遇到量词与名词搭配不当的问题。"小明今天新穿的那身衣服和帽子都弄脏了。"这个句子中，可以说"那身衣服"，但不能说"那身帽子"，搭配不当，应在"和"后边加上"那顶"。

代词

代词，顾名思义，是代替名词、动词、形容词、数量词的词，有代替、指示作用。代词可分为三类。人称代词：我、我们；指示代词：这、那里、此、如此；疑问代词：谁、什么。

代词的用法有哪些呢？

人称代词可以分为第一人称、第二人称、第三人称和其他人称。第一人称"我、我们、咱们"指说话人一方。第二人称"你、你们、您"指听话人一方。注意，"您"一般只做单数来用，"您们"是不规范的用法，但可以说"您二位""您几位"。第三人称"他、他们、她、她们、它、它们"指对话双方以外的第三方，还可以指称事物。一些人称代词（你、我、大家）等，有时不确指哪一个人，而用于虚指，例如"大家你看看我，我看看你，都不动手"。

指示代词用来指代人和事物。"这"为近指，"那"为远指，有指示和代替作用。指示作用如"这孩子"，代替作用如"那里连动物也难得碰到一个"，"那里"代指很远的地方。有时"这、那"是虚指用法，即不确指任何事物。例如，"咱不图这，不图那，就图那孩子思想好，干活勤快"。

疑问代词的主要用途是表示有疑而问，即询问，比如"你想要哪个？"；有时候也表示无疑而问，即反问、设问，比如"哪条街不热闹啊？"意思是每条街都热闹。同学们不必纠结句子是有问有答，还是无问无答，只需要知道什么是疑问代词就可以。

疑问代词还有任指和虚指两种引申用法，不表疑问。任指，表示任何人或事物，说明在所说的范围内没有例外。例如，"谁也听不懂他在说什么"（谁 = 任何人），"他哪儿都不想去"（哪儿 = 任何地方）。虚指，指代不能肯定的人或事物。例如，"我好像在哪儿见过这个人""姥姥的菜园里种了各种蔬菜，什么豆角、茄子、西红柿，应有尽有""饭桌上摆满了鸡鸭鱼肉什么的"。

代词可以使语言表达简洁明快，取得独特的语用效果。有多独特呢？你可以用用看。

副词

副词常限制、修饰动词与形容词性词语，表示程度、范围、时间等意义。例如，表示程度：很、最、极、非常；表示范围：都、总、共、只；表示时间、频率：已经、刚刚、正在；表示处所：四处、随处；表示肯定、否定：必须、的确、不、没有；表示情态、方式：肆意、特意、忽然、连忙；表示语气：难道、难怪、幸亏、反正。

副词都能作状语。作状语时，单音节、双音节副词都可以在谓语之前、主语之后，双音节副词里有一些还可以放到主语之前，例如"他幸亏来了""幸亏他来了"两者运用场合不同，意思也有不同。

部分副词兼有关联作用。有单用的，有成对使用的，例如打得赢就打、越说越快、又说又笑。

有一些特殊的副词。"没有、没"是动词又是副词。否定人物或事情的存在时是动词，例如"他没（有）书"；否定动作或性状的存在时是副词，例如"他没来"。

其他特殊的副词，如白、怪、净、老等词，修饰名词时是形容词，修饰动词、形容词时是副词。作为形容词表示性质，如白布、怪事、净水、老人；作为副词表示其他含义，如白跑一趟（白 = 空，表方式），怪好看的（怪 = 很，表程度），身上净是泥（净 = 全，表范围），老没见他（老 = 一直，表时间）。

副词很重要，在阅读时能帮助我们更好地理解与判断所读内容表达的真实意思和想法。

名师精讲语文：从基础到高分（上）

介词

介词位于名词、代词之前，用来说明事物间的各种关系。顾名思义，介词起中介的作用。

根据功能不同，介词可以分为四类。

表示时间、处所、方向的介词有从、到、自从、往、向、在。如，"从 8 点到 10 点"中的"从""到"是表示时间；"在操场"中的"在"表示处所。

表示依据、方式、方法、工具的介词有按照、根据、通过。比如，"按照有关部门的规定"中的"按照"就是表示依据的介词。

表示原因、目的的介词有因为、由于、为了、为。比如，"为中华之崛起而读书"中的"为"是表示目的的介词。"因为这一点"中的"因为"是表示原因的介词。

表示关涉对象的介词有对、对于、关于、向、除了。比如，"他对我表示道歉"中的"对"引出道歉对象"我"。

介词和动词如何区分呢？"他给我买书"中的"给"是介词，而"他给我一本书"中的"给"是动词。关于两者的区别，动词是动作本身，介词是对动词的性质、范围、位置等做进一步说明。我们在辨别介词和动词时，可以看其是否是句子中不可或缺的部分，句子一旦失去动词，则不成立；反之，将介词短语删除，句子仍然成立。

连词

连词是连接两个词、短语、分句或句子，以体现二者逻辑关系的词类。

连词的使用需要注意以下两点。

一是连词是黏附的，本身不能单独使用，也不能同"被连一方"一起说。例如，"儿子和女儿"，不能单说"和"，也不能说"和女儿"。连词一定有前有后。

二是同类连词不能在同一层次上连用。例如"要是如果明天早晨下大雨，他们可能就不会来了"，这里"要是"和"如果"都表示假设关系，不能连用。

连词和介词如何区分呢？例①："春天的樱花和夏夜的繁星都让我感到无比沉醉。"

例②："我今天和小王说我的辉煌事迹，他听了后十分崇拜我。"①句中"和"是连词，连接"春天的樱花"和"夏夜的繁星"，二者是并列关系。②句的"和"是介词，有"对"的意思，"我"和"小王"不是并列关系，而是引介关系，是"我对小王说"的意思。我们在判断时可以用假设法，假设把连词去掉，句子依然是成立的，如①句中变换成"夏夜的繁星、春天的樱花都让我感到无比沉醉"显然也是可以的；②句中的"和"是介词，去掉后，句子不成立。

学会如何区分连词与介词后，我们可以开始了解连词的十种用法了。

并列连词

表示并列关系的连词含有和、补充、增加的意思，连接属于同一层次并具有相同句法功能的词、短语或句子，如"我和你"。

主要的并列连词有和、跟、与、同、及等。例如，"小明和他的父母今年夏天要去度假"。这句话中的"和"是表示并列关系的连词。再如，"申老师、王老师以及李老师都在这次读书会上分享了自己的阅读心得"。这句话中的"以及"是带有补充意思的并列关系连词，补充说明除了申老师和王老师，还有李老师也在这次读书会上分享了自己的阅读心得。

承接连词

承接连词用于连接前后两个动作或接连发生的事情，以引出后面的动作或事件。所谓承接指的就是有时间上的先后关系。"申老师拿起一本书，然后翻看起来。"这里"然后"承接的就是"拿起""翻看"这两个连续的动作。

表示承接关系的连词：于是、然后、接着、就、便、则等。例如，"她来到这个世界，便奉献给这个世界以真诚"。这句话中，"便"字承上"来到"这个动作，接下"奉献"这个动作，而且要先"来到"才能"奉献"，有先后顺序。再如，古希腊文学家伊索的名言"世间有思想的人应当先想到事情的终局，随后着手去做"，在这句话中，"随后"连接了"想到"和"着手去做"两个动作，也有先后顺序。

名师精讲语文：从基础到高分（上）

并列连词和承接连词的区别是什么呢？并列连词前后成分地位相同，且互换位置不影响意思；承接连词前后成分地位也相同，但有先后关系，不能互换位置。例①："我和你"，这里"和"表示并列，换成"你和我"意思不变。例②："申老师把门栓拉开，接着把门打开了。"这里"接着"表示承接，申老师不把门栓拉开是无法开门的，两者位置不能互换。

因果连词

因果连词表示词、短语、分句或句子之间具有原因和结果关系。顾名思义，"因果"即有"因"有"果"，即一般因果连词前边成分是后边成分的原因，后边成分是前边成分的结果。如歌曲《传奇》的歌词："只是因为在人群中多看了你一眼，再也没能忘掉你容颜。"因为看到了，所以才无法忘却，如果没看到，何谈难忘。

常见的表示因果关系的连词主要分为表示原因的连词和表示结果的连词。表示原因的连词有因、因为、由于、既、既然等。"申老师喜爱夏天，因为它的姹紫嫣红。"这里"因为"表示申老师喜爱夏天的原因。

表示结果的连词有故、所以、因此、以致、致使等。"天气预报说明天会下雨，所以我们的郊游取消。"这里"所以"之后，表示明天下雨造成的结果。

因果连词可以单用，也可以合用，单用与合用侧重不同。单独使用表示原因的连词，侧重原因，如"因天气影响，郊游取消"。单独使用表示结果的连词，侧重结果，如"他很勤奋，因此获得了不错的成绩"。合用表因和表果连词，则突出表达因果关系，如"因为他摔倒了，所以大哭起来"。

递进连词

递进连词表示词、短语、分句或句子之间语意加强，意义更进一层。如，"申怡老师不但爱读书，也爱写书。"这里"读书"和"写书"显然在难度上有递进，用连词"不但……也"连接，这就是语意加强，意义上更进一层。

常见表示递进关系的连词有不但、不仅、何况、而且、尚且、不但……而且、不仅……而且、尚且……何况等。如，"妈妈生日那天，我送了她一束鲜花，而且是她最爱的茉莉花"。这句话先表明送了妈妈一束花，接着使用"而且"这一递进连词进一步说明送的还是妈妈最爱的茉莉花。再如，"书籍不但是我们的良师，而且也是我们形影不离的益友"。这里"友"比"师"在关系上更进一层，用"不但……而且"表递进。

递进连词和因果连词、承接连词的区别是什么呢？递进连词强调前后的意义和程度更进一层，没有因果关系，也非事物或动作的先后顺序。例如，"我不仅要吃饭，而且要吃卤肉饭"。这里"要吃饭"，而且"要吃卤肉饭"，不存在因果联系或时间上的先后顺序，而是在意义上更进一层。因果连词强调前后的因果关系。例如，"我饿了，所以去吃饭"。承接连词以时间为线索，强调事情发生有先有后。例如，"我吃完早饭，然后去洗碗"。

转折连词

转折连词表示词、短语、分句或句子之间的语义相反或相对。例如，"她曾经是个柔弱的女孩子，但是岁月的风霜使她变得坚强起来"。表示转折关系的连词有而、却、然而、不过、但是、虽然……但是等。

转折连词的用法主要有三种。

一是转折后话题转换，即转折前后讲述不同话题。"这件衣服样式很时尚，但是布料质地却比较差。""但是"转折前谈论衣服样式，转折后谈论衣服质量，前后话题不同，用转折连词"但是"连接。

二是转折后话题对比。"多运动可以提高身体的免疫力和抵抗力，然而运动过量也会导致身体出现一些病症。"转折前后都在谈"多运动"，一个是好的，一个是不好的，转折连词"然而"起到前后对比的作用。

三是转折后修正、补充前面内容。"这道菜的味道真不错，不过还是略欠了点火候。"这里的"不过"是转折连词，比较委婉地补充菜的不足。

选择连词

选择连词表示在词、短语、分句或句子之间选择其一。简单来说，就是两者或多者选其一。比如，"你要吃苹果、香蕉还是梨？"即从三种水果中选一个。表示选择关系的连词有是……还是，不是……就是，要么……要么，或者……或者，与其……不如，宁可……也不等。

选择连词可以表示三种选择关系。

先看这个句子："今天晚上是去看篮球比赛，还是在家看书，我还没想好。"这里"是……还是"表示两种活动任由"我"选择。"看篮球比赛"和"在家看书"的选择是比较随意的，想选哪个就选哪个，这种选择关系叫任选。

还有一种表示选择关系的连词不太好辨认。"母亲宁可自己省吃俭用，也不让我受一点委屈。"这句话"宁可……也不"也是表示选择，母亲选择自己省吃俭用，只不过这里母亲的选择是已经选择好的，而不是让"我"来选。这种选择关系叫决选，就是已经做出决定，选择其中一项，舍弃另一项。

除了任选、决选，还有一种限选。"学习如逆水行舟，不是前进，就是后退。"这个句子要求在两个选择中必选其一，并且"前进"和"后退"两个选项在意义上是相互排斥的，只能选择其中一个，这种选择关系叫作限选。

比较连词

比较连词表示词、短语、分句或句子之间的比较关系。"比较"这个概念容易理解，即关注事物间的相同点或不同点。如，"北京的雪不如长白山的雪壮观"，这里将"北京的雪"和"长白山的雪"做比较，用连词"不如"连接。

表示比较关系的连词有不如、不及、好比、如同等。"老师待我好比待她的亲生女儿。"这里将老师对我好的程度和对她亲生女儿好的程度相比，用"好比"连接。"灯影牛肉薄得如同纸片，酥脆不腻。"这句话中将灯影牛肉的薄度与纸片比较，用"如同"连接。

假设连词

假设连词连接词、短语、分句或句子，表示在某种假设成立下，才会产生某种结果。"假如明天有时间，我就去吃火锅。"这里"明天有时间"是假设条件，"吃火锅"是在假设条件下才会产生的结果。

表示假设关系的连词有若、如果、假如、要是、倘若、如果……就、假如……就、即使……也等。"倘若用手指按住它的脊梁，便会啪的一声，从后窍喷出一阵烟雾。"（鲁迅《从百草园到三味书屋》）这里"从后窍喷出一阵烟雾"是假设结果，而前提是"用手指按住它的脊梁"。

条件连词

条件连词连接词、短语、分句或句子，表示在某种条件下就能产生某种结果。如，"你只有写完作业，才可以看电视。"这里"看电视"的先决条件是"写完作业"，连接两者的就是条件连词。

主要的条件连词有只要、只有、除非、无论、只要……就、只有……才、除非……才、任凭……也、无论……都等。"只要有时间，我们就去旅行。"这里"有时间"是"去旅行"的条件。"他既不关心他的军队，也不喜欢去看戏，他也不喜欢乘着马车逛公园——除非是为了炫耀一下他的新衣服。"（安徒生《皇帝的新装》）这里"炫耀一下他的新衣服"是"乘着马车逛公园"的条件。

假设连词和条件连词区别是什么呢？假设连词先假定情况，再说实现会有什么结果，所表示的情况一般是不确定的。条件连词先提出条件，再说这种条件下产生的结果，所表示的情况一般是确定的。"如果明天我们有时间，就去吃火锅。"这里有没有时间不一定，需要看情况而定，所以能否吃上也是不确定的，因此属于假设关系。"只要我们有钱和时间，就可以去吃火锅。"这里只要有钱和时间，一定可以去吃火锅，因此属于条件关系。

目的连词

目的连词表示目的关系。例如，"为了给同学们呈现好的课堂效果，申老师用心备课"，前边表示的是目的，后边说为了实现这个目的而做的事情。

表示目的关系的连词有为了、为着等。"为了实现心中的梦想，我们要像松柏直面严寒一般不惧艰险。""为了"引出目的"实现心中的梦想"，后半句表明为了实现这个目的要怎么做。

助词

助词一般起辅助作用，通常依附在实词、短语或句子后面表示结构关系或动态等语法意义。

助词可以分为以下几类。

结构助词，表示结构关系，常见的有的、地、得。如，"我吃了美味的锅包肉""我大口大口地吃锅包肉""我吃得很饱"。一般"的"后跟名词，"地"后跟动词，"得"后跟形容词。

动态助词，指在动态变化之中，可以表示事件在过去、现在或将来的状态。常见动态助词有着、了、过。例如，"他望着（动作进行）父亲，眼中露出了（动作完成）一个孩子的胆怯"（曹文轩《孤独之旅》）。

语气助词，常见的有吧、啊、呀、哇。一般用于句中停顿或句末加强语气。如，"锅包肉真是美味的食物哇！"又如，"如果小明在这只船上，那会叫人多么惊喜呀！"

比况助词，常见的有一样、一般等。如，"他咧着嘴笑，高兴得如孩子一般"。

概数助词，常见的有多、左右、上下等。如，"我们的班主任是一位三十岁左右的男教师"。

其他助词，如"所"，一般用在动词前。如，"如你所见，世界就是如此美妙"。

对于这些助词，同学们能认出它们，大致知道用法即可。

拟声词

拟声词，即模拟声音的词，主要有以下几类：单音节拟声词，汪、喵、咩、咣、轰、呼、当、叭等；双音节拟声词，咕噜、咣啷、轰隆、扑通、滴答等；重叠式拟声词，汪汪、呼呼、滴答滴答、咕噜咕噜等；重叠变式拟声词，噼里啪啦、稀里哗啦、叽里咕噜等。这些拟声词同学们能认出来即可。

拟声词还有一个特点，它可以充当句子成分。比如，

大雨哗哗地下，风呼呼地刮。——做状语

池塘里的鱼时不时扑通一下，下雨天扑通得最欢。——做谓语

饿的时候，我的肚子会发出咕噜咕噜的声音。——做定语

得知大黄离开的消息，小明哭得稀里哗啦。——做补语

咣啷！我的书架倒了，架子上的书散落了一地。——独立成句

拟声词的作用是学习拟声词的重点，我们在赏析文章语言时，经常会遇到拟声词的鉴赏。

首先，拟声词模拟真实声音，最重要的作用是使描写生动逼真，使人如闻其声，如临其境。如，"风呼呼地刮"，这里"呼呼"写出风很大，我们读句子的时候仿佛能感受到大风。再如，"火锅店里，声音开起了'大会'，烫锅咕嘟咕嘟的冒泡声，碗碟乒乒乓乓的磕碰声以及人们吃东西的嘶哈声相互交错，真是好不热闹"。这里几个叠

词的运用，让我们身临其境，感受到了火锅店的热闹。

其次，运用拟声词也可以更好地塑造人物。如，"听到妈妈说买了炸鸡，小明咻地一下跑过去了"。这里"咻"体现出了小明的伶俐、动作迅速，也体现出他的可爱和纯真。

感叹词

感叹词属于语气词，一般用在词语、句子的末尾，表示感叹语气。比如，"你新买的裙子真好看呀！"这个"呀"就是感叹词。常见的感叹词有啊、啦、呀、哇、哎、呦、哎哟等。

感叹词可以用来表示赞扬、喜悦、惊讶、叹息、愤怒等情感，因为感叹词需要和语调一起表达意思，所以具体表达哪种情感需要结合语境来分析。

北京的秋天真是太美啦！——表示赞扬

能在这见到你真好啊！——表示喜悦

哎哟！搭一座桥竟然需要三年的时间！——表示惊讶

唉！你的伤太重了。——表示叹息

哎！你这样说真是太过分了！——表示愤怒

感叹词可以使情感更强烈地表达出来，多用于口语，如果在阅读时见到作者反复使用感叹词，那在分析文章时要注意感叹词背后的情感。我们写文章时，也可以适当地使用感叹词来突出心中想表达的情感。

词义、感情色彩、词汇关系

前面讲了各种实词和虚词，这都是根据词的语法功能分的类，但如果根据词义分类，还可以分为单义词与多义词；根据感情色彩分类，还可以分为褒义词、贬义词、中性词；根据词汇关系，人们还会分近义词、反义词。

单义词与多义词

词根据义项的多少可以分为单义词和多义词。

单义词指只有一个义项的词。也就是说，这个词只有一个意义，或者特指某一物。如"鲁迅"，指鲁迅这个人，就是单义词。单义词不会像多义词一样产生歧义，同学们能辨认出来即可。

一般像科学术语、专有名词、常见事物的名称都是单义词。科学术语如原子、克隆、行星等。专有名词指特定的、独一无二的人或物，与普通名词相对。人名、地名、景观名、国家名等都是专有名词，比如鲁迅、马克思、北京、黄河、中国等。常见事物的名称也多为单义词，如西红柿、大米等。

多义词，就是指有两个或两个以上意义，且这些意义之间有联系的词。多义词的意义有基本义、引申义和比喻义。基本义是词语最初或最常用的意义。比如"海"，它的基本义是大洋靠近陆地的部分。引申义是由基本义引申、衍生而来的意义。"海"可以引申为"大的"，如海量、海涵等。比喻义是通过用基本义比喻另外的事物而固定下来的意义。"海"可以比喻连成一大片的很多同类事物，如书海、人海、花海等。关于多义词的分类，同学们了解即可。

正因为词的含义丰富，所以我们在理解词语含义时，需要配合具体语境。分析词语含义也是现代文阅读中常考的题型，例如，"每想起祖父的答案，我心里就会濡湿，仿佛一种美好在涌动着，就要拔节开花"（包利民《寒不冻心跳，风不散笑容》）。"濡湿"的本义指的是用水或其他液体浸透或弄湿，而这里指的是感动。我们在做这类题型的时候，需要先将词语的本义答出来，然后再分析句中的意思，进而分析背后蕴含的情感。

词的感情色彩

词的感情色彩是指词义中所反映的主体对客观对象的感情倾向、态度、评价等内容。词按感情色彩可分为三类。

褒义词，就是指带有赞扬、喜爱、尊敬、美好、吉祥等肯定的感情色彩的词语，如聪明、伟大、崇高等。

贬义词，指带有贬斥、憎恨、轻蔑、厌恶等否定的感情色彩的词语，如丑恶、剥削、虚伪、遗臭万年等。

中性词，指的是既不具有褒义色彩也不具有贬义色彩的词语。这类词在语言表达中不带有明显的感情倾向，可以客观地描述事物或行为。在不同语境下，有些词可以用在好的方面，也可以用在不好的方面。如"年轻"一词，如果说"你真年轻啊，活力如此充沛"，这里的"年轻"是褒义词，夸赞一个人年轻力壮，很有活力；如果说"你还是太年轻了，这么简单的道理都不懂"，这里"年轻"具有贬义色彩，是经验不足、不够成熟的意思。

词的感情色彩反映了人们对事物的爱憎感情和褒贬评价。我们在生活或写作中，准确地使用带感情色彩的词语，可以把我们的思想感情鲜明地表达出来。

除此之外，还会有褒词贬用或贬词褒用的情况。"她从来不打骂我们。仅仅有一次，她的教鞭好像要落下来，我用石板一迎，教鞭轻轻地敲在石板边上，大伙笑了，

她也笑了。我用儿童的狡猾的眼光察觉，她爱我们，并没有存心要打的意思。孩子们是多么善于观察这一点啊。"（魏巍《我的老师》）"狡猾"本义是诡计多端，不可信任，是贬义词。但在文中说儿童狡猾的眼光，指的是儿童的调皮、机灵，用来表现孩子的天真可爱，是贬词褒用。如果题目需要理解句子含义，我们可以先解释"狡猾"本来的意思，然后分析词语在句中的意思，最后分析句子蕴含的情感。

近义词与反义词

近义词，顾名思义，就是指意义相近的词。如，谦虚和谦让，谦虚指的是虚心，不自满，肯接受批评。谦让指的是谦虚地不肯担任，不肯接受或不肯占先。两者都有"谦"的意思。我们学习近义词，一是意思相近的词在写作中往往可以互相替代，避免文章的重复呆板；二是学会区分近义词的细微区别，考试时经常会出词义相近的词，让我们选择其一。

要区分近义词，我们可以从以下几个方面入手。

从词义上辨析。有一个小窍门，可以去除同类项，然后分别组词。比如谦虚和谦让，去除同类项"谦"，谦虚侧重于"虚"，谦让侧重于"让"；然后分别组词，"虚"可以组"虚心"，"让"可以组"礼让"。这样一分辨，两者的差别就出来了。例如："孔融四岁让梨，他从小就懂得＿＿＿。"这里我们显然要填"谦让"。

从色彩上辨析。比如"结果"指最终的结局，可能是好的结局，也可能是坏的结局，是中性词；"后果"一般都指不好的结局，是贬义词。比如："所谓成功，就是专心的人彼此之间长期竞争而产生的＿＿＿。"语境含褒义，我们填"结果"。

从用法上辨析。有一些词有固定的搭配对象，比如"爱戴"指敬爱并且拥护，一般指晚辈对长辈；"爱护"多指对人或事物的保护，如爱护晚辈、爱护花草等。例如："藤野先生衣着简朴，虽然不修边幅，却凭自己渊博的学识和严谨的治学精神赢得了鲁迅先生的尊重和＿＿＿。"这里学生对老师，应该用"爱戴"。

范围的大小不同。有些近义词在表示范围的大小上有所不同。如"战争"指民族与民族之间、国家与国家之间、阶级与阶级之间或政治集团与政治集团之间的武装斗争。"战役"指为实现一定的战略目的，按照统一的作战计划，在一定的方向上和一定的时间内进行的一系列战斗的总和，如辽沈战役、淮海战役等。"战争"的范围大于"战役"。例如，"1937年，日本帝国主义发动了对我国的侵略____。"这里显然要填"战争"，是国家与国家之间的武装斗争，而不仅仅是一系列战斗。

反义词则指意义相反或相对的词，如高与矮、增加与减少、全神贯注与心不在焉等。反义词可分为绝对反义词和相对反义词。

绝对反义词指两个词的意思完全相反，非A即B，如生与死、真与假。两者非此即彼，没有其他空间。相对反义词指词的意思是相对的，除A和B外，还有C、D、E等其他意义存在，如冷和热，中间可插入温、暖、凉等。即不一定只有一个反义词存在，几个意义相同或相近的同义词，可以有一个共同的反义词。反义词的分类，同学们了解即可。

在反义词的应用中需要注意的几点。①组成反义词的一组词总是属于同一意义范畴。如长和短，指的是长度；古和今，指的是时间。②一个词不能与其否定形式构成反义词，如"简单"的反义词是"复杂"，而不是"不简单"。③不是任何一个词都有反义词，反义词以形容词居多，其次是动词。一般情况下，名词或虚词都没有反义词。

短　语

短语由能够搭配的词组合而成，且不带标点符号，是大于词而小于句子的语言单位。概括说，短语 =（可搭配的）词 + 词 + 词……什么是能够搭配的词？比如，"玩游戏"，"玩"和"游戏"就是可搭配的，但"吃游戏""喝游戏"不成立，也就是"吃""喝"不可以跟"游戏"搭配。

短语的妙处在于，我们只需换一换词的顺序或添加虚词，就能得到一个新的短语。换词序是说改变词语的顺序会影响短语的意思，比如这三个短语：读好书、读书好、好读书。添加虚词，比如，我＿＿＿老师，可以填"的"，组成短语"我的老师"；也可以填"和"，变成"我和老师"。两者意思显然不同。

从不同角度观察，短语可以分出很多类别，其中最重要的两种分类是结构类短语和功能类短语。

结构类短语是学习中最常见的，也是这一节的重点。简单来说，结构类短语要看短语内部的构成，也就是词与词之间的结构关系，如"吃苹果""我的老师"，结构类型分别是动宾短语和偏正短语。短语按照结构来划分，包括五种基本结构，有主谓短语、动宾短语、偏正短语、中补短语、并列短语。以上五种基本短语是由陈述关系、支配关系、修饰关系、补充关系、并列或选择关系决定的，因此要想掌握五种基本短语，要先记住五大关系和相对位置。此外，还包括兼语短语、方位短语等特殊结构。后面我们会逐个展开来讲述。

功能类短语，我们了解概念就好。它是指把短语放在一个语言大家庭里面，从外部看它在其中担任"职务"的能力。就像同学们在一个班集体里面，可以担任班长、纪律委员、课代表等职务，短语也可以在句子中担任名词性短语、谓词性短语等"职务"。比如在句子"奥特曼打怪兽"中，这里的短语"打怪兽"就承担了谓词的功能，因此是谓词性短语。

短语变化趣味多，让我们一起来探索生活中的短语，丰富自己的语言表达！

主谓短语

主谓短语中，主语和谓语是好朋友，它们之间是陈述关系，主语在前，表示要说的是"谁"或"什么"；谓语紧紧跟在主语后面，用来说明主语"怎么样"或者"是什么"。

"龟兔赛跑"，主语"龟兔"是名词，谓语"赛跑"是动词，"赛跑"是"龟兔"发出来的动作。

"脸蛋红红"，主语"脸蛋"是名词，谓语"红红"是形容词，用来陈述"脸蛋"看起来怎么样。

"今天星期三"，这是一个特殊的主谓短语。名词"星期三"作谓语，用来陈述"今天"具体是哪一天。

"纸三张"，也是一个特殊的主谓短语，这里的谓语是由数量短语"三张"充当，用来表示主语"纸"的具体数量。

动宾短语

动宾短语由动词＋宾语构成，动词起支配作用，指动作行为；宾语说明"做什么"或"是什么"。例如，"看电影""打游戏""听音乐"。

偏正短语

我们之前学过主谓短语是一主一谓，动宾短语是一动一宾，以此类推，偏正短语就是一偏一正。所谓"偏"指修饰部分，也可以说是修饰语，"正"即被修饰部分，也就是中心语。因此偏正短语表示的是修饰关系，"偏"来修饰、限制"正"。根据修饰关系的不同，偏正短语可以分为两类。

一种是定中短语，为定语＋名词性中心语的格式。定语是名词性中心语的修饰语，对中心语起描写或限制作用，常会出现"的"为定语标记（不绝对）。例如"绯红的晚霞""金黄的落叶"，这里"绯红的""金黄的"起描写作用。再如"纯棉短袖""真丝连衣裙"，这里"纯棉""真丝"限制了短袖和连衣裙的材质。

另一种是状中短语，为状语＋动词、形容词中心语的格式。常会出现"地"为状语标记（不绝对）。中心语为动词时，状语一般表示动作的情态、方式、时间等，中心语为形容词，状语一般表示形式、程度等。例如"温柔地说"，这里"温柔"修饰"说"，表明"说"的情态，还可以"严厉地说""冷冷地说"。再如"非常瘦弱"，这里"非常"表示"瘦弱"的程度。

偏正短语的核心是修饰关系，我们可以此作为判断标准。如果大家实在摸不准是不是修饰关系，可以尝试用近义词来替换，比如"很善良"，我们用"很"的近义词来替换，"非常善良""特别善良"，替换成功，说明是偏正短语。

小初阶段的考试要求我们能准确判断出偏正短语就可以，一般不会考查细致分类，但到了高中会对词性和组成结构有更高的要求。总结一下偏正短语的判定方式：第一种方法是看标志词"的"和"地"；第二种方法是尝试在短语中加上"的"和"地"，看看短语中的意思是否能明确；第三种是尝试替换修饰语部分的近义词，进一步确定修饰关系。

补充短语

　　补充短语也可以叫中补短语，它由中心语 + 补语组成，后面的补语用来补充说明前面的中心语，能回答"怎么样"的问题。例如"吃饱了"，"吃"是动词，作中心语，补语"饱了"是因为"吃"而产生的结果。

　　在学习偏正短语时，我们知道了"的"可以作为定语的标记，"地"作为状语的标记，中补短语也有它的特色标记——"得"。比如"笑得肚子疼"，补语"肚子疼"前面有"得"作为标记，用来补充说明笑得怎么样。

　　在补充短语中，动词可以充当中心语，例如"读两遍"，"读"是动词作为中心语，数量补语"两遍"说明"读"这个动作发生的次数；"站起来"的中心语是动词"站"，趋向补语"起来"补充说明动作"站"移动的方向。

　　形容词也可以充当中心语，例如"美呆了"，用"呆了"来补充说明"美"到什么程度。再如"高兴极了"，程度补语"极了"用来补充说明"高兴"的程度达到了极点。

　　补充短语和动宾短语怎么区分？动词后面跟着的一般不是宾语就是补语。通过两个例子就可以很好地区分两者的关系了。

示例："看电影"和"看清楚"。首先"看电影"可以回答"看什么"的问题，"电影"是动词"看"的对象，两者具有支配、关涉的关系；"看清楚"不能回答"看什么"的问题，只能回答"怎么样"的问题，"清楚"是动词"看"的结果，两者具有补充、说明的关系。因此"看电影"是动宾短语，"看清楚"是补充短语。

兼语短语

兼语短语比较特殊，由一个动宾短语和一个主谓短语套叠而成，其中动宾短语的宾语同时作为主谓短语的主语。这种结构使得同一个词语在句子中兼有宾语和主语的双重身份。兼语短语具有动语 + 宾语 / 主语 + 谓语的结构形式。来看几个例子吧。

"派你去"，"你"既是前一个动词"派"的宾语，是被派的对象；也是后一个谓语"去"的主语，是"你"去，而不是"他"去。

"选她做班长"，"她"既是前一个动词"选"的宾语，是被选择的对象，也是后一个谓语"做班长"的主语，"她"是当班长的人选。

"称他为老司机"，"他"是被称呼的对象，是"称"的宾语，同时也是"他"具有"老司机"这个身份。

"谢谢姐姐提醒了我"，"姐姐"是动词"谢谢"的宾语，是被感谢的对象，同时也是"提醒"这个动作的发出者。

"有人敲门"，"人"是动词"有"的宾语，表示存在的对象是"人"，同时"人"也是"敲门"这个行为的发出者。

在上述例子中，"派""选"具有使令意味，也就是命令、允许某人做某事；"称"是称谓动词，一般后面会与"为""作"配合出现；"谢谢"表示赞许；"有"表示拥有或存在。也就是说，第一个动语可以是使令、称谓动词，可以是表示赞许、责怪或心理活动的动词，也可以是"有"等表示拥有或存在的动词。

当主谓短语作宾语时，很容易与兼语短语混淆，但也有区分的方法。比如，"动员我们参加校运会"和"希望我们参加校运会"，哪个是兼语短语？第一，看是否可以针对动宾短语来提问，可以则为兼语短语。如，动员谁？"我们"就是"动员"的对象，可以回答"动员我们"，但是不能问"希望谁"，"希望"后面接的是"我们参加校运会"这个事件，而不是一个单纯的对象。第二，看前后动作之间是否有一定的因果关系，有则是兼语短语。例如"我们参加校运会"是"动员"这个动作的结果，在主谓短语作宾语的格式中，"我们参加校运会"并不是"希望"的一种必然结果。因此，"动员我们参加校运会"是兼语短语，"希望我们参加校运会"是主谓短语作宾语。

方位短语

方位短语由名词性词语或动词性词语＋方位词组成，可以表示处所、范围或时间，主要有三种用法。

表处所，如大门外、椅子上（名词＋方位词）。

表范围，如超市里、五米之内（名词＋方位词）。

表时间，如出发之前（动词＋方位词）、三天前（数量短语＋方位词）。

方位短语和偏正短语中的分支——定中短语容易混淆，比如"花园里"和"花园里面"，谁是方位短语，谁是定中短语？我们可以通过添加"的"来判断，定中短语常出现定语标志"的"。"花园里"中间不能插入"的"，是方位短语。"花园里面"可以插入"的"变成"花园的里面"，是定中短语。方位短语主要用于描述具体的空间位置或时间点，例如，会议中、池塘边、解放以后等。定中短语则用于修饰名词或代词，例如，上面的水杯，左边的书等。

并列短语

并列短语是由两个或两个以上的词或短语并列组成，且前后成分的词性、结构相同，意义相近或相反。并列短语分为由词组成的并列短语和由短语组成的并列短语。

由词组成的并列短语主要分为以下几种。

名词＋名词，如米和面，报纸杂志。

动词＋动词，如读和写，辱骂和恐吓。

形容词＋形容词，如高大又帅气，美丽善良。

代词 + 代词，如我和你，这样那样。

数量词 + 数量词，如千秋万代，半斤八两。

还有一些特殊情况：原本前后词性不同，但被连词连接后，发生词类活用，构成并列。

形容词 + 名词（名词 + 名词）。"他对父子间的陌生和距离紧张得手足无措。""陌生"本是形容词，"距离"是名词。这里"陌生"词类活用为名词，构成并列。

名词 + 动词（名词 + 名词）。"一个老杂耍演员，靠着信念和渴望维持着平衡。"（严歌苓《陆犯焉识》）"信念"是名词，"渴望"本是动词。这里词类活用为名词，构成并列。

形容词 + 动词（名词 + 名词）。"他用寂寞和思念换来一份真心。""寂寞"本是形容词，"思念"是动词。这里"寂寞""思念"词类活用为名词，构成并列。

前后词性不同的词组成并列短语，中间一般有连词连接，如果不能一眼看出是否是并列结构，可尝试互换前后词位置，看意思是否变化。比如，把"信念和渴望"换成"渴望和信念"，句中的意思不会发生变化。

再来看由短语构成的并列。

动宾式，如"看电影和刷短视频，哪个更有意义？""看电影"和"刷短视频"都是动宾短语，两者构成并列。

主谓式，如"皮肤干燥和手脚出汗是脾胃功能不调引起的"，"皮肤干燥""手脚出汗"都是主谓短语。

偏正式，如"飘零的落叶和流动的溪水，构成了一幅唯美的秋日画卷"，"飘零的落叶""流动的溪水"都是偏正短语，构成并列。

由此我们可以总结并列短语的判定方法：①在前后成分之间加连词。如果是并列短语，加入连词和、及、又、与等，不会影响短语的意思。如"妈妈爸爸"变成"妈妈和爸爸"，意思不变。②互换词序。并列短语没有轻重主次之分，词与词之间的地位平等，因此更换词的顺序也不会影响短语的意思。如"报纸杂志"变更为"杂志报纸"，意思相同；"美丽善良"变更为"善良美丽"，意思相同。

成语、歇后语、谚语、惯用语

成语、歇后语、谚语、惯用语是短语的重要形式，承载着古人的思想感情和生活经验。好好利用这些短语形式，能够使文章的表达更丰富，更有趣。

成语

成语，是一种长期沿用、含义丰富、具有书面语色彩的固定短语，有三个主要特征。

意义整体性。成语在意义上具有整体性，它的意义并不是各个句子成分意义的简单相加。如"狐假虎威"从字面上来看，它表达的意义是狐狸借用老虎的威势，但实际上人们在使用这个成语时，想表达的是它的引申意义——倚仗别人的权势去欺压他人。

结构固定性。成语的构成成分和结构形式都是固定不变的，我们不能随意更换语素顺序或者增减语素。如"金蝉脱壳"，我们不能改为"金蝉的脱壳"，那就不是成语了。

风格典雅型。成语语言风格庄重、典雅。如"孤掌难鸣"和"一个巴掌拍不响"，两者都用来比喻力量单薄，难以成事。"孤掌难鸣"显然更庄重典雅。当然，这里没有好坏之分，只是适用于不同语境和场合。

成语的分类可以是多种多样的，这里只介绍考试中或生活中常用到的两种分类方法。

第一种方法：按成语的结构类型分类。在初高中的考试中，经常会出现判断成语短语类型的问题。

主谓结构。如浪子回头、妇孺皆知。

动宾结构。如不见天日、略胜一筹。

中补结构。如凌乱不堪、高不可攀。

偏正结构。如庞然大物（定中）、津津乐道（状中）。

并列结构。如心惊肉跳、头晕目眩。

第二种方法：按成语起源分类。对成语追本溯源能让我们感受到有趣鲜活的中华文化。

寓言故事。如塞翁失马。

神话故事。如精卫填海。

历史故事。如马革裹尸。

文学典籍。如相濡以沫。

其他来源，还有外来语和民间习惯用语等。

善用成语可以让表达精炼、意涵丰富，还可以使句子典雅庄重、韵味十足。成语误用也是中高考常见题型。下面我们一起来看一下常见的八种成语误用类型吧。

望文生义

单单按字面意思去推测和联想成语的意思，我们称为望文生义或主观臆断。

想要避免望文生义，要注意成语意义的整体性特征，不要仅从字面意思来解读成语。学习成语时多翻字典，理解、掌握其意思，还要注意多积累。如果以考试为目的，那么常考的成语数量不会很多，同学们将自己容易混淆的部分记到积累本上，考试前多看看，不要抱着侥幸心理，放任知识的灰色地带蔓延。

易望文生义成语举例

文不加点：形容写文章很快，不用涂改就写成。不能理解为写文章不加标点。"点"意为涂上一点，表示删去。出自祢衡的《鹦鹉赋序》，意为称赞祢衡文思泉涌，下笔成章。

瓜田李下：最早出自古乐府曹植的《君子行》。原义是说经过瓜田，不要俯下身来提鞋，免得被人怀疑是摘瓜；走过李树下，不要举起手整理帽子，免得被人怀疑是摘李子。后来比喻容易引起嫌疑的场合。

对象误用

有些成语有其固定的适用对象和范围，如果对成语所表达的对象或范围缺乏了解，便会出现张冠李戴的现象，称为对象误用。

为了避免对象误用，在了解成语的意思后，要同时明确这个成语有无固定适用对象和范围。有的专指个体，有的专指群体；有的仅指人，有的仅指物；有的专用于男女之间，有的专用于文章或艺术作品等。

易对象误用的成语举例

汗牛充栋： 形容书籍极多，不能用于其他事物。"汗牛"指用牛运输，牛累得出汗。"充栋"指堆满了屋子。

春秋鼎盛： 比喻人正当壮年，不能用于形容时代。

豆蔻年华： 指十三四岁的少女。不能用于男孩子或其他年龄范围。再如"相敬如宾、琴瑟之好、破镜重圆"，只能用于夫妻之间。

巧夺天工： 精巧的人工胜过天然，形容技艺极其精巧。不能说大自然巧夺天工。

褒贬颠倒

将带有消极色彩的贬义词当作带有积极色彩的褒义词来用，这种类型的误用称为褒贬颠倒或感情失当。

想要避免褒贬颠倒，需辨析语境的感情色彩。"这个坏蛋一生恶贯满盈，真是死得其所。"通过"坏蛋""恶贯满盈"可以看出这是一个消极、贬斥的语境，而"死得其所"意思是人死得有意义、有价值，含褒义。为了贴合语境，应该改为"死有余辜"。

此外，注意积累有情感色彩的成语。有时我们知道了句子的褒贬色彩，但不知道成语的，也无法将题做对，所以同样地，同学们还是要做积累。

好为人师： 贬义词。指喜欢以教育者自居，不谦虚。"好（hào）"意为喜欢。"为"意为做，当。

危言危行： 褒义词。指不畏危难而说正直的话，做正直的事。

惨淡经营： 褒义词。形容苦费心力，在困难境况中艰苦谋划或坚持从事某项事业。

目无全牛： 褒义词。出自《庄子·养生主》，指一个杀牛的人最初杀牛，眼睛看见的是整头牛，三年以后技术纯熟了，动刀时只看到皮骨间隙而看不到全牛。形容技艺达到很高的境界。

谦敬错位

误用成语谦敬，称为谦敬错位或主客颠倒。

想要避免谦敬错位，就要明确使用场合，注意句中尊卑、长幼、主宾情况。此类成语具有特定的使用场合和特定的使用对象，所以当大家看到题目中出现有主有客、有长有幼、有"你"有"我"等情况时，首先要分辨句子想表达的意思是对己还是对人。另外，还需要积累遇到的谦辞和敬辞，记住谦辞是表示自己的自谦，敬辞是表示对别人的敬意。

常见表敬辞的成语举例

不吝赐教： 不吝惜自己的意见，希望给予指导。是请人指教的客气话。

虚位以待： 留着位置等候。表示尊敬。

卓尔不群： 指优秀卓越，超出常人。用于称赞别人。

虚怀若谷： 胸怀像山谷那样深而宽广，用于称赞别人十分谦虚。

常见表谦辞的成语举例

抛砖引玉： 比喻用自己粗浅的、不成熟的意见引出别人高明的、成熟的意见。

不情之请： 指不合情理的请求，是自己提出请求时的客气话。

敬谢不敏： "谢"指推辞，"不敏"指不聪明、没有才能。意思是恭敬地表示自己能力不足，不能够接受做某事。多用作推辞做某事的婉辞。

轻重失度

轻重失度，也称大词小用或小词大用，指的是成语的使用与语境中的语义轻重不匹配，即成语的语义过重或过轻，导致表达效果不佳。

避免轻重失度，需要把握语境所描述的程度，是普通情景还是有强烈情感或行为的情景。在判断语境的程度之后，我们也要明确成语表意的轻重程度，选择适合语境的成语。

易轻重失度的成语举例

名列前茅（轻）——独占鳌头（重）。 名列前茅和独占鳌头都可以表示名次在前面，非常优秀。"前茅"指春秋时期楚国行军，有人拿着茅当旗子走在队伍的前列。所以名列前茅强调"列"，即处在靠前的位置。独占鳌头，指居首位或第一名，更强调"独"，可以理解为不但位次靠前，而且还是遥遥领先的第一名。因此，独占鳌头的表意程度比名列前茅重。如果说小明在班里成绩排名很靠前，可以用名列前茅。如果说小明在比赛中获得金牌，用独占鳌头比较合适。

尽心竭力（轻）——肝脑涂地（重）。 尽心竭力和肝脑涂地都有努力做某事的意思。尽心竭力，指用尽心思，使出全力。肝脑涂地，原指在战乱中惨死，后指牺牲性命，形容极度忠诚，到了可以牺牲性命的程度，比使出全力表意程度更重些。如果形容社区为群众服务，用尽心竭力比较合适。如果是形容军人守护国土，则用肝脑涂地。

含沙射影（轻）——暗箭伤人（重）。 两者都有暗中伤害人的意思。含沙射影的意思是，传说水中有一种叫蜮（yù）的怪物，看到人的影子就喷沙子，被喷的人就会得病，比喻暗地里诽谤中伤。暗箭伤人，比喻暗地里用阴险手段伤害人，这个伤害不限于暗中诽谤，语意较含沙射影重。

前后重复

这是一种成语意义与句意重复的误用。我们直接通过几个例子来了解。

名师精讲语文：从基础到高分（上）

〔正〕方兴未艾。方兴未艾的意思是事物正在兴起、发展，一时不会终止。与"正"的意思重复，不能说某种事物正方兴未艾。

难言之隐〔的苦衷〕。难言之隐的意思是隐藏在内心深处不便说出口的原因或事情，形容有难言的苦衷。与"苦衷"的意思重复。

〔对自己〕妄自菲薄。妄自菲薄意为过分看轻自己，形容自卑。与"自己"意思重复。

〔百姓〕生灵涂炭。生灵涂炭指百姓像掉在烂泥和炭火中一样，形容人民处于极端困苦的环境中。与"百姓"意思重复。

〔事先〕未雨绸缪。未雨绸缪的意思是天还没有下雨，先把门窗绑牢，比喻事先做好准备工作。与"事先"意思重复。

〔众多〕莘莘学子。莘莘学子形容众多的学生。与"众多"意思重复。

忍俊不禁〔地笑了〕。忍俊不禁指忍不住笑。与"笑了"重复。

搭配不当

搭配不当，指功能混乱。成语依据某种语法关系，往往有比较固定的搭配方式，如果脱离这种搭配，则容易出错，比如说修饰语与中心词不搭配，动词与宾语不搭配，有的本身不能带宾语等。

易搭配不当的成语举例

司空见惯。例句："我们都司空见惯了那种'违者罚款'的告示牌。"分析：司空见惯指某事看惯了就不觉得奇怪，后面不能带宾语。可改为："我们对那种'违者罚款'的告示牌司空见惯。"

漠不关心。例句："他漠不关心昨天发生的事情。"分析：漠不关心形容对人或事物感情冷淡，一点儿也不关心，是动词性成语，但不能带宾语。可改为："他对昨天发生的事情漠不关心。"

迫在眉睫。例句："群众的迫在眉睫一定要解决好。"分析：迫在眉睫形容事情临近眼前，是形容词性成语，不能做主语。可改为："群众的燃眉之急一定要解决好。"

不合语境

这是成语的使用与整体语境不合导致的误用。

想要避免此类误用，需要反复揣摩语境。成语有特定的意思，其使用必须符合一定的语言环境，保持协调一致。另外，辨析意思相近或相反的形近成语，及时积累。

易在同一语境误用的形近成语举例

骇人听闻——耸人听闻。骇人听闻指使人听了非常吃惊（多指社会上发生的坏事）。耸人听闻指故意夸大或捏造事实使人听了非常震惊。它们都有让人听了吃惊或震惊的意思。骇人听闻指的是真实的事，而耸人听闻则侧重于故意夸大。

舍本逐末——本末倒置。舍本逐末指舍弃事物根本的、主要的部分，而去追求细枝末节。本末倒置比喻颠倒了事物的轻重主次。舍本逐末偏重于这种错误行为的过程，本末倒置偏重于结果。

振聋发聩——震耳欲聋。振聋发聩指发出很大的声响，使耳聋的人也能听见，比喻用语言文字唤醒糊涂麻木的人。震耳欲聋指耳朵都快震聋了，形容声音很大。两者都指声音大，振聋发聩侧重于精神上，震耳欲聋侧重于真实声音。

歇后语

歇后语是群众在生活实践中所创造的一种特殊语言形式，由前后两部分组成：前一部分起"引子"作用，像谜面；后一部分起"后衬"作用，像谜底，十分自然贴切。歇后语通常短小、形象、风趣，有时又耐人寻味，为广大人民所喜闻乐见，但如果是比较庄重的场合，就不适合用歇后语了。

根据前后两部分的构成情况，歇后语可以分为喻义歇后语和谐音歇后语两类。

喻义歇后语，它的前一部分是一个比喻，后一部分用来解释、说明前一部分的含义。"这件事谁也不知道，小红又不能对任何人提起，真是哑巴吃黄连——有苦说不出。"这里将小红的自身感受和哑巴吃了黄连的感受作比，后句解释具体感受——有苦说不出。

谐音歇后语，借用同音字或近音字引申出另一种意义。如我们耳熟能详的"小葱拌豆腐——一青（清）二白"。再如"孔夫子搬家——净是书（输）"，因为孔子家中有很多藏书，如果他搬家的话，书就占了绝大部分。这句歇后语取"书"的同音字"输"，用来比喻比赛或较量失败，带有贬义色彩。

因为歇后语是中国劳动人民在日常生活中创造的一种特殊语言形式，所以它具有鲜明的民族特色和浓郁的生活气息。如"门上的春联——一对红""麦子未熟秧未插——青黄不接""猪鼻子插葱——装象"。我们与人交流时使用歇后语，可以让交谈更欢快，增强表达效果；在写作中用上歇后语，更是能丰富文章的内涵，让文章更加生动有趣。同学们生活中遇到歇后语时，可以留心积累。

谚语

谚语指大众口语中通俗精炼、含义深刻的固定语句。像"当局者迷，旁观者清""人心齐，泰山移""此地无银三百两"，都是谚语。谚语来源于群众口语，一般通俗易懂，生动形象。与此同时，会揭示一个客观规律或反映某种事理，使人从中受到启发。如"众人拾柴火焰高"，指众人都往燃烧的火里添柴，火焰必然会很高，强调人多力量大。

谚语一般分为三种类型：气象类谚语、农事类谚语、生活类谚语。

气象类谚语，一般是人们在长期生产实践中观察气象所得出的经验。比如："朝霞不出门，晚霞行千里。"意思是早晨出现红霞，预示有雨，不宜出门；傍晚出现红霞，预示天晴，可以远行。"燕子低飞蛇过道，不久大雨就来到。"意思是如果燕子飞得低，在空中盘旋，蛇出现在大道上，不久之后就会下大雨。

农事类谚语，一般是农民在生产实践中总结出来的农事经验。比如："春雷响，万物长。"意思是春天打雷，预示下春雨。春雨滋润万物生长，会有好收成。"今冬麦盖三层被，来年枕着馒头睡。"雪像麦子的棉被一样可以保温，冬天的棉被盖得越厚，越能保护麦苗安全越冬，明年麦子就长得越好。

生活类谚语，一般指人们在日常生活里总结出的经验，涉及为人处世、读书学习、养生保健等多方面的内容。比如："人不可貌相，海水不可斗量。"意思是不可根据相貌外表低估一个人的未来，如同海水不可以用斗去度量一样。"儿孙自有儿孙福，莫与儿孙作远忧。"意思是儿孙自然有各自的福运，父母不必为他们过分操心。

在日常生活中遇到谚语，同学们可以及时摘录，扩充储备。

惯用语

惯用语是指口语中短小定型的习用短语。多是人民群众在长期的劳动生活中口头创造出来的，如"炒鱿鱼""背黑锅""墙头草"等。因为是口头创造出来的，所以有很强的口语性且与生活密切相关。惯用语以三字居多，用起来比较方便。当然，也有不是三字的，如"敬酒不吃吃罚酒""不管三七二十一"等。

此外，惯用语常使用比喻修辞，所以在解读惯用语时，往往不能只从字面上理解。如"炒鱿鱼"，鱿鱼一炒就卷起来，像是卷铺盖，比喻解雇。

需要注意的是，惯用语较多带有贬义，讽刺意味较浓，使用时要分清对象。如"唱高调"，意思是说不切实际的漂亮话，说得好听而不去行动，只能用于否定。但也有褒义的惯用语，如"领头羊"，指在团体中起主导作用的人。同学们如果在写作中使用惯用语，尽量选择意义积极的，根据表达需要恰当运用。同时，注意不宜使用太多。

词与短语

词的概念与分类
- 名词　数词
- 动词　量词
- 形容词　代词
- 副词　助词
- 介词　拟声词
- 连词　感叹词

词义、感情色彩、词汇关系
- 单义词与多义词
- 词的感情色彩
- 近义词与反义词

短语
- 主谓短语
- 动宾短语
- 偏正短语
- 补充短语
- 兼语短语
- 方位短语
- 并列短语

成语、歇后语、谚语、惯用语

句子与标点

句子是语言运用的基本单位，它承载事实，承载感情，也承载思想。而标点就像句子的"关节"，串联起一个个句子。有了标点，行文才能更流畅，表达才能更准确。

句子的定义与六种成分

句子由词、词组（短语）构成，核心是能表达一个完整的意思，其作用是理解别人，表达自己。例如，告诉别人一件事情，提出一个问题，要求或者制止别人做什么，表示某种感慨等。句子看似简单，但各种思想、知识、观点、理念都包含在句子里，我们的灵魂、价值观如果向外传达，也必须通过句子。

句子是可以拆分的，每个句子都包含主语、谓语、宾语、定语、状语和补语六种成分。

根据不同的标准，句子可以分为不同的类型。从语气来划分，句子可以分为陈述句、疑问句、祈使句和感叹句四种句式；从结构来划分，句子可分为单句和复句，单句里有主谓句和非主谓句，有特殊的把字句和被字句，而复句也有并列、顺承、选择等多种类型。

此外，本章还会单独用一节讲解病句。在生活和阅读写作中，我们会遇到各种病句，辨别病句一直是中高考的重要考点之一。

下面，先来看句子成分。

主语

主语是一个句子中所要表达、描述的人或物，是句子叙述的主体。主语也是谓语的陈述对象，指出谓语说的是谁或者是什么。主语通常是名词、代词或名词性短语，在一定条件下，动词、形容词、数量词，以及动词性短语、主谓短语等也可以作主语。但是，介词短语是不能当主语的。主语的符号是双下划线。

名词或名词性短语作主语。

时间是一条生命的河。

动词或动词性短语作主语。

奔跑是一种速度，更是一种态度。

代词作主语。

我们明天就可以走出戈壁了。

形容词作主语。

坚强是一种宝贵的品质。

主谓短语作主语。

数字准确最关键。

数词或数量词作主语。

32 是 8 的倍数。

有时，我们写出病句，或者辨别不出病句，就是因为对句子成分不敏感。我们遇到句子，要多读、多尝试分析句子成分，熟练掌握后，轻松识别病句就不是问题。

谓语

谓语是对主语动作、状态或特征的陈述或说明，指出主语在做什么或者是什么。谓语通常由动词或动词性短语、形容词或形容词性短语、连动短语等充当。谓语的符号是单下划线。

动词或动词性短语作谓语。

小鱼们在溪水的怀里快乐地钻来钻去。

形容词或形容词性短语作谓语。

她非常漂亮。

名词或名词性的词组也可以充当谓语。

今天星期四。

主谓短语作谓语。确定主语后，句子剩下的内容是一个主谓短语，那么这个主谓短语就是句子的谓语。

这本书我早就看过了。

在是字句中，"是"作谓语。是字句专指由动词"是"构成的判断句。"是"前面的成分是主语，后面的成分是宾语，而谓语就是"是"。

实践是不断发展的，认识是没有止境的。

宾语

宾语是谓语支配的部分，表示动作行为涉及的人或事物，用波浪线进行标记。能作主语的词语或短语通常同样可以作宾语。

名词、动词、形容词以及相关的短语作宾语。

人长大以后会遇见形形色色的人、事、物。
人生的态度是，抱最大的希望，尽最大的努力，做最坏的打算。（动词性短语）

代词、数词、数量词、主谓短语作宾语。

我欣赏她。（代词）
16 除以 4 等于 8。（数词）
她花了两天，才写出了那篇作文。（数量词）
我发现逃避现实很容易。（主谓短语）

此外，宾语有个独特的形式——双宾语。双宾语指谓语有两个对象，其中一个是直接的对象，又叫直接宾语；一个是间接的对象，又叫间接宾语。直接宾语是谓语动词的直接承受者，回答"什么"的问题；间接宾语是谓语动词的间接承受者，表示谓语动作的方向（对谁做）或动作的目标（为谁做），回答"是谁"的问题。要注意，一般来说，间接宾语紧跟在谓语动词后，但它不能单独存在。

送你一朵玫瑰花。（"送"是谓语，送的直接对象是"一朵玫瑰花"，"一朵玫瑰花"就是直接宾语；而"送"的间接对象是"你"，"你"就是间接宾语）

母亲教给我很多东西。（"我"是间接宾语，"很多东西"是直接宾语）

图书馆给资料室一套丛书。（"资料室"作间接宾语，"一套丛书"作直接宾语）

双宾语一般有以下几种类型。

给予类双宾语：姐姐给他一个橘子。

表称类双宾语：人们都叫他十全老人。

结果类双宾语：那个热茶杯烫了我一个水泡。

取得类双宾语：交警罚了闯红灯的司机五十块钱。

定语

主谓宾是句子的主干，而对主干起修饰、限制、补充作用的"枝叶"成分，就是定状补。其中，定语和主语、宾语大有关系，一般用在主语和宾语的前面，表示领属、性质、数量的修饰成分。定语是修饰语，被修饰的名词或代词是中心语。标注定语的符号是括号。

定语分为描写性定语和限制性定语两种，经常由形容词、动词、名词、代词充当。

描写性定语多由形容词、动词及相关短语充当。

（弯弯曲曲）的小溪

限制性定语给事物分类或划定范围，多由代词、名词来充当。

（古城大理）的湖光山色

定语和中心语的组合，有的必须加"的"，有的不能加"的"，有的可加可不加。

单音节形容词作定语，通常不加"的"：（红）花、（绿）叶、（新）学校

双音节形容词作定语，常常加上"的"：（晴朗）的天、（动听）的歌声、（粉红）的脸

定语的顺序

有时候，一个长句子会有很多层定语，定语的顺序要怎么安排呢？总的原则是，限定性定语在前，描写性定语在后。具体的顺序是：①表领属的词或短语放前面，表示"谁的"，有时候没有表领属的词语，那么表时间、处所的在前面；②指示代词、数量短语，表示"多少"；③动词或动词性短语，表示"怎么样"；④形容词或形容词性短语，表示"什么样"；⑤表性质的名词或名词性短语，表示"什么"。

花园里（表领属）那（指示代词）几朵（数量）盛开（动词）的美丽的红色（形容词）玫瑰花被人摘走了。

他已经不是过去（表时间）那个（指示代词）什么都不懂（形容词性短语）的乡下（名词）孩子了。

大家记住这个顺序，有些定语即使没有这么多层，我们也要按这个顺序排序。写作时，经常会遇到多层定语怎么安排的问题，顺序弄清楚了，写下的句子就是通顺的。

状语

状语是在动词、形容词前，表示状态、程度、时间、处所等的修饰成分。状语和定语一样，也是修饰语，被修饰的动词或形容词是中心语。状语用中括号进行标记。

状语主要由形容词、副词、介词短语等充当。

深刻的道理［从来］［就］改变不了最简单的事实，［到今天］［更］是如此。
（副词）　　　　　　　　　　　　　　　　（介词短语）（副词）

一般来说，名词是不能作状语的，但是时间名词、处所名词可以作状语。

您[这儿]坐。（"这儿"是处所名词，在这里作状语）

能愿动词也可以作状语。

人[可以]犯错，但[绝不能]犯要命的错。

状语和定语一样，也分为限制性状语和描写性状语。

限制性状语用来表示时间、处所、程度、否定、方式、手段、目的、范围、对象、数量、语气等。

[午后]，天[很]闷，风[很]小。（"午后"表时间，"很"表程度）
大家[对这个节目]没有兴趣。（"对这个节目"表对象）

在这里强调一下，状语又分一般状语和句首状语。一般状语位于主语、谓语之间，起修饰、限制谓语中心词的作用，但在表示时间、处所、目的的名词短语或介词短语作状语时，可以把状语放在主语的前边，这种状语又叫句首状语。句首状语大多数情况下都是限制性状语。

[有时候]，你会发现你已经咬着牙走了很长的路。（"有时候"表时间）

描写性状语从性质、状态等方面对中心语事物加以描写或形容，有的是描写动作状态，有的是限制或描写人物的情态。

他[突然]出现在大家面前。（"突然"修饰谓语动词"出现"）
萌萌[很高兴]地说她要回家了。（"很高兴"修饰人物的情态）

状语的顺序

有时候一个长句子会有多个状语，这些状语的顺序一般是：①表目的、原因或条件的介宾短语；②表时间和处所的短语；③表范围的短语；④表情态或程度的短语；⑤表对象的介宾短语。

为了更好地合作（表目的），许多代表今天早上（表时间）在会议室里（表处所）都（表范围）热情地（表情态）同我们（表对象）交谈。

大家一定要记住这个顺序：目的——时间——处所——范围——怎样——对谁。再加上多层定语的顺序，以后遇到语序问题，就知道怎么解答了。

补语

补语，是动词或形容词后面的一种补充成分，用来回答"怎么样""多久""多少"之类的问题，例如"听懂了"的"懂"，"好得很"中的"很"都是补语。在现代汉语里，补语主要由形容词、副词、介词短语等充当，用"〈〉"进行标记。

补语一般分为七种。

程度补语，后面一般不带"得"。程度补语很少，限于"极、很"和虚义的"透、慌、死、坏"等，表示达到极点或很高的程度，也可以用量词短语"一些、一点"表示很轻的程度。谓语中心语多是形容词。

新疆的葡萄甜〈极〉了。

结果补语，表示动作、行为产生的结果，与中心语有因果关系。结果补语大多是形容词，少数是动词。

这个字写〈错〉了。

状态补语，表示由于动作、性状而呈现出来的状态。中心语和补语中间有助词"得"。

他高兴得〈眼泪都流出来了〉。

趋向补语，表示动作的方向或事物随动作而活动的方向，用趋向动词充当。

所有的同学都坚持〈下来〉了。

数量补语，表示动作发生的次数或持续的时间。

等了〈一会儿〉。

时间、处所补语，多用介词短语来表示动作发生的时间或处所。

这件事发生〈在 2008 年〉。

可能补语，以"得、不"为标志，表示动作结果或趋向能否实现。

看〈得〉清楚，看〈不〉清楚？

补语和宾语的区别

第一，应当明确，宾语和补语都是谓语后面的连带成分，但宾语对谓语一般回答的是"谁""什么"等问题；而补语对谓语一般回答的是"怎么样""多久""多少"等问题。

我问王老师。（回答"谁"）
我记得很〈清楚〉。（回答"怎么样"）

第二，介词短语不能作宾语，但能作补语。

我们走大路。（"路"是名词，作宾语）
我们走〈在大路上〉。（"在大路上"是介词短语，作补语）

第三，谓语动词后出现数量词时，如果是名量词则是宾语，如果是动量词，则是补语。

这本书很好，他买了一本。("一本"代替省略的名词"书"，"本"是名量词，是宾语。)

为了买这本书，他往书店跑了〈三趟〉。("跑了三趟"中的"三趟"补充说明"跑"的次数，"趟"是动量词，是补语。)

第四，名词可作宾语，但一般不能作补语。名词作补语，就会出现病句。

会场里挤得满满的人了。(这句话应该把后面的"人"去掉。)

第五，补语前面有时候用助词"得"，宾语前面不用。

他激动得〈热泪盈眶〉。

魔法口诀

基本成分主谓宾，连带成分定状补。
定语必居主宾前，谓前为状谓后补。
六者关系难分辨，心中有数析正误。

"什么""谁"称主，"做""是""怎样"才充谓。
宾语动支配，回答谓语"什么""谁"。
补语从后说前谓，定语才和后宾配。
介宾短语多状补，不能充当宾主谓。
"的"定"地"状与"得"补，语言标志定是非。

"魔法口诀"第一段话好理解，我们看第二段话。"什么""谁"来作主语，"做""是""怎么样"充当谓语。宾语是动作支配的对象，回答谓语"什么""谁"的问题。补语在谓语的后面，补充说明前面的谓语，定语和宾语搭配。介宾短语一般作状语和补语，不能充当宾语、主语和谓语。"的"是定语的标志，"地"是状语的标志，"得"是补语的标志。

句子的类型（一）

按照语气的不同，句子一般分为四种不同的类型，分别是陈述句、疑问句、祈使句和感叹句。

陈述句

陈述句就是有条理地说出一个事实或者说话人看法的句型，带有陈述语调，句末一般用句号。一般分为肯定句和否定句。

对事物做出肯定判断的句子叫肯定句。例如，"李白是浪漫主义诗人"。

含有"不、没有、非、否、完全不"等否定意思的词的句子叫否定句。例如，"杜甫一生都没有得到朝廷的重用"。

否定句中有一种特殊的双重否定句，含有两个否定词，表示肯定的意思。常用的否定词有"不……不、没有……不"等。书面语中还经常使用"无不、无非、不无、未必不"等双重否定词来表达。

没有谁不惧怕他的威严。

我虽然年轻，但未必不是你的对手。

注意，陈述句带有陈述语调，但句末也可以带上"的、了、呢、罢了"等语气词。例如，"您今天精神挺好的呢"。

疑问句

疑问句指提出问题的句子，句子的末尾用问号。例如，"谁来了？""你愿不愿意？""你是去还是不去？"疑问句主要由语调、疑问词和一些特殊的结构构成。疑问词包括疑问代词、疑问副词、疑问语气词以及由此构成的短语或疑问格式。

疑问句分为以下四类。

是非问句。提出问题，要求别人回答"是"或"否"的疑问句。

花一开，满山都香吧？

他一定要离开？

这个工作你能胜任吗？

特指问句。用疑问代词或者相关短语对具体的人、物、时间、场所、方式等提出疑问的句子。发问者希望对方做出具体的回答。

今天谁值日？

你写作的灵感是从哪里来的？

选择问句。提出两种或两种以上的情况，让对方从中进行选择的疑问句。经常使用"A 还是 B、是 A 还是 B"等固有格式。

你要红的还是蓝的啊？

你是明天去还是今天去呢？

正反问句。由谓语动词的肯定形式和否定形式并列构成，常用句式：× 不 ×、× 不。

你根本就没看书，是不是？

昨天玩得高兴不高兴？

你买的东西便宜不？

反问句是特殊的疑问句，用疑问的句式表达肯定的观点。表面看来是疑问的形式，但实际上表达的是肯定的意思，答案就在问句之中。反问形式比一般的陈述句语气更强烈，更能引起人们的反思，也是修辞手法的一种。通常，反问句使用是非问和特指问两种格式。

我不是已经说过了吗？（是非问）

都这么晚了，怎么还不睡觉？（特指问）

在写作或者表达感情的时候，适当运用疑问句，往往可以比陈述句更能表达感情，更能引发读者的思考，引起读者的兴趣。这就是句子的魅力。

祈使句

祈使句用来要求、请求，或命令、劝告、叮嘱、建议别人做或不做某件事。祈使句中的主语常常被省去。祈使句的句末一般用感叹号，但是有些祈使句的语气较弱，可以用句号结尾。祈使句可以用语气词"吧、吗"作结尾，也可以不用语气词。

根据语用意义和语气的强弱，祈使句可以分为四类。

表命令的祈使句。表示命令的祈使句，通常带有强制性，要求对方必须服从，言辞肯定，态度严肃。例如，"起立！""快去灭火！"

表示请求的祈使句。与表示命令的祈使句相比，语气要舒缓一些，可以使用语气词"吧、啊"，主语可以出现，也可以不出现。例如，"请给我们多提意见！"

表示禁止的祈使句。明确表示禁止对方做什么事情，言辞强硬，态度坚决，一般不用语气词。例如，"请勿吸烟！""大家别闹了！"

表示劝阻的祈使句。语调比较平缓，多用否定句，常用语气词"吧、啊、了"等。例如，"大热天的，别来了"。

句子是为了交流而诞生，在生活中，祈使句的运用其实更加广泛，还有商量、催促、许可、提醒、警告或劝说等用法。

能不能便宜点？（商量）

快走啊！（催促）

您可以进来了。（许可）

当心砸了手！（提醒）

我们平常交流时，要根据不同的语境和对方的身份、状态选用不同类型的祈使句，把握好语气，这样才能达到最佳交际效果。

感叹句

感叹句是用来表达强烈感情的句子。它可以表达快乐、惊讶、悲伤、愤怒、恐惧等浓厚的感情。句末一般用感叹号。在所有类型的句子中，感叹句是最能传达情感的，它有以下几个明显的特点。

表达的感情多种多样。

我考上大学啦！（快乐）

哎哟！你还真不拿自己当外人！（讥讽）

唉！我的命怎么这么苦啊！（悲伤）

哼！等着瞧吧。（愤怒）

结构简洁。感叹句多为形式短小的单句，大部分以省略句、非主谓句的形式出现。例如，"证件！"作为一个短句，省略了句子成分，但能表达完整意思，即"拿出你的证件"。

具有显性标志。感叹句最明显的标志就是具有"哇、呀、唉、啊"等感叹词。此外，也有很多没有感叹词的感叹句，但是有"多、多么、好、真、太、这么、那么"等强调意味的词语。

我也太倒霉了！

说起这些，她是怀着多么真挚的深情！

这小子怎么就那么不争气！

注意，有些句子加感叹号，但不是感叹语气，而是祈使语气，那么它们就是祈使句而非感叹句。例如，"不准你打人！"我们不要一看到感叹号就认为是感叹句，要分清句子是饱含感情（感叹句），还是提出要求、请求（祈使句）。

句子的类型（二）

按照结构的不同，句子可分为单句和复句，单句进一步可分为主谓句和非主谓句，还有特殊的把字句和被字句，而复句也可分为并列、顺承、选择等多种类型。

单句

单句是由短语或单个的词构成的句子，有特定的语调，能单独表达一定的意思，不可再拆分出分句。单句可分为主谓句和非主谓句。

主谓句

主谓句是由主语、谓语两个成分构成的单句。谓语是句子结构的核心部分。与谓语的分类一样，主谓句可分为四类，即名词谓语句、动词谓语句、形容词谓语句、主谓谓语句。

名词谓语句。谓语由名词或名词性短语充当。例如，"今天阴天"。

动词谓语句。谓语由动词或动词性短语充当。例如，"咱们商量商量"。

形容词谓语句。谓语由形容词或形容词性短语充当。例如，"这场演出很成功"。

主谓谓语句。谓语由主谓短语充当。例如，"这部电影我看过"。

主谓句还有几个特殊句式。①是字句。也叫判断句，"是"就是谓语。例如，"商品是用来交换的劳动产品"。②有字句。例如，"大厅里有很多学生"。③兼语句。句子中的词或短语既充当前面谓语的宾语，又充当后一个谓语的主语。例如，"妈妈喊我吃饭"。④连动句。一个句子中，主语连续发出两个或两个以上的动作，几个动作之间存在目的、因果、方式、先后等关系，这样的句子就叫连动句。例如，"我生病请假了"。

主谓句的特殊句式还有把字句、被字句，这两个句式比较复杂，我们接下来单独讲解。

把字句

把字句是我们汉语里特有的现象。把字句是用介词"把"将宾语提到动词前的一种句式，用来强调行为结果或行为方式。在书面语言中，有时用"将"字代替"把"字，这种句子仍然称为"把"字句。把字句的句型结构是，主语＋把＋宾语＋动词＋其他成分。把字句成立需要以下条件。

把字句的主语必须是动作发出者。"人远远地牵着，看鸟雀下来啄食，走到竹筛底下的时候，将绳子一拉，便罩住了。"（鲁迅《从百草园到三味书屋》）这里是人拉绳子。

"把"字后面的宾语一般是确定的人或事物。宾语如果不是定指的，就不能用把字句来表述。

你把那支铅笔拿过来。（✓）

你把一支铅笔拿过来。（×）

把字句中的谓语动词必须有处置性。也就是说，动词必须能使宾语产生位置移动或形态、状态上的改变。表示感知或情感的动词，比如讨厌、看见、知道、觉得、认为等，不能用于把字句，因为它们无法让宾语发生改变。

你把窗户打开。（✓）

我讨厌那个人。（✓）（非把字句）

我把那个人讨厌。（×）

把字句中的动词后面总有别的成分。例如，"这一圈小山在冬天特别可爱，好像是把济南放在一个小摇篮里"（老舍《济南的冬天》）。

副词在"把"字前面。例如，"我终于把这本书看完了"。

被字句

被字句是指在核心动词前面，用介词"被（给、叫、让）"引出施事的句子。句子的主语是动作的受事。施事的意思是动作的主体，也就是发出动作或发生变化的人或事物，受事是动作支配的人或事物。所以被字句的基本结构是，名词（受事）＋被＋名词（施事）＋动词＋其他，或者是，甲（被动者）被乙（主动者）怎么样（动作）。例如，"敌人被我们打败了"。

"被"书面语色彩较浓，口语中常用"叫、让"。"被"的宾语有时可以不出现，"叫、让"的宾语则必须出现。

他被批评了一顿。（√）

他叫（让）批评了一顿。（×）

他叫狗给咬了。（√）

运用被字句要注意以下几点。

被字句和把字句一样，动词具有处置意义，即动词能使宾语产生位置移动或形态、状态上的改变。不过它们也有不同之处。首先，看见、听见等感觉动词，知道、认为等认知动词，可以用于被字句，但不能用于把字句。其次，表示人体自身部位动作的动词，如举（手）、抬（头）、踢（腿）、睁（眼）等，一般不用于被字句，但能用于把字句。

那件事被他知道了。（√）

他把那件事知道了。（×）

头被他抬了起来。（×）

他把头抬了起来。（√）

被字句的主语，即受事，需要是确指的。

一封信被萌萌取走了。（×）

那封信被萌萌取走了。（√）

被字句谓语不能是单个动词，动词后要有其他成分。这一点和把字句一样。

他躲到厨房里，哭着不肯出门，但终于被他父亲带。（×）

他躲到厨房里，哭着不肯出门，但终于被他父亲带走了。（√）

能愿动词和表否定、时间的副词应在"被"前。

这件事情（已经）被人传出去了。

他（没有）被清华大学录取。

非主谓句

非主谓句也是单句的一种，由主谓短语之外的其他短语或一个词构成，是无法分析出主语和谓语的单句。在现实生活中，特别是在一些特定的语言环境中，我们说的很多话，难以分清谁是主语、谁是谓语。但比起一定要弄清成分，把我们要表达的意思说清楚更加重要。按照词性，我们把非主谓句分成四类。

名词性非主谓句。一般由名词、代词（人称代词、指示代词）或名词性短语构成，用于招呼、提醒、疑问、说明、感叹等。例如，"多美的秋色啊！"

动词性非主谓句。一般由单个动词或动词性短语构成，用于要求、说明、呼救等。例如，"禁止吸烟！"

形容词性非主谓句。由形容词或形容词性短语组成，用于表达某种感情。例如，"妙极了！"

特殊非主谓句。叹词非主谓句，如"哎呀！"副词非主谓句，如"不！"代词非主谓句，如"怎样？"拟声词非主谓句，如"砰！"

复句

复句由两个或两个以上意义相关、结构上互不作句子成分的分句组成。同一复句里的分句意义上互相关联。不同于连续的几个单句，一个复句只有一个句终语调。

复句有两个特点。

一是复句必须具备两套或两套以上主谓关系结构。只有一套句子结构，不管句子多长、中间有多少逗号，仍是单句。

（老孙辞职的）消息，[马上]传遍了整个单位。（单句，主谓句）

老孙 辞职了，消息 [马上] 传遍了整个单位。（复句，有两套主谓关系）

二是复句一般使用关联词语，或成对使用，或单独使用。单句一般不使用关联词语。根据分句间的逻辑关系，复句一般可以分为并列、顺承、选择、递进、条件、假设、因果、转折八种类型。

并列复句

并列复句指两个或两个以上的分句分别陈述几种事物或一件事情的几个方面，分句间表达相近或相反的关系。分句间一般没有主次、先后。根据分句间并列关系的差异分为两类。

并举并列，表示相关的几件事情或一件事的几个方面同时存在，常用的关联词语有，还、也、同样、同时、既……又、又……又、一方面……另一方面等。例如，"詹天佑不怕困难，也不怕嘲笑，毅然接受了任务"（陈典松《詹天佑》）。注意，表示并举并列的复句也可以不使用关联词语。例如，"空气是那么清鲜，天空是那么明朗，使我总想高歌一曲"（老舍《草原》）。

对举并列，表示两种情况或两件事情相对或相反，常用的关联词语有，而，不是……而是，是……不是等。

我们不要空话，而要行动。
我们不是学习的奴隶，而是学习的主人。

注意，表示对举并列的复句也可以不使用关联词语。

谦虚使人进步，骄傲使人落后。
狡诈者轻鄙学问，愚鲁者羡慕学问，唯聪明者善于运用学问。（培根《论求知》）

顺承复句

顺承复句，又叫承接复句、连贯复句。由两个或两个以上的分句，一个接着一个地叙述连续发生的动作或接连发生的几件事情。分句之间有先后顺序。常用首先……

然后、一……就、于是、接着、后来、才、也、又等关联词语。

按照顺承复句各个分句间的关系，可以分为以下几类。

以时间先后为序的顺承复句。例如，"他思考了一会儿，然后又埋下头来继续写作"。

有些承接复句不使用关联词语，而是依靠动作或事件的先后顺序排列分句的语序。例如，"他们俩手拉着手，穿过树林，翻过山头，回到草房"（叶圣陶《牛郎织女》）。

以空间为序（以人视角的先后顺序）的顺承复句。例如，"大山深处有一座中型矿场，上千名工人在那儿工作着"。

以事理为序的顺承复句。例如，"湖水滋润着湖边的青草，青草喂肥了羊群，羊奶哺育着少女的后代子孙"（碧野《天山景物记》）。

选择复句

两个或两个以上的分句，分别说出两件或几件事，并且表示从中选择一件或几件，分句间构成选择关系。

选择复句可以分为两种情况，已定选择和未定选择。

已定选择，表示说话者在提出的两种情况中已经有所取舍。常用的关联词语有，与其……不如、宁可（宁肯、宁愿）……也不。

我宁肯轰轰烈烈过几年，也不愿平平淡淡过一辈子。

与其犹豫不决，不如下定决心一搏。与其徘徊不前，不如摸着石头过河。

未定选择，几个分句提出几种情况或一件事情的几个方面，让人从中选择，但说话者并未有所取舍。常用的关联词语有，或者、是……还是、要么……要么、不是……就是。

你要么别去说，要么就彻底说个明白。

不在沉默中爆发，就在沉默中灭亡。（鲁迅《纪念刘和珍君》）

选择复句和并列复句如何进行区分呢？

首先，可以从关联词进行区分，并列复句的关联词为，不是……而是、是……不是，选择复句的关联词为，不是……就是。例如，"不是人们的社会意识决定人们的社会存在，而是人们的社会存在决定人们的意识"（并列复句）。

其次，从句子表达的意义上来进行区别。并列复句常用于否定一种说法并肯定另一种说法，选择复句则列出两种不相容的可能，表示"非此即彼"。

递进复句

递进复句由两个或两个以上的分句相连，后面分句所表示的意思比前面分句更进一层。

递进复句分为肯定式递进和否定式递进。

肯定式递进，即复句的两个分句都表示肯定。常用关联词有，不但（不仅、不光）……而且（还、又、也）、甚至、并且等。

怀疑不仅是从消极方面辨伪去妄的必须步骤，也是从积极方面建设新学说、启迪新发明的基本条件。（顾颉刚《怀疑与学问》）

否定式递进，即复句前面分句表示否定，后面分句的意思更进一层。常用的关联词有，不但不（没有）……反而（反倒、相反还）、尚且……何况等。

他不但没有完成承包合同规定的各项指标，反而使企业负债累累。

他这样胆小的人尚且不怕，我会怕吗？

条件复句

由两个有条件关系的分句组成，前面的分句提出条件，后面的分句表示在这种条件下所产生的结果。条件复句是生活当中使用频率很高，考试也时常涉及的复句形式。条件复句分为三类。

必要条件句。必要条件也称唯一条件，必要条件句指前面的分句提出的条件是唯一的条件，如果缺少了这个条件，就不能产生后面分句说出的结果，具有排他性。常用关联词有，只有……才、除非……才。

只有社会秩序安定，人民才能安居乐业。

充分条件句。前面一个分句表示一种充分条件，即有这个条件，就会产生后一个分句指出的结果，但这个条件不是唯一的。常用关联词有，只要……就。

只要我们把精读和泛读结合起来，就能取得最佳的读书效果。

无条件句。前面分句先排除一切条件，后面分句说明在任何条件下都会产生相同的结果。常用关联词有，无论（不管）……都（总）。

无论是在月白风清还是九级风浪的夜里，他们都全神贯注地盯着宽阔的海域。（秦牧《土地》）

假设复句

一个或几个分句提出假设，另一个或几个分句说明这种假设实现后会有什么结果。假设复句有两种类型。

一致假设复句。分句所表示的假设和结果是一致的，如果假设成立，结果就成立。常用关联词有，如果（假如、要是、若、万一）……就（那么、则、便）。

如果于勒竟在这只船上，那会叫人多么惊喜呀！（莫泊桑《我的叔叔于勒》）

让步假设复句。前一分句先提出一种假设的事实，并且退一步承认这种假设的真实性，后一分句转而述说相反或相对的意思。常用关联词有，即使（即便、就算、纵然、哪怕）……也（还）、再……也。

我纵然尽最大的努力，也无从传达出这些诗中的音乐美。

假设复句和条件复句因为分句之间都有一定的逻辑关系和因果关系，经常容易混淆。假设复句，前一个分句提出假设，后一个分句说明产生的结果。条件复句，前一个分句提出条件，后一个分句说明产生的结果。区分两者，关键看关联词，如果复句本身没有关联词，那我们就补上相对应的关联词，这样判断是哪种类型的复句就一目了然了。

任凭我们怎么叫门，他都没有把门打开。（条件复句）

你说的办法对人民有好处，我们就照你的办。（条件复句）

你临时有事的话，可以打个电话来。（假设复句）

因果复句

因果复句的一个分句表示原因或根据，另一个分句表示结果或推论。分句间是原因和结果的关系。因果复句包括两类。

说明因果句，是对客观存在的因果关系进行说明的复句。根据原因和结果顺序的变化，可分为因果关系和倒因果关系。所谓倒因果关系，就是先说出结果，再说出原因。常用关联词有，因为（由于）……、之所以……是因为。

之所以地球上的矿产资源面临枯竭，是因为人类不加节制地开采。

推论因果句，指前一个分句提出一个依据或前提，后一个分句表示由这个依据或前提推出的结论。这种结论是说话人的推断和意见，带有主观性，可能是事实，也可能不是事实。常用关联词有，既然……就。

既然事情已经这样了，就不要再埋怨自己了。

因果复句和假设复句，两者前后分句间都有因果关系，所以很多人在做题时，很难分辨题目是表因果还是表假设。两者的区别是，因果复句表示客观存在的因果关系，假设复句表示假设的因果关系。

因为我们是为人民服务的，所以，我们如果有缺点，就不怕别人批评指出。（毛泽东《为人民服务》，"如果……就"引导的假设复句）

转折复句

前面分句提出某种事实或情况，后面分句转而述说与前面分句相反或相对的意思，后面分句才是说话人所要表达的真正意图。

转折关系有轻重之分，所以一般分为重转和轻转。

重转，这类复句的特点是关联词语成对使用，分句间意思明显相反，转折意味很重。

点水的蜻蜓，虽然忙得不可开交，却永远不知道江河的深浅。

轻转，这类复句的特点是前后分句间的意思不完全相反，而是相对的关系；转折的语气较弱，前一分句的关联词语常常省略，只在后一分句用"但、但是、然而、却、可、可是"等。

她曾经是个柔弱的女孩子，可是岁月的风刀使她的性格变得刚毅。

他是应该来的，只是没有时间。

病句的六大类型

我们前面学习了句子成分——主谓宾定状补，句子分类——陈述句、疑问句、祈使句、感叹句，句子类型——单句和复句，接下来，我们要讲讲病句。病句一直是中高考的重要考点，很容易失分。另外，如果平时想要表达更准确，避免引起误会，也要避免病句。病句一共有六大类型，我们一起来学习吧。

语序不当

在句子中，每个成分都有固定的位置，如果安排不当，就会影响句意的表达。语序不当有八种类型，多重定语的语序不当、多重状语的语序不当、定语和状语的语序错位、并列词语或并列短语的语序不当、关联词语位置不当、虚词位置不当、分句间次序不当、主客颠倒。

1. 多重定语的语序不当。

南昌八一起义纪念馆里陈列着好多种当年周恩来使用过的东西。（修改病句，2005 年江西高考真题）

这个句子中"东西"有多个定语，我们前面提到过，表领属的定语放在最前面，所以"周恩来使用过的"放在前面，"当年"是限制"使用"的，应该放在"使用"前面，所以这句话应该改为"南昌八一起义纪念馆里陈列着周恩来当年使用过的好多种东西。"

2. 多重状语的语序不当。

为了培养学生关心他人的美德，我们学校决定组织开展义工服务活动，三个月内要求每名学生完成 20 个小时的义工服务。（修改病句，2017 年全国 I 卷）

后半句，"三个月内"是"完成义工服务"的状语，而不是"要求"的状语，应改为"要求每名学生三个月内完成20个小时的义工服务"。

3. 定语和状语的语序错位。

在现代化建设事业中，应该发挥广大青年的充分的作用。（修改病句，2020年新疆阿克苏地区中考题）

"充分"应修饰"发挥"，作状语，而不是做修饰宾语的定语。应改为"应该充分发挥广大青年的作用"。

4. 并列词语或并列短语语序不当。

并列词语或并列短语之间也常有大小、主次、轻重、先后等逻辑关系，不能颠倒，否则就易出现语序不当的语病。

《全宋文》的出版，对于完善宋代的学术文献、填补宋代文化研究的空白、推动传统文化研究的意义特别重大。（修改病句，2007年湖北卷）

在这个句中，完善学术文献、填补空白、推动文化研究三个动宾短语构成并列关系，但三者之间应该是先填补空白，进而完善，最后推动的逻辑关系，因此正确的语序应是将"完善宋代的学术文献"与"填补宋代文化研究的空白"互换顺序。

5. 关联词语位置不当。

复句中两个分句用同一主语时，关联词语应在主语后边；主语不同时，关联词语应在分句主语前面。

由于技术水平太低，这些产品质量不是比沿海地区的同类产品低，就是成本比沿海的高。（修改病句，2004年北京卷）

这个句子中关联词"不是……就是"连接的两个分句的主语分别是"质量"和"成本"，主语不同，关联词应在分句主语前面，所以"不是"应调到"质量"前。

6. 虚词位置不当。

介词、副词、助词等虚词虽没有实在意义，但在什么位置，也有一定的规则。

与作家不同的是，摄影家们把自己对山川、草木、城市、乡野的感受没有倾注于笔下，而是直接聚焦于镜头。（修改病句，2004 年湖南卷）

在把字句、被字句中，否定副词一定要放在"把"字前，所以"没有"应该调到"把"前。

7. 分句间次序不当。

一个句子由几个分句组成时，各分句之间常有主次、轻重、因果、承接、递进关系，如果颠倒了，就造成分句间次序不当。

强强联合制作的大戏，让人们不仅看到了中国戏曲的整体进步，而且看到了中国戏曲在现代化问题上迈出了可喜一步。（修改病句，2005 年北京卷）

此句是递进复句，递进复句的后一句应比前一句更进一层。具体到这个病句，应该是先局部说在现代化问题上迈出可喜一步，再说整体进步，所以应改为"让人们不仅看到了中国戏曲在现代化问题上迈出了可喜一步，而且看到了中国戏曲的整体进步。"

8. 主客颠倒。

一个句子中谁是主体，谁是客体一定要注意，否则就易出现主客颠倒的错误。

中国教育工作者对位于巴黎市中心塞纳河畔的"国立蓬皮杜文化艺术中心"的公共图书馆留下了深刻的印象。（修改病句，2017 年辽宁高一语文期末卷）

这个句子中，"中国教育工作者"是主体，"公共图书馆"是客体。陈述主体时，应陈述为"主体对客体有印象"；陈述客体时，应陈述为"客体给主体留下印象"，所以应该改为"位于巴黎市中心塞纳河畔的'国立蓬皮杜文化艺术中心'的公共图书馆给中国教育工作者留下了深刻的印象"。

搭配不当

现代汉语的句子有一定的结构规律。主谓宾定状补六种成分的搭配要符合这一结构规律。搭配不当就是指句子的某些成分不符合这一结构规律，或者是搭配在一起不合事理，又或不符合语言习惯，强行搭配。搭配不当包括主谓搭配不当、动宾搭配不当、主宾搭配不当、修饰语和中心词搭配不当、关联词语搭配不当，以及一面与两面搭配不当。

1. 主谓搭配不当。

17世纪至18世纪，荷兰铸制著名的马剑银币，逐渐流入中国台湾和东南沿海地区，至今在中国民间仍有不少收藏。（修改病句，2014年天津卷）

此处属主谓搭配不当，我们看第一个分句，主语是"荷兰"，谓语是"铸制"，宾语是"银币"。后一个分句"逐渐流入中国台湾和东南沿海地区"，主语省略，致使本句的主语是承接前一分句的主语"荷兰"，导致主谓搭配不当。这句话要修改，可在"铸制"后加上助词"的"。另外银币有收藏这个搭配也不恰当，应该是有"人"收藏。

2. 动宾搭配不当。

市旅游局要求各风景区进一步加强对景区厕所、停车场的建设和管理，整治和引导不文明旅游的各种顽疾和陋习，有效提升景区的服务水平。（修改病句，2015年四川卷）

"整治和引导顽疾和陋习"，这是明显的动宾搭配不当，顽疾和陋习可以整治，但绝对不能引导。可删掉"和引导"。

3. 主宾搭配不当。

自1993年进入老龄化社会以来，我市老龄化速度加快。据统计，我市60周岁以上的老龄化人口已达145.6万，占总人口的17.7%，老龄人口高于全国平均水平。（修改病句，2014年湖北卷）

"老龄人口高于全国平均水平"，"人口"高于"水平"主宾搭配不当，应该改为"老龄人口所占比例高于全国平均水平"。

4. 修饰语和中心词搭配不当。

在翻阅中国话剧 100 周年纪念活动资料时，他萌生了创作一台寻找中国话剧源头的剧本的意念。（修改病句，2007 年北京卷）

这句话的主干是他萌生了意念，是可以讲得通的，问题在于意念的内容"创作一台……的剧本"。我们只能说一部剧本，而不能说一台剧本。很显然这里的定语与中心语搭配不当。

5. 关联词搭配不当。

我们在学习上即使取得了很大的成绩，但是绝不能骄傲自满。（修改病句，2017 年滨州中考卷）

"即使"应与"也"搭配，所以应将"但是"改成"也"。关联词有固定搭配，不能胡乱搭配，一般都是成对使用。

6. 两面对一面搭配不当。

当语句中前面（或后面）出现了"成败、升降、强弱、得失、高低、好坏、能否、是否、多少"之类的两面词时，应首先考虑这个句子可能犯有一面与两面搭配不当的毛病。

除了驾驶员要有熟练的驾驶技术、丰富的驾驶经验之外，汽车本身的状况，也是保证行车安全的重要条件之一。（修改病句，2015 年山东卷）

两面对一面，"汽车本身的状况"有好有坏，坏的车况并不能保证安全。应把"也是保证行车安全的重要条件之一"中的"保证"改为"影响"；或者把"汽车本身的状况"改为"汽车本身良好的状况"。

成分残缺或赘余

成分残缺或赘余是指句子的主、谓、宾等主要成分或应该有的修饰成分、关联词语等出现遗漏或重复的问题，使语意表述不清或者显得啰唆。

成分残缺包括主语残缺、谓语残缺、宾语残缺、缺少必要的虚词或附加成分。

1. 主语残缺。

由于文人士大夫参与到印章的创作中，使这门从前主要由工匠传承的技艺，增加了人文意味。（修改病句，2020年全国 I 卷）

这个句子滥用介词"由于"和"使"，导致句子主语残缺，应删掉"由于"和"使"中任意一个，这样就有主语了。

2. 谓语残缺。

新冠肺炎疫情来势汹汹，严重威胁全人类的健康与福祉，也暴露了全球公共卫生治理上的短板，推进全球公共卫生治理体系改革的必要性。（修改病句，2019年浙江卷）

"推进全球公共卫生治理体系改革的必要性"一句前面谓语残缺，应在该句前面加上"凸显"，凸显……的必要性。

3. 宾语残缺。

学校宿舍、教学楼等人群密集区，一旦发生火灾，后果不堪设想，因此学生掌握火灾中自救互救相当重要。（修改病句，2016年山东卷）

谓语动词"掌握"缺少宾语，应在"自救互救"后加上"的知识"或"的技能"。

4. 缺少必要的虚词或附加成分。

就文字本身来说，汉代学者总结的"六书"的方法在甲骨文基本都已出现，说明它已经是成熟的文字。（修改病句，2020年全国 II 卷）

"在甲骨文"一句成分残缺，应在后面加上"中"。这样的句子，其实基本就靠语感来判断了。

成分赘余和成分残缺刚好相反，是句子中多了不必要的成分。

其实严格从句子成分 / 分类来说，也分为主语、谓语、宾语、附加成分或助词赘余，但是从赘余的性质或者病句考查的侧重点来说，重点就考查两大类，一是词语同义重复，二是修饰语与中心词重复。

1. 主语赘余。

我国成功向太空发射目标飞行器"天宫三号"的实验，这一消息引起世界各国极大关注，被全球各大媒体争相报道。(修改病句，2010 年四川卷)

主语成分赘余，删去"的实验"。

2. 谓语赘余。

虽然有国家资源作支撑，但面临重重困难，国有企业能取得现在这样的成绩，确实可说堪称不易。(修改病句，2014 年江西卷)

这句话很明显，"可说"和"堪称"词义重复，删去其中一个就行。

3. 宾语赘余。

地铁紧张施工时，隧道突然发生塌方，工段长俞康华奋不顾身，用身体掩护工友的安全，自己却负了重伤。(修改病句，2006 年江苏卷)

这个句子，你粗粗一读，似乎没什么问题，但是细分析，"掩护工友"就可以了，加上"的安全"，成了"掩护安全"，反而不合理，应该删掉"的安全"。

4. 附加成分或助词赘余。

月球正面的历史，科学家已经大致研究得清楚了，但最古老的那一段历史却仍藏在月球背面的深坑中。(修改病句，2019 年全国Ⅲ卷)

句中"清楚"是"研究"的结果，是结果补语；结果补语与动词之间不该加"得"，故"得"赘余，应去掉。

5. 表约数、概数的词语并列，造成重复。

中国目前拥有网络文学写作者超过200多万人，每年有六七万部左右的作品被签约；全国网络文学用户达1.94亿，超过了电子商务用户。

"超过"与"多"语义重复，应删去其一；"左右"与"六七万部"都表示约数，应删去"左右的"。这类题是考查成分赘余最常考的题型，难度不高，主要看我们是不是细心，是不是把这个知识点掌握扎实了。

结构混乱

句子里各个成分之间的关系没有处理好，不符合语法规则，造成语句不通顺，这种语病叫结构混乱。结构混乱包括句式杂糅、中途易辙（偷换主语）、前后牵连三种类型。

1. 句式杂糅。

句式杂糅是把两种或两种以上的句式混杂在一个句子中，前后交叉错叠，致使句子结构混乱，变为病句。这种病句类型已经成为近年病句考查的热点和难点。

根据本报和部分出版机构联合开展的调查显示，儿童的阅读启蒙集中在1～2岁之间，并且阅读时长是随着年龄的增长而增加的。（修改病句，2017年全国Ⅰ卷）

很多人读这个句子，可能会觉得这个句子没毛病，尤其会把注意力放在后面，可是这个句子的问题在前面。"根据……调查显示"是"根据……调查"和"……调查显示"两种句式的杂糅，应只保留一种，即删掉"根据"或"显示"。

"高雅艺术进校园"活动旨在提高学生们的审美素养为目的，引导学生树立正确的文化观，增强学生的文化自信，提升校园文化品位，优化育人环境。（修改病句，2019年天津卷）

此句的病因很明显，"旨在……为目的"是将"旨在……"与"以……为目的"杂糅在一起，取一种表达方法就可以了。

出现句子杂糅这种病句的主要原因是，一句话可以有不同的说法，既想用这种说法，又想用那种说法，结果把两种说法杂糅到一起，就造成了结构混乱。其实，我们读句子时，都有基本的语感，如果一个句子读起来不舒服，那看一下它的介词结构是不是搭配对了，滥用介词结构容易造成句子结构混乱；再看一下它的谓语结构是否存在两个谓语结构叠加的情况，看看是不是前一种结构的头与后一种结构的尾交叉组合在一起。一般检查完这两个地方，就能判断句子是不是杂糅了。

2. 中途易辙（偷换主语）。

中途易辙（偷换主语）就是在表达句意时，前一个分句没有说完，而后一个分句又暗换了主语，造成结构混乱。

全球 2000 多位科学家经过跨国的联合攻关和数年的不懈努力，人类史上首张清晰的超级黑洞照片终于在今年面世，引起广泛关注。（修改病句，2019 年天津卷）

"科学家经过……"，接下去应写"科学家"如何，但下句却说"黑洞照片"面世，导致前句只说了半截话，显然是后半句偷换了主语。后半句应改为"终于在今年发布了人类历史上首张清晰的超级黑洞照片"。

3. 前后牵连。

前后牵连，也叫"前后两兼"，是指前一句话的结构已经完整，却把它的最后一部分用作后半句的开头，也就是说把两句话不恰当地合并成一句话。

当上级领导把这项任务交给我们时，我们有一种既光荣又自豪的感觉是无法用语言形容的。

这句话就是前后两兼，"我们有……感觉"既是前边句子的结尾部分，又是"无法用语言形容的"句子的开头。应改成"当上级领导把这项任务交给我们时，我们有一种既光荣又自豪的感觉，这种感觉是无法用语言形容的"。

表意不明

句子表达的意思不确定，存在多种可能性，这就是表意不明。一般分为三种类型：指代不明，也就是代词的对象难以确定；歧义，一个句子可以有两种或两种以上的解释；费解，即话说得不明白，引人猜测。

1. 指代不明是指句子中用了代词，但是无法确定所指代的对象，导致句意模糊的一种病句类型。指代不明，往往会造成歧义，是表意不明很常见的一种类型，我们无论是在找病句的时候，还是自己写作的时候，都要注意。

这位前方记者采访到的专家表示，C919 的试飞成功，标志着我国大型商用飞机的研制已经达到国际先进水平。（修改病句，2017 年山东卷）

"这位"到底是指记者还是指专家，指代不明，有歧义。如果要修改，应该把"这位"放到"专家"前面。

2. 句子有歧义，就是一句话有两种或两种以上的解释。

今年 5 月 9 日是俄罗斯卫国战争胜利 70 周年，有近 30 个国家和国际组织的领导人参加了在莫斯科红场举行的阅兵式。（修改病句，2015 年江苏卷）

后面这个分句中，"近 30 个"是修饰"国家和国际组织"还是"领导人"呢，表意不明。同一个短语或同一句话，在语法结构上有不同的划分，指向不同的修饰成分就会产生歧义。另外，前半句缩写一下，就成了"5 月 9 日是周年"，这属于主宾搭配不当，应该在句子后面应该加上"纪念日"，句子主干是"5 月 9 日是纪念日"就对了。

日本在野党强烈指责财务大臣"口无遮拦"、公开谈及政府去年入市干预日元具体汇率的行为是极不负责任的。（修改病句，2012 年山东卷）

这句话可以理解为，财务大臣的行为不负责任，日本在野党强烈指责；也可以理解为，日本在野党强烈指责的行为是不负责任的。总之，这句话表意不明。可以改为："日本在野党强烈指责财务大臣'口无遮拦'、公开谈及政府去年入市干预日元具体汇率的行为，认为这种行为是极不负责任的。"

3. 句子令人费解。

国务院办公厅今天在人民大会堂举行宴会，招待来自五大洲的华侨、港澳同胞、台湾同胞和中国血统的外籍人共度新春佳节。

"中国血统的外籍人"让人费解，表意不明，可以改为"外籍华人"。

不合逻辑

有些句子从语法结构上检查并没有毛病，但句子的意思在事理上说不过去，不能正确反映客观事物间的逻辑关系，这就叫不合逻辑。不合逻辑包括五种情况，并列不当、否定不当、自相矛盾、不合事理、数词误用。

1. 并列不当。

一般来说，种属关系的概念（也就是存在包含与被包含的关系的事物）不能并列，有交叉关系的概念也不能并列，否则，就属于并列不当。

"五大道历史体验馆"项目以五大道历史为背景，以洋楼文化为主线，结合历史图片、历史资料、历史物品、历史人物，通过多媒体手段，展现当年的洋楼生活。（修改病句，2015年天津卷）

这句话中，并列短语"历史图片、历史资料、历史物品、历史人物"就属于并列不当，因为历史资料包含历史图片，两者属于种属关系，不能并列。可删掉"历史资料"。

中华人民共和国公民在年老、疾病或者丧失劳动能力的情况下，有从国家和社会获得物质帮助的权利。（修改病句，2008年江西卷）

这一句中，"年老、疾病或者丧失劳动能力"这三个概念的范围有交叉，也属于并列不当。

2. 否定不当。

为了增强表达效果，多次运用否定，结果将本意弄反了。

今年五一节前夕，发改委发出紧急通知，禁止空调厂商和经销商不得以价格战的手段进行不正当竞争。（修改病句，2014年广东卷）

这句想表达的意思是"空调厂商和经销商不得以价格战的手段进行不正当竞争"，但句子中还有一个否定词"禁止"，两个否定词造成否定不当，和原本想表达的意思相反。如果要修改，可以删掉句子中的"不得"。

3. 自相矛盾。

同一个句子，应该保持语意逻辑前后的一致性，否则就会自相矛盾。

近年来，生态保护意识渐入人心，所以当社会经济发展与林地保护管理发生冲突时，一些地方在权衡之后往往会选择前者。（修改病句，2015年湖北卷）

这句话中，既然"生态保护意识渐入人心"，在经济发展和林地保护冲突时就应该保护林地，但句中说"一些地方在权衡之后往往会选择前者"，前者是经济发展，这明显就是自相矛盾，应改为"选择后者"才对。

4. 不合事理。

指语句陈述的事实或表述的观点不符合生活的常理或人们普遍认同的公理。

今年广东天气形势复杂，西江、北江可能出现五十年一遇的洪水；省政府要求各地要立足防大汛、抗大旱、抢大险，做到排查在前、排险在前、预警在前，确保群众的生命财产安全。（修改病句，2012年广东卷）

在面临洪灾的情况下去布置抗旱工作，这就是不合事理，所以应该删去"抗大旱"。另外，"排查在前、排险在前、预警在前"也不符合逻辑，应改为"预警在前、排查在前、排险在前"。

5. 数词误用。

一般来说，句子中出现"增加、下降、减少、升幅、增长率"等词语的时候，就要考虑倍数、分数、百分比的运用是否和具体语境相符。增加要用倍数，下降、减少要用分数，升幅、增长率要用百分比。

南昌至上海、杭州的火车动车组票价分别为 228 元，179 元，而对应的普通列车硬座票价为 106 元，81 元，相比之下，普通列车硬座票价要低一倍多。（修改病句，2022 年南京模拟卷）

这句话里，"低一倍多"表达有误，这是非常常见的错误，数字减少应该用分数，后半句应该改为"普通列车硬座票价要低二分之一还多"。

标　点

标点符号是辅助文字记录的语言符号，可以用来表示停顿、语气或词语的性质。标点和文字是构成现代书面语言的两大组成部分。

标点符号的使用应遵循国家标准，最新的国家标准里一共有 17 种标点符号，可以分成两个大类，点号和标号。点号的作用主要是表示语句的停顿和语气，标号的作用主要是标示语句的性质和作用。点号有 7 种，又分为句末点号和句内点号。句末点号位于一句话的结尾，包括句号、问号、叹号；句内点号位于句中，表示暂时停顿，包括逗号、顿号、分号和冒号。标号有 10 种，分别是引号、括号、破折号、省略号、着重号、连接号、间隔号、书名号、专名号和分隔号。

标点是文章的关节，有了它，行文才能更流畅。

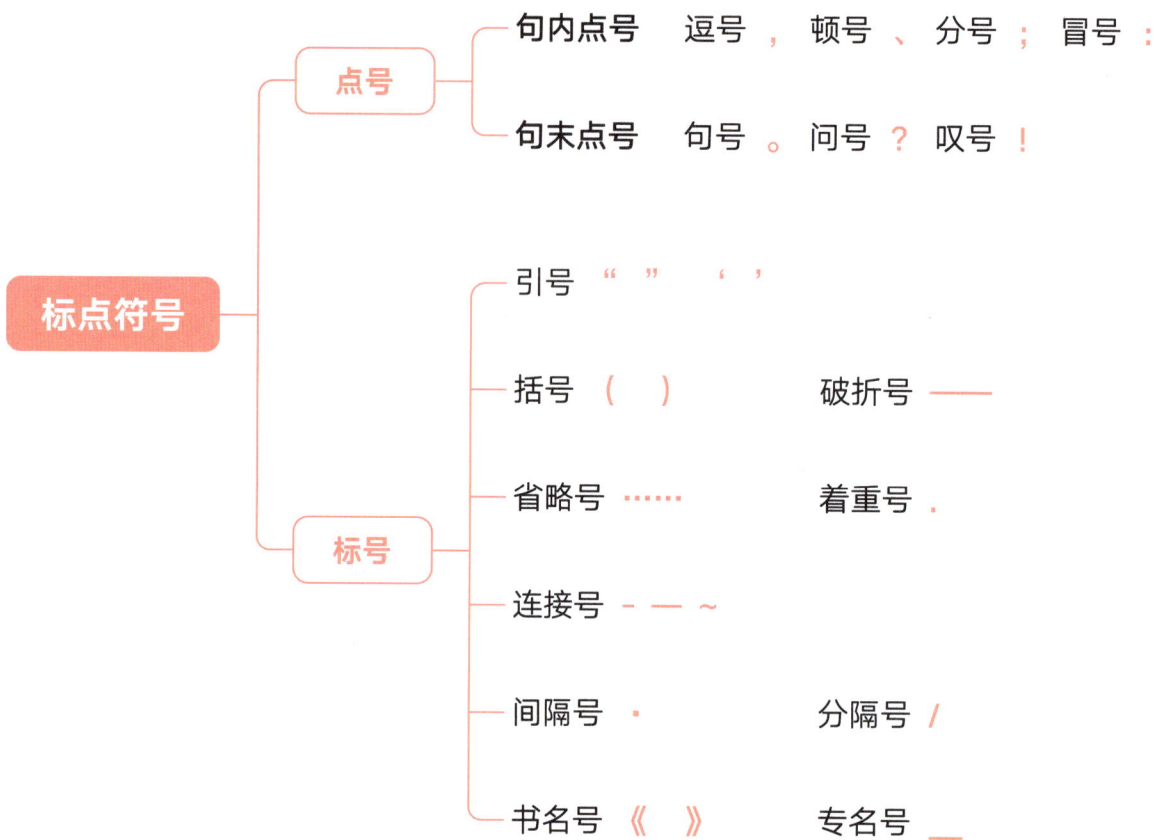

```
                          ┌─── 句内点号   逗号  ，  顿号  、  分号  ；  冒号  ：
              ┌─── 点号 ───┤
              │            └─── 句末点号   句号  。  问号  ？  叹号  ！
              │
              │
              │            ┌─── 引号  "  "    '  '
              │            │
              │            ├─── 括号  （  ）           破折号  ——
  标点符号 ───┤            │
              │            ├─── 省略号  ……            着重号  .
              │            │
              └─── 标号 ───┤
                           ├─── 连接号  -  —  ~
                           │
                           ├─── 间隔号  ·             分隔号  ／
                           │
                           └─── 书名号  《  》         专名号  __
```

句末点号

句号 。

　　句号是用在句尾，表示陈述语气的标点。句号的基本用法就是表明一句陈述句到此结束了。用好句号，可以让句子层次更加清晰。

　　句号误用主要是把句号误用成逗号，影响句意的完整。"我抬起手，比了个心。"句中逗号如改成句号，则句意不完整。尤其要注意，句子长不代表句意完整，比如，"作为一个出生在拥有数千年历史的文明古国的孩子，……"这句话虽然前面的句子很长，但它的意思没有表达完整，所以后面不能用句号，只能用逗号。

问号 ?

问号和句号一样，也是用在句尾，不过它表示的是疑问语气。问号本身规则并不复杂，不过，使用的时候需要注意一些特殊的情况。

如果问句是由几个分句组成的选择问句，除了句尾使用问号，前面的分句一律用逗号。比如，"你喜欢猫，还是喜欢狗，还是喜欢别的动物？"但是，当选择问句里的选项太多或太长，或者想突出每个选项时，也可以在每个选项后都用问号。比如，"你到底是喜欢猫？还是喜欢狗？还是喜欢别的动物？"

在倒装句里，问号一定要放在句尾。比如，"出去打球吗，阿伟？"

此外，问号还可用来表示存疑或不详。比如，黄巢（？ ~ 884），问号表示这个人的出生时间不确定。

我们在使用问号的时候，主要容易犯的错误就是分不清陈述语气和疑问语气。"我不知道他是不是还在。"这句话的重点其实是前面的"我不知道"，所以这是一个陈述句，要用句号结尾。有一个小窍门，在心里默念这个句子，就像日常说话一样，如果是疑问语气，一般就用问号，如果是陈述语气，一般就用句号。

叹号 !

叹号也是用在句尾的标点，表示感叹语气。叹号的语气比句号强烈。"我吃饱了。""再吃点儿吧。"这两句中的句号如果改成叹号，语气就更加强烈。

叹号还可放到拟声词后面，表示声音非常短促、突然。如，"咔嚓！"

当一句话既有疑问语气，又有感叹语气，可在问号后再加一个叹号。如，"啊？！"

在倒装句里，叹号也要放在句末。"太美丽了！理塘。"应改为"太美丽了，理塘！"这是初高中的高频考点。

通过叹号的使用，我们能看出标点符号的使用和语气的关系非常密切。想要表情达意更加准确，更有感染力，就要好好体会各种标点反映出来的语气和感情。用好叹号，可以帮助我们突出句子的重点，更准确地表达语气和感情色彩。同时，因为叹号表达的语气和情感都比较强烈，在写作时要尽量避免滥用。

句内点号

逗号 ，

逗号、顿号、分号、冒号，核心作用都是表示语句停顿，其使用和语义高度相关。从停顿时长来看，分号 > 逗号、冒号 > 顿号。

逗号表示句子内部的一般性停顿，如果没有逗号，句子朗读起来会连成一片，让人无法呼吸。

放在具体成分后边的逗号，除了表示停顿，还有强调意味。如，"我相信，一切都是最好的安排"，强调了"相信"。

倒装句之间的停顿要用逗号。比如，"出去打球吗，阿伟？"

插入语之间的停顿也要用逗号。比如，"老张，就是那个戴眼镜的，上个月就走了"，这句话的主要意思是老张走了，"戴眼镜"插进来补充说明老张的形象。插入语的前后就要用逗号。

语气较为缓和的称谓语、感叹语、呼唤语后面，也可以用逗号。理论上，这几个位置的逗号都可换成叹号。但换成叹号，句子之间的停顿和要表达的语气就会完全不同。用逗号是平缓地说："喂，不走行不行啊？"用叹号就是大声喊："喂！不走行不行啊？"

逗号的使用频率特别高，也很容易出问题。最常见的问题，就是把逗号当句号用了，也就是我们常说的"一逗到底"。

逗号可以让文章结构清晰，节奏分明。它就像房子的一砖一瓦，看似普通，却是建成摩天大楼的根本。

顿号 、

顿号表示句子内部最小的停顿，主要用在并列词语之间。除此之外，顿号还可以用在重复词语之间，表示短暂的停顿。比如，"他几次三番、几次三番地辩解着"。

使用顿号有四种特殊情况。

一是数词并列，如果是概数，中间不加顿号；如果是确数，就必须加顿号。"三四组人在看书。""三四组"是概数，所以不加顿号。但如果是"三、四组的人在看书"，指第三组和第四组，那就是确数，中间必须加顿号。

二是连词前不加顿号。连词本身就可以表示并列，所以不必再加顿号。比如，"我喜欢李白、杜甫和白居易"。

三是并列成分有语气词，不用顿号，用逗号。"我们说啊，笑啊，唱啊，热闹了一路"，因为顿号对应比较短的停顿，而语气词表示的停顿更长，所以用逗号。

四是并列成分带有书名号或引号，中间通常不加顿号。"《红楼梦》《三国演义》《水浒传》《西游记》是我国的四大名著。"因为书名号或引号本身就把并列成分分开了，再加顿号就有点多余。但如果还有其他成分插入，导致并列成分混在一起，就需要用顿号隔开。比如，"曹雪芹的《红楼梦》、罗贯中的《三国演义》、施耐庵的《水浒传》、吴承恩的《西游记》是我国的四大名著"。

分号 ；

相较于顿号和逗号，分号对应句子内部最长的停顿，主要用在并列分句之间，尤其是当分句内部已经用了逗号的时候。比如，"他的手指很长，全是骨头；眉毛是灰色的，密得像灌木丛"。

分号还有其他两种基本用法：用在非并列分句间，表示转折、顺承等；还可以用在分项列举的各项之间。表转折关系，比如，"塘中的月色并不均匀；但光与影有着和谐的旋律，如梵婀玲上奏着的名曲"（朱自清《荷塘月色》）。这句话中"但"表示前后转折，分号给两句话做分隔。表顺承关系，比如，"孔乙己原来也读过书，但终于没有进学，又不会营生；于是愈过愈穷，弄到将要讨饭了"（鲁迅《孔乙己》）。这句话中"于是"后面的内容是顺承前面孔乙己读过书，但没有进学的内容，用分号做分隔。用在分项列举的各项之间，比如，"把大象放进冰箱需要三步：一、把冰箱门打开；二、把大象放进去；三、把冰箱门关上"。三个步骤之间，可以用分号分隔。

相对逗号而言，分号不算常用。但用好了分号，可以有效地帮助我们强调语言的层次，使句子结构更加清晰。

冒号：

冒号表示语段中提示下文或总结上文的停顿。主要分成以下几种用法。

一是放在提示性的词语后面，引出下文。比如，"我说：'算你狠！'"常见的提示性词语有"说、想、问、知道、指出"等。

二是放在总说性的话后面，引出分说的内容。比如，"我说，我来这儿只为三件事：公平，公平，还是公平！"三件事是总说，具体哪三件事是分说，前面用冒号引出。

三是总结上文。"桃花开了，红得像火；梨花开了，白得像雪；郁金香也开了，黄色、紫色交相辉映：好一派万紫千红的灿烂春光。"这里"好一派万紫千红的灿烂春光"是对前面各种花开了的总结，用冒号引出。

四是放在需要说明的词语后面，引出解释、说明的话。比如，汪曾祺《泡茶馆》中"柱子上贴着一张很醒目的字条：'莫谈国事'"，这里"莫谈国事"就是对字条内容的说明。

五是用在写信和讲稿中称谓语或称呼语后。

冒号的使用场景比较限定，一般不会出现误用，但有几点注意事项要和大家强调一下。

一句话里，不能套用冒号。"做阅读理解有两种方法：方法一：先看问题，再读原文。方法二：先看原文，再读题目。"这句话中出现冒号套冒号的情况，层次混乱。这种情况，有两种改法。一是可以把前面的冒号改成句号，避免层次混乱。二是因为这段话是列举式的行文，有一二三四这种表述，那就可以把列举进行分段，把层次体现出来。

冒号只用在有停顿的地方。"众人齐声说好。"这句话中间没有停顿，虽然有提示性词"说"，但也不用加冒号。"众人齐声说：'好。'"这句话强调"好"，中间有停顿，用冒号、引号。

提示语不在引文之前，不用冒号。如果提示语后还有引文，用逗号；如果没有引文，用句号。"'后边排队去！'一个五大三粗的人说，'你急，这里排队的人谁不急？'"这句话提示语"说"后面还有引文，用逗号。大家一定要记住：说话人在中间，前后都是他说的话，中间用逗号。"'没人知道他从哪里来的吗？'有人问。"提示语后没有引文，用句号。

提示的内容过于简短时，可以不用冒号，用逗号。比如，"我知道，这件事是我错了。"这里"我知道"只是表停顿，不用强调知道的内容，用逗号。

类似但实际不是提示性话语的，后面用逗号。比如，"据说，这本书刚发售一天，就卖了几万本。"这里"据说"只是一个词语，不是真要说话。

总结一下冒号的误用。首先不要冒号套冒号；其次不要看到像提示性词语的就用冒号，一要确定有停顿，二要确定提示语在引文前面，三是确定提示的内容足够长，四是确定用词是真的提示性词语；最后就是要注意冒号的提示范围在哪里结束，在哪里结束就在哪里点上句末点号。

冒号的作用主要是帮助引出内容，并没有什么使用难度。一些比较特殊的规则，只要多加练习，一定也能轻松掌握。

标号

引号 " " ' '

引号的主要作用是标示直接引用或特别指出的内容（重点论述或特殊含义）。引号本身还分为双引号和单引号。

引号有以下三种用法。

一是标示直接引用的内容。比如，"满船清梦压星河"的意境真美啊！

二是标示需要着重论述、解释的内容。比如，曲阜的"曲"，是弯曲的意思。

三是标示具有特殊含义，需要特别指出的成分，如别称、简称或者反语等。比如，你可真"聪明"啊。这句话是反讽，并不是真的夸聪明。

除了基本用法外，引号有两种特殊的使用情况。

引文内再引用，要用单引号。例如，小明说："老师，'七月流火'是什么意思？"

有一些用数字表示的特殊节日、纪念日要加引号，如"九一八"。引号一般只加到数字上，如"一二·九"运动，但如果是一个整体的词，那就都加引号，比如"五四运动"。

引号的使用有两个注意事项。

首先，引号是用于标示直接引语的，而不是间接引语。直接引语就是原封不动地把一句话引用过来，间接引语是转述别人的话。例①，小明说："他是个学生。"引号内是小明说的原话，这里"他"是别人，不是小明。例②，小明说他是个学生。这句话无引号，是转述。这里的"他"，一般默认指小明。这就是直接引语和间接引语的差别。

其次，引文结束了，点号要加在引号里，还是引号外？这就要看引文是不是相对独立。如果引文是相对独立的句子，点号就在引号里。如果不是，就把点号放在引号外。例①，他说："走左边。"我说："走右边。"这里"走左边"是一个人说的完整的话，是一个相对独立的句子，句号就在引号里。例②，他说的"走左边"，不是我。这里"走左边"只是整个句子的成分之一，逗号在引号外。

括号（ ）

括号的主要作用是标示注释、补充说明的语句。括号的种类非常多，有圆括号、方括号、六角括号、方头括号等，这里只讲大家日常会用到的圆括号。圆括号的基本用法有五种。①标示注释内容或补充说明。比如，汪曾祺《泡茶馆》中"到茶馆里去，首先是坐，其次才是喝茶（云南叫吃茶）"，括号内的话是对喝茶的补充说明。②标示订正或补加的内容。比如，"（孔子）回答道"，补充说明是孔子回答。③标示序次语。比如，（一）。④标示出处。比如，"做了人类想成仙"（鲁迅《热风》）。⑤标示注音。比如，姜夔（kuí）。

圆括号的使用要注意区分句内括号和句外括号。

句内括号要放在点号里面，标示对句中一部分词语或内容的注释。"它长得像兔狲（sūn）（一种猫科动物）。"注释的是"兔狲"这个词。另外，句内括号里的句子，句末一般不加点号。但如果是问号、叹号、省略号这种能表示情感或者有特殊意义的，就可以加上。

句外括号放在点号外面，标示对整句话的补充说明。"双声就是两个字的声母相同。（如果不是完全相同，就只能叫作准双声。）"括号里的话是对前面一整句的补充说明，应用句外括号。另外，句外括号里的句子，句末要有点号，注意不要把点号放到括号外面了。

破折号 ——

破折号很有意思，它的作用多而杂，但主要有两个方面的作用：一个是内容上的注释、补充说明，另一个是语音、意义的变化。

说到破折号，不得不提到一位作家——老舍，他非常喜欢在作品中使用破折号。这一节，我们就以《骆驼祥子》为例，看破折号的基本用法。

一是标示注释内容或补充说明。比如，"（祥子）已经像个成人了——一个脸上身上都带出天真淘气的样子的大人"。

二是标示插入语。逗号也可以标示插入语，但相比逗号，破折号可以达到让声音更长、更连贯的效果。比如，"他——祥子——非打成自己的车不可！"

三是总结上文或提示下文。比如，"他回头看了看骆驼——和他一样的难看，也一样的可爱"，这里的破折号引出祥子看骆驼的下文。

四是标示话题的转换。比如，"（老者）回头看了看门外的牲口，心中似乎是真喜欢那三匹骆驼——明知买到手中并没好处"，这里破折号之后，话题就从看骆驼转换到了老者的心理活动。

五是标示声音的延长。比如，"东——车——站！"

六是标示声音的中断和间隔。"抄土道走吧？马路上——"这里破折号表示说话被打断。

破折号还有特殊用法。一是用在副标题前，比如《在那颗星子下——中学时代的一件事》。二是用在引文、注文后，表示作者、出处、注释者，比如"先天下之忧而忧，后天下之乐而乐。——范仲淹《岳阳楼记》"。

省略号

省略号的作用就和它的名字一样，是用来标示省略的，可以是内容的省略，也可以是语音、语意的省略。

省略号的基本用法有五种。

一是标示引文的省略。比如："长亭外，古道边……"

二是标示列举或重复词语的省略。比如，"牡丹、玫瑰、碧桃……"这里的省略号，就是"等"的意思。再如，"好，好……"这里省略号是省略重复词语"好"。

三是标示语意未尽。比如，"你这样做，未免太……"这里省略号表示说话声音虽然停了，但语意未说完。

四是标示说话断断续续的。比如，"可是……太太……我不知道……您大概认错了人吧"。

五是标示对话里的沉默不语。比如："你考得怎么样？""……"

省略号的使用并不难，需要注意的是，不要将它和"等等、云云、之类"这些词连用，造成重复。此外，如果与其他标点连用，省略号前后一般不加点号。但如果有疑问语气和感叹语气，则需要保留叹号、问号。如，"你这样做，未免太……！"

用好省略号，可以提升语言表达。首先是可以借助省略号标示语意未尽的情况，增强语言的内涵，引起读者的联想，即言有尽而意无穷。其次，用好省略号，可以更好地描绘说话人物的形象，生动地表现人物语气。

着重号

着重号用于引起读者注意，标示重要的或需要指明的字、词、句，起强调作用。形式是一个小圆点，标在文字下面。比如，看这里、噱（xué）头。

着重号不单可以被作者使用，标示自己想要强调突出的内容，引起读者注意和重视；读者阅读时也可以用它来标示自己所关注的文字，表达个人对文章的分析、理解和感悟。

连接号 - — ~

连接号用来标示某些关联成分的连接，共有三种："－"短横线，"—"长横线，"～"波浪线。

短横线用来连接号码、产品型号等，占半个字的位置，一般读成"杠"，或者干脆不读。比如，2-8。

长横线用来连接时间、地点等项目的起止，占一个字的位置，一般读成"到"。比如，70—80人。另外，表示递进式发展，中间也用连接号。比如，"人类的发展可以分为古猿—猿人—古人—新人这四个阶段"。

波浪线用来表示数值范围，读成"到"。比如，2～3分钟。

间隔号 ·

间隔号用来标示某些关联成分之间的分隔，表示这两个字或词之间是隔开的。形式也是一个小圆点，但位于两个文字之间，比如，简·爱。

间隔号的常见用法：一是标示外国人名和少数民族人名之间的分界；二是标示书名和篇、章、卷名之间的分界，如《庄子·逍遥游》；三是标示词牌或曲牌和题目之间的分界，如《沁园春·雪》。

间隔号还可以用在标题里，标示并列词语之间的间隔，比如《狗·猫·鼠》。另外，在用日期表示特殊事件时，如果月份或日子里有一个两位数，就可以在月日间加间隔号，如"一二·九"运动。

分隔号 /

分隔号是一个斜杠，作用是标示诗行、节拍和某些关联文字之间的间隔。比如，

"春眠不觉晓 / 处处闻啼鸟"。它还可以标示诗歌的音节，标注停顿，比如，"春眠 / 不觉晓，处处 / 闻啼鸟"。我们在阅读诗歌和古文时，可以用分隔号标注文章的停顿，提高断句能力。

分隔号还可以分开可选择的两项，表示"或"。比如，"无论 / 不管是谁都要尊老爱幼"。

分隔号也可以分开成对的两项，表示"和"。比如，"K13/K14 次列车即将到站"。网络上经常说的"斜杠青年"，如"她是作家 / 导演"，也是用分隔号去表示"和"的意思。

书名号 《 》

书名号是用于标明书名、篇名、报刊名、文件名、戏曲名、歌曲名、电视剧名、图画名、法规文件名等的标点符号。

书名号的用法非常简单，就是把书、文章、电影、音乐等属于作品或文件的名字标出来，比如《红楼梦》《西游记》《中学生守则》。使用作品简称时，一样要用书名号标示，比如《红楼》。

在使用书名号时，如果需要在书名里再加一个书名，那里面的书名用单书名号，外面的用双书名号，比如《读〈红楼梦〉有感》。

书名号常见误用就是把一些不是作品的事物当成了作品，比如活动、会议、课程不属于作品，不能用书名号。

专名号 ＿

专名号用来标示古籍和文史著作中的专有名词，也就是说只在古籍和文史著作里才有可能看到它，形式是下划线。主要包括人名、地名、国名、民族名、朝代名、年号、官署名、组织名等。比如，"刘邦、项羽先后攻入了咸阳。"这里"刘邦"和"项羽"使用专名号，表示两个人名，"咸阳"是地名用专名号。

我们在写现代文的时候，一定不能用专名号。如果碰到需要特殊指明的，用引号、书名号等来标示就行了。

句子与标点

- 句子的定义与六种成分
  - 主语
  - 谓语
  - 宾语
  - 定语
  - 状语
  - 补语

- 句子的类型
  - 陈述句
  - 疑问句
  - 祈使句
  - 感叹句
  - 单句
  - 复句

- 病句的六大类型
  - 语序不当
  - 搭配不当
  - 成分残缺或赘余
  - 结构混乱
  - 表意不明
  - 不合逻辑

- 标点
  - 句末点号
  - 句内点号
  - 标号

4

修辞与文章

修辞就像化妆，可以给直白的句子增加色彩，使表达生动形象，因此掌握修辞可以更好地理解句子，体会作者的情感，进而帮助我们更好地理解文章。

了解不同文章体裁的特点可以让我们学会根据文章特点来阅读文章，进而学会创作不同体裁的文章。文章部分主要讲解不同的文章体裁，包括常见的记叙文、说明文、议论文等。

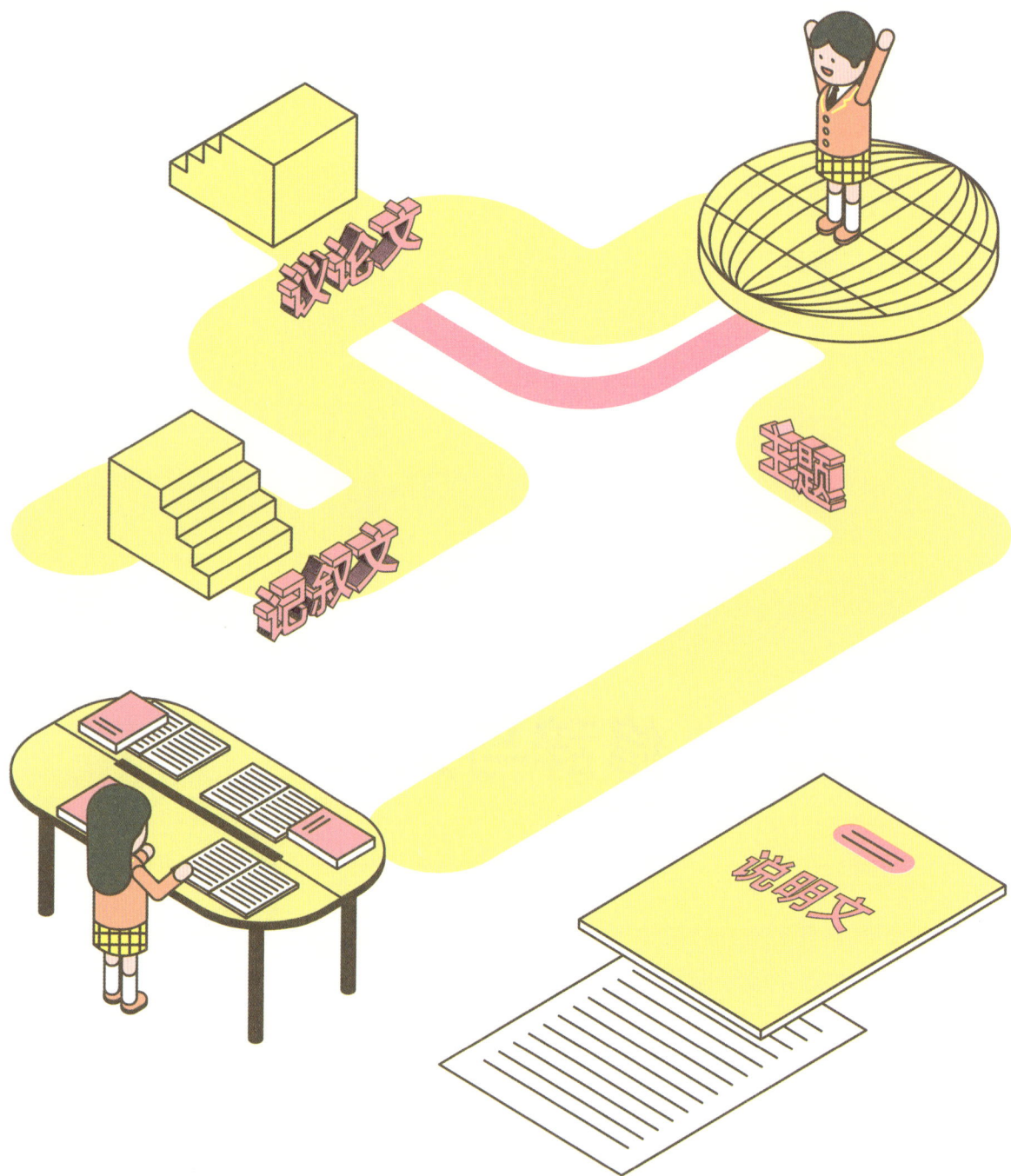

议论文

记叙文

说明文

修　辞

中文的"修辞"一词，起源于 2000 多年前。"子曰：'君子进德修业。忠信，所以进德也；修辞立其诚，所以居业也。'"（《周易·乾·文言》）孔子认为，君子应该培养品德，建功立业。为增进德行，应当持守忠贞与诚信；为成就事业，应当学习文辞建立诚意。"修辞"以"立诚"为我们展现了 2000 多年前的道德信仰，从此"修辞"一说产生，并延续至今。"修辞"的意思也逐渐演变为以辞达意，表达出作者的真实意图。

修辞可以提高我们对文字的审美水平和文学修养，帮助我们更准确、深入地理解各种语句，从而深刻理解文学作品的思想内涵。修辞也能够帮助我们更准确、生动地表达出想说的话，更好地传达信息、阐述思想。

《汉语修辞格大辞典》里共记录了 200 多个修辞手法。这显然很多，我们平时不会都用到，中高考阶段的学习也不要求全掌握。这里筛选了 16 个常见的修辞，我们和它们"认识一番，交个朋友"。

比喻

比喻是我们最常用的修辞手法。比喻，用本质不同又有相似点的甲事物来描绘乙事物，或用甲道理说明乙道理。比喻有三要素：要描写的对象叫本体，要比作的对象叫喻体，联系二者的词语叫喻词。

常用的比喻有明喻、暗喻、借喻三种。明喻的本体、喻体会出现，常用"像、仿佛、有如、如、似的"等喻词。暗喻也叫隐喻，本体、喻体会出现，常用"是、成为、变成"等喻词。借喻，本体不出现，喻体直接代替本体。我们来看几个例子。

明喻：一张张儿童的笑脸，像春天里娇艳的鲜花。

本体是"儿童的笑脸"，喻体是"鲜花"，喻词是"像"，把儿童的笑脸比喻成鲜花。

暗喻：诚信是一朵兰花，高洁地盛开在人们的心田。

本体是"诚信"，喻体是"兰花"，喻词是"是"，把诚信比喻成兰花。

借喻：中秋之夜，天上挂着大大的白玉盘。

这里本体月亮没有出现，直接用喻体白玉盘代替本体月亮。

要写好比喻，需要注意：①抓住事物的特征，本体和喻体之间需要有一定的相似性；②要用简单、生动、具体的事物来代替复杂、抽象、难理解的事物；③比喻要贴切，注意思想和情感的表达。

前面我们说过，比喻词有"像、仿佛"等，但是也要警惕浑水摸鱼的假"像"，不是有"像"字的都是比喻句。

豹子点着头朝我走来，像是要跟我打招呼。

这里的"像"，是表想象，推测豹子的意图或动作，不是比喻。

豹子很像老虎，它们都是猫科动物。

这里的"像"，是表说明，说明两个事物之间的相似性，比喻要求本体和喻体是本质不同的两类事物，豹子和老虎都是动物，因此这句话不是比喻。

所以，判断一个句子是不是比喻句，要看比较的对象，不同类别之间的才是比喻。

魔法口诀

比喻三要素，本体、喻词加喻体；

比喻三类别，明喻、暗喻和借喻；

遇到"像"字细细看；

不要轻易被它骗；

本体喻体不同类，这是比喻易错点。

比拟

我们在写作、阅读时，常常会看到把物当作人写、把人当作物写、把甲物当作乙物写的语句，这些都是比拟。比拟可以分为拟人和拟物。

拟人，也就是把物当作人来写，赋予物以人的特点、言行或思想感情。例如，花儿羞答答地垂下头来，倾听着、述说着。这里将花儿人格化，使它们具有人的思想感情（害羞）、动作情态（垂下头）。

拟物分为两种，一种是把人当作物来写，使人具有物的情态或动作。例如，在群众的呼喝声中，那个恶霸夹着尾巴逃跑了。在这里，作者把人当作动物来写，说他夹着尾巴逃跑，很像狗或黄鼠狼，体现了恶霸落荒而逃的形象。另一种拟物形式是把甲物拟作乙物。例如，沙漠竟已狂虐到了这样的地步，它正在无情地吞噬着一座孤立的大山！这里，作者将沙漠当作生物来写，沙漠能"狂虐"并"吞噬"大山。

正确地运用比拟，可以生动形象地描绘事物的特征，把我们喜爱的事物写得栩栩如生，让人倍感亲切；也可以把憎恶的事物写得丑态毕露，给人以强烈的厌恶感。总之，通过比拟，可以让人对事物产生深刻的印象和丰富的联想。

前面我们讲了比喻，比喻和拟人经常作为考题出现，有的同学会混淆，接下来，我们看看比喻和拟人的区别。

	比喻	拟人
是否出现	喻体必须出现，本体可出现，也可不出现	描述的本体必须出现，拟作的人一般不出现
重点	重点在"喻"，通过甲乙事物的相似，来揭示事物的本质或特点	重点在"拟"，把甲事物当作乙事物来写
事物数量	本体与喻体是两种事物	甲事物和乙事物彼此交融，浑然一体
例句	花儿像排着队列的士兵，整齐地绽放。	花儿害羞地垂下头。

排比

排比就是把结构相同或相似、语气一致、意思密切关联的句子或句子成分排列起来，用来丰富内容和增强语气。

一个排比句，必须有三个及三个以上结构相同或相似、语气一致的句子或句子成分。例如，读书，使人思维活跃，聪颖智慧；读书，使人胸襟开阔，宽仁大度；读书，使人目光远大，志存高远。

排比可分为句子排比和句法成分排比两类。

句子排比：沙漠开始出现了绿洲，不毛之地长出了庄稼，濯濯童山披上了锦裳。（秦牧《土地》）

这里是三个分句的排比。

句法成分排比：延安的歌声，是革命的歌声，战斗的歌声，劳动的歌声，极为广泛的群众的歌声。（吴伯箫《歌声》）

这里是宾语的排比，四项宾语排列连用增强语言气势，表达强烈奔放的感情。

在运用排比这一修辞手法时，需要注意：排比有的是多项全部列举，有的不是。在使用排比句时，列举多项中的部分项，可以达到留有弦外之音、引发读者深思的作用。在使用这种排比句时，句尾用省略号。

西去列车这几个不能成眠的夜晚呵，我已经听了很久，看了很久，想了很久……（贺敬之《西去列车的窗口》）

这里，三项相同的句法成分构成排比，同时没有列举穷尽，有利于引发读者深思。

在判断是否为排比句时，要注意所排列句子及句子成分的数量。

命运即使让你错过了夕阳，也必将让你看到满天的彩霞；命运即使让你错过了月亮，也必将让你看到满天的星星。

这里用两个"即使……也"的句式排列，列举两项，未构成排比句。

所以，判断一个句子是不是排比句，要看所排列句子或者句法成分是不是达到三项及以上。

魔法口诀

排比，排比，排比，

最少排三项；

排比，排比，排比，

句子和成分，都可以排比。

借代

借代指不直接说出某人或某物的名称，而借用与它有关系的事物的名称来代替。简单来说，就是借一个事物来代替另一个事物。比喻里有本体和喻体，借代里也有本体和借体。被代替的事物是本体，用来代替的事物叫借体。借代的方式主要有以下几种。

特征、标志代本体：用借体的某种特征或某个标志去代替本体事物。

我的愿望是世界和平，烽烟只会让地球不再美丽。

这句话中用"烽烟"代替"战争"。

专用名称代本体：用经典的人物或事物的专用名称代替本体事物。

我从小到大的梦想就是成为一名白衣天使。

这句话中的"白衣天使"指代的是"护士"。

具体事物代替抽象本体。

做官就要为人民服务，否则保不住乌纱帽。

这句话中的"乌纱帽"代替"官职"。

部分代整体。

江山如此多娇，引无数英雄竞折腰。(毛泽东《沁园春·雪》)

这句话用"江山"代替"国家"。

结果代原因。

孔乙己一到店，所有喝酒的人便都看着他笑，有的叫道："孔乙己，你脸上又添上新伤疤了！"(鲁迅《孔乙己》)

这句话中，"添上新伤疤"是"他"被打的结果。

运用借代要注意：①借体一定要与本体有密切的联系，让读者看到借体时，能明白本体是什么；②借体和本体的色彩应该相同，例如"诸葛亮"作为正面人物，人们对这一形象带有喜爱、欣赏、赞扬的感情，因此属于褒义借体，使用"诸葛亮"来代替的本体人物也应该是正面的。

在判断和使用过程中，借代和借喻可能会混淆，我们来看看两者的区别。

	借代	借喻
作用	"代称"，即直接把借体称作本体，只代不喻	"比喻"，虽然也有代替的作用，但总是喻中有代
构成的基础	事物的相关性，即要求借体和本体有某种关系	事物的相似性，即要求喻体和本体有某些方面的相似性
本质	本质是"代"，以一物代另一物，没有可比对象	比喻修辞，可以改为明喻或者暗喻
例句	花木兰替父从军，可谓是巾帼不让须眉。	他顶着一头杂草似的头发，出门上学去了。

魔法口诀

"本体"和"借体"，密切相关联；

本体不出现，借体必出现；

区分"借喻"和"借代"，试试能否改为明喻和暗喻。

夸张

夸张指故意言过其实，对人或事物进行扩大、缩小或超前描述，分为扩大夸张、缩小夸张、超前夸张三类。

扩大夸张就是故意把一般事物往大（多、快、高、长、强……）处说。缩小夸张就是故意把一般事物往小（少、慢、矮、短、弱……）处说。超前夸张就是在两件事之中，故意把后出现的事说成先出现的或同时出现的。

扩大夸张：隔壁千家醉，开坛十里香。

这是一副酒家的对联。上联说酒香能使千户人家醉倒，意味着酒味浓重；下联说开坛能使方圆十里的人闻到香气，表示酒气香醇。

缩小夸张：一个浑身黑色的人，站在老栓面前，眼光正像两把刀，刺得老栓缩小了一半。（鲁迅《药》）

"老栓缩小了一半"写出了老栓此时的怯懦。

超前夸张：农民们都说，看见这样鲜绿的苗就嗅出白馒头的香味来了。

看见鲜绿的苗，就嗅出馒头"香味"，这是把庄稼成熟后，用粮食制作白馒头的事先说出来。

运用夸张要注意：①以客观事实为基础。"燕山雪花大如席"是夸张，让我们马上就能知道燕山很冷；如果说"海南雪花大如席"，那就是笑话了。②运用夸张要明确，不能又像夸张，又像事实。"祖国大地换新颜，一天等于二十年"，这明显是夸张。"劳动三十天，胜过六十天"，这就很难说是夸张还是事实了。

魔法口诀

夸张、夸张、夸张；

扩大、缩小、超前；

运用夸张，合实际；

运用夸张，需明确！

反复

反复是使用同一个词语、句子或段落两次或两次以上，来加强语气和感情，从而产生突出的效果和强烈感染力的修辞手法。

反复分成连续反复和间隔反复。连续反复指的是接连重复相同的词语、句子或段落，中间没有其他成分出现。间隔反复指的是某些词语、句子或段落间隔地反复出现，即中间有别的成分将其隔开。

连续反复：谢谢，谢谢，这次您真是帮大忙了！

"谢谢"一词连续两次出现，表达说话者的感激。

间隔反复：他们的信念是那么坚定！穿过茫茫草原，攀上陡峭山峰，跨过无边大海。他们的信念是那么坚定！

"他们的信念是那么坚定"出现了两次，但中间有其他句子将它们间隔开。

还记得我们之前讲的排比吗？排比和反复在判断和使用过程中经常会混淆，我们来看看这两种修辞的不同之处。

	反复	排比
构成因素	相同词语或句子的重复	结构相似的句子的排列
数量	可以只反复两次，也可以反复多次	最少由三个相同或相似的句子或句子成分构成
效果	为了强调某种感情，突出某个意思	使文章节奏鲜明，气势得到增强
应用	反复与排比可以综合运用，可使表达的意思更加突出，气势更加磅礴	

对偶

对偶是将结构相同或基本相同、字数相等、意义上密切相连的两个短语或句子对称排列的修辞手法。使用对偶，可使句子形式匀称、节奏明快、音韵优美、表意凝练、抒情酣畅。对偶有以下四个特点。

字数相等，即后一句的字数与前一句相等，这是对偶最基本的要求，否则就不是对偶。

风声雨声读书声，声声入耳；家事国事天下事，事事关心。

结构相同，即要求上下句词与词相对，短语与短语相对，句子与句子相对，且内部结构也要一致。

虚心使人进步，骄傲使人落后。

词性一致，即上下句需要实词对实词，虚词对虚词。

东家门里有酒肉，佃户家中无米面。（贺敬之《白毛女》）

这句是处所名词＋动词＋名词的结构，其中"佃户家中"对"东家门里"是处所名词做主语，"无"对"有"是动词做谓语，"米面"对"酒肉"是名词做宾语。

内容相关，即上下句的内容或论述同一主题，或进行正反对比，或具有时间、逻辑关系。

黑发不知勤学早，白首方悔读书迟。

根据上下句的联系，对偶可分为正对、反对、串对。正对，从两个角度说明一个事理，内容相互补充；反对，对偶上下句表示相反或矛盾关系，借正反对照突出事物的不同本质；串对，上下句内容根据事物发展或因果、条件、假设等关联一顺而下，也叫流水对。

顶真

顶真，用上一个句子的结尾部分做下一个句子的开头，使前后句头尾接续、前后串联。从顶真单位来看，顶真分为三类。

词与词顶真：从前有座山，山里有座庙，庙里有个老和尚，老和尚在跟小和尚讲故事。

短语与短语顶真：民事农则田垦，田垦则粟多，粟多则国富。国富者兵强，兵强者战胜，战胜者地广。（《管子·治国》）

句子与句子顶真：战士站在山头，雨点滴着钢盔。雨点滴着钢盔，仿佛把心儿敲扣。

在形式上，顶真使句子结构整齐，语气贯通，阅读朗朗上口。如《愚公移山》中写道：虽我之死，有子存焉；子又生孙，孙又生子；子又有子，子又有孙；子子孙孙无穷匮也。这句话若单纯说我有子子孙孙来做，会显得单薄。通过顶真来表达，读起来颇有气势，也趣味十足。在表达上，前后承接的重复也有重要作用，可以突出事物间环环相扣的有机联系，指出事物的时空顺序，揭示因果关系等逻辑承接，比如上文《管子·治国》的例句。

在实际使用中，顶真和反复经常会混淆，接下来我们看看两者的异同点。

	顶真	反复
相同点	都有词、短语或句子上的重复	
不同点	重复的位置一般只固定在句子的末尾部分和开头部分	重复的位置没有限制
例句	一生二，二生三，三生万物；地法天，天法道，道法自然。	救援队终于来啦！太好啦！救援队终于来啦！

双关

双关，就是言在此意在彼，利用语音或语义条件使语句同时顾及表面和内里两种意思。这是一种一箭双雕、话里有话的表达方式，因此我们在理解双关语时，要由表看里，侧重理解话语在特定语境下的深层含义。双关有时可以使表达更含蓄委婉，有时也可以使表达更幽默，给人以深刻印象。

根据构成条件，双关可以分成语音双关和语义双关两大类。

语音双关，也称谐音双关，是利用音同或音近的条件使词语或句子语义双关。如，东边日出西边雨，道是无晴却有晴。（刘禹锡《竹枝词二首·其一》）这里的"晴"谐音"情"，具有含蓄的美，表现含而不露的内在感情，十分贴切自然。

语义双关，是利用词语或句子的多义性在特定语境中构成语义双关。如，夜正长，路也正长，我不如忘却，不说的好罢。（鲁迅《为了忘却的记念》）这里"夜"表面指自然现象，实指反动统治的黑暗；"路"表面指自然界的道路，实指革命斗争的万里征途。

设问

设问，指先提出问题，然后把自己的看法说出来。在无疑处提出问题，往往是为了引起读者的注意和对该问题的思考。设问主要分为自问自答、问而不答两大类。

自问自答，指自己提出问题后，自己加以回答。如，春天在哪里？春天在花朵里。自问自答是设问的主要形式。根据问答的数量，自问自答又可分为一问一答、多问一答和连续问答，后两者的使用可以增强语句的气势。

问而不答，即只问不答，但是读者能通过语境或上下文发现答案。这种用法可以很好地抒发某种强烈的感情，渲染气氛。

运用设问的修辞手法，可以引起读者注意，启发读者思考；强烈地表达情感；有助于层次分明，结构紧凑。

反问

反问是用疑问的形式表达确定意思的一种修辞手法，主要分为两类。一类是以反问的形式，表达否定的意思。如，还有谁能同马冬梅同学媲美呢？意思是没有谁可以和马冬梅同学媲美。另一类是以否定加反问的形式，表达肯定的内容。如，马冬梅这次考试成绩优异，不都是她努力的结果吗？意思是马冬梅这次考试成绩好，都是她努力的结果，表肯定。

反问修辞的主要作用是加强语气，引发人们的思考，把本来已确定的思想情感表现得更加鲜明、强烈。比如，难道时间可以倒流吗？时间不可以倒流。这两句话明显前一句语气更强烈，同时让人深思，要珍惜时间。

	设问	反问
问答形式	有问有答，或问而不答让对方思考答案	反问明确地把答案蕴含在问题中，有问无答
作用	提出问题，引起注意，启发思考	加强语气，用确定的语气表明作者的思想情感

通感

通感，指叙事状物时运用词语，使各种感觉器官彼此打通、相互交织的修辞手法。如，她笑得很甜。"甜"是味觉，看到别人笑是视觉，这里视觉和味觉共同参与表达，相互为用，就是通感。

通感可以化抽象为具象，使表达更生动。

香气似乎也是淡紫色的，梦幻一般轻轻地笼罩着我。（宗璞《紫藤萝瀑布》）

这个句子将表示视觉的"淡紫色"移用表示嗅觉，为紫藤萝的香气增添了色彩。我们更加形象地感受到紫藤萝那淡淡的、迷人的清香，有愉悦梦幻之感。

通感还可以调动多种感官，表达独特感受，更丰富地表现事物。

花里带着甜味，闭了眼，树上仿佛已经满是桃儿、杏儿、梨儿。（朱自清《春》）

花香是嗅觉，甜味是味觉，用味觉表达嗅觉，调动了多种感官，强化了读者的体验与感受。

引用

引用，指在说话或写作中引用现成的话。引用的对象可以是诗句、格言或成语等。

引用主要分为明引、暗引和意引三类。明引，即直接引用，一般指在引用部分的前面或后面说明其出处、来源；暗引，即间接引用，一般不说明出处，直接把引文组织到文章中去，使之浑然一体；意引，指引用时不使用原文或原话内容，只概括大意，根据自己的语言习惯重新组织语言。注意，当我们引用原话时一定要用双引号，概述大意则可以不使用双引号。

此外，引用还可以分为正引和反引。正引，就是引用者对所引用的语句持肯定的态度，一般用来印证自己的观点，表达自己的思想感情；反引，就是引用者对所引用的语句持否定的态度，甚至是批判。如，都说"秋风秋水愁煞人"，我却觉得金秋十月，丹桂飘香，秋天代表的是收获、是喜悦。

引用可以为自己的观点和看法提供有力的证据，增强说服力。另外，如果引用的内容是古诗词或名人名言，还可以让语言更加简洁凝练，有感染力。如，泛舟江上，观绿树红花，像是走进了连绵不断的画卷，真是"舟行碧波上，人在画中游"。诗句一出，碧波如画的美景和惬意的心情都表达出来了。

反语

反语，指故意使用意思相反的词语或句子来表达真正的意思，也就是正话反说或反话正说。有时会使用某种标记形式，如引号或着重号来标示。

反语可以分为讽刺反语和风趣反语。

讽刺反语，把褒义词用在不好的人身上。韩梅梅对耍小聪明的李雷说："你真是天下头等聪明的人，诸葛亮比你还要逊三分。"这里显然不是要夸李雷，而是讽刺他耍小聪明。用反语讽刺，可以表达更强烈的情感。

风趣反语，把贬义词用在喜爱的人或物身上。李雷的妈妈对他说："你这个小笨蛋，难得懂事了一回。"这里的"小笨蛋"不是真的说李雷笨，而是表达一种喜爱。用反语调侃，能够使表达更风趣、幽默。

衬托

衬托，指为了突出主要事物，先描写与之有关联的事物作为陪衬烘托。衬托最大的作用就是突出主体或渲染主体，使主要事物的形象更鲜明，给人更深刻的感受。衬托可以分为正衬和反衬。

正衬，是用与主体事物相似的事物从正面衬托本体事物。如，阳光正好，微风轻轻拂过低垂的柳条，我的心里暖洋洋的。这里用环境的美好来衬托心情的美丽。

反衬，是用与主体事物相反的事物从反面衬托本体事物。如，阳光正好，微风轻轻拂过低垂的柳条，可我的心里却空落落的。这里用环境的美好反衬心情的糟糕。

互文

互文是古诗文中常用的修辞手法。互文的上下两句，或一句话中的两个部分，看似各说两件事，实则互相呼应，互相阐发，互相补充。

《木兰诗》中有很多互文的例子。将军百战死，壮士十年归。这里不是说将军都牺牲了，壮士都凯旋了，而是两句话互相补充，指将士们数次经历出生入死的战斗，有的牺牲了，有的十年之后得胜而归。东市买骏马，西市买鞍鞯，南市买辔头，北市买长鞭。这句话意思是到各处集市置办物资，不是在一处集市只买一样东西。

理解和翻译互文需要我们"瞻前顾后"，不能文字交代一方，我们就只翻译一方，需要将意义的互补也翻译出来。

文章的概念与构成

徜徉在语文的天地中，不论是优美词句的赏析，诗词歌赋的品鉴，还是丰富情感的体验，深刻哲思的感悟，都离不开各种各样的文章。那么文章究竟指的是什么呢？

记载世间事物、事理和表达作者思想、情感的单篇文字作品，都可称为文章。文章包括内容和形式两部分：选择某种题材、表达某种情感、传递某些思想等，是文章的内容；谋篇布局、遣词造句是文章的形式。

其实文章一词历史悠久，且含义丰富。战国时期屈原写的《九章·橘颂》中赞美橘树"青黄杂糅，文章烂兮"，这里的"文章"指的是色彩缤纷的花纹；《诗经·大雅·荡》中描述当时政局"厉王无道，天下荡荡，无纲纪文章"，这里"文章"指的是礼乐法度；《臧僖伯谏观鱼》中也有"昭文章，明贵贱"，这里"文章"指的是车服旌旗。可见，"文章"二字历史悠久。

汉代崇尚文学的风气极浓，人们才渐渐用"文章"来赞美那些文采华丽的作品。到了唐代，文章的概念已经相对固定和常用，比如杜甫的"文章憎命达、文章千古事"等，基本是指诗和散文。到了宋代，文人们进一步提出了"文以载道"的说法，用文章承载和表达理念与思想。

回到现代语境，文章的概念与杜甫说的诗和文比较接近。关于文章分类，古今中外说法不一，我们以常用文体来分类，主要指记叙文、说明文、议论文。

主题

主题是文章的灵魂，一般指文章通过描绘现实生活和塑造艺术形象所表现出来的作家对生活的感受、认识、评价等，也称作主题思想。文章有鲜明的主题才会更有生命力，才能和读者产生共鸣。

其实，主题这个概念是舶来品，它的本意是指乐曲中最具特征并处于优越地位的旋律。中国古代常用的则是"意"。建安七子中的曹丕提出了"文以意为主"，此后，"意"一直是阅读与写作中最重要的一个概念，又称"文意"。明代著名思想家王夫之曾说："无论诗歌与长行文字，俱以意为主。意犹帅也。无帅之兵，谓之乌合。""意"在文章中的重要性可见一斑。没有主题的文章，就像没有统帅的部队，只能是乌合之众，没有战斗力。

在阅读中该如何确定主题呢？这跟不同的文体有很大关系。但是即便文体不同，也有一些规律是通用的。①可以通过解读标题来确定主题。很多题目直接点明主题，是文章中心思想的概括。②通过寻找中心句确定主题。中心句一般位于首尾句或首尾段，尤其是文章的结尾段，很多文章往往是卒章显志，因此阅读文章时要有意寻找中心句，以此来确定文章主题。③通过分析议论、抒情句来确定主题，这些句子往往直接反映作者的观点，表达作者的情感。④通过罗列、叠加每个段落的主旨，也能得出文章的主题。

题材

题材是组成文章的材料，即作品中具体描写的生活事件或生活现象，也就是文章的内容。题材的分类，我们以小说和古诗为例。小说的常见题材有历史题材、乡土题材、都市题材、抗战题材、改革题材、科幻题材等。古诗的常见题材有田园诗、边塞诗、咏物诗、怀古诗、爱情诗、羁旅诗、送别诗等。

题材与主题是相互依赖的，题材的意义要靠主题深化，主题则是在题材的积累和加工中引申而出。

关于题材与素材的关系，很多人容易混淆。素材是作家在生活中积累起来，尚未经过提炼加工的原始材料，能被称为题材的仅是素材中有价值的一部分。素材需要满足三个条件才可以成为题材：经过作家主观的加工提炼，被作品采用，构成艺术形象的组成部分。

"世事洞明皆学问，人情练达即文章。"好题材来源于生活，需要我们善于观察，运用敏感灵动的心灵，去体会、去发现、去采撷！

体裁

体裁是文章和文学作品的表现形式。俗话说，看菜吃饭，量体裁衣。根据中心思想剪裁材料（素材），用多样的形式，就可以写出好文章、好作品。

体裁的分类有多种分法，首先可以区分为文章体裁和文学体裁。文章体裁指的是文章的文体形式，文学体裁指的是文学作品的表现形式。

记载世间事物、事理，表达思想、情感的文字，都可称为文章。文章可简单理解为篇幅不长而独立成篇的文字，可泛指著作。而文学作品是运用虚构和想象，使用语言塑造形象，反映社会生活，表达思想感情的艺术作品。当文字不单单用作记录，而被赋予思想和情感，并具有艺术之美时，才可称为文学作品。

文章和文学作品其实是交集的关系。有些文章也是文学作品，但多数可以区分开来。比如胡适1917年在《新青年》上发表的《文学改良刍议》是文章，但不是文学作品。而《红楼梦》显然是文学作品无疑，如果大家写一篇"《红楼梦》读后感"，就是文章了。

文章体裁

中国普遍使用的写作教学体裁初创于二十世纪二三十年代，叶圣陶、夏丏尊等语文教育家提出了现代文体分类的理论，以表现形式为依据划分文体，即分为记叙文、说明文、议论文三类。但后来人们在生活中为了处理日常事务而进行写作，例如为某项活动写宣传语，为远方的朋友写信等，这类具有固体格式的文体就成为第四类——应用文。每一种文章体裁都有各自的特性，了解这些特性，能帮助我们从更广阔的视角来分析文章和写好文章。

记叙文

记叙文以人物的经历和事物的发展变化为主要内容，按写作对象不同可分为四类：写人的记叙文、写事的记叙文、写景的记叙文、状物的记叙文。根据写作对象的不同，我们在把握文章时的侧重点也不同。比如写人的文章侧重人物形象塑造以及作者对人物的感情；写景的文章侧重写景方法、景物特征及写景顺序。

记叙文具有时间、地点、人物、事件起因、事件经过、事件结果六个要素。这六个要素可以简洁清晰地勾画出记叙文的整体框架和文章的基本风貌。但同学们也要注意，不是所有的记叙文都六要素齐备的，有时候，一篇记叙文为了情感表达、人物塑造或详略安排，会略去一些要素，但它还是记叙文。

在记叙文中，主题一般也叫中心思想、主旨或思想情感，六要素都是为主题服务。对记叙文来说，事件本身不是写作的目的，记叙文突出的是事件当中人物的形象以及思想情感的表达。

记叙文的叙述顺序包括五种：顺叙、倒叙、插叙、补叙、分叙。巧用记叙顺序，可以增强文章的可读性。

顺叙，指按事件发生、发展和结局的顺序来写，叙述与事件发展顺序一致，好处是脉络清晰。

倒叙，指先写结局，或最重要、最突出的部分，然后再叙述事情的发生、发展。倒叙的好处是设置悬念，吸引读者的兴趣。

插叙，指在叙述中心事件的过程中，暂时中断叙述，插入一段与主要情节相关的事件。插叙的好处是衬托主要情节，或突出人物性格，或深化情感。

补叙，是在行文中用一小段内容，对前边说的人或事做简单补充与交代，也叫追叙。补叙可以解释说明主要情节或主要人物，使行文跌宕起伏，出人意料。

分叙，指叙述两件或两件以上同一时间不同地点发生的事，也叫平叙。同学们平时做阅读基本不会遇到分叙，一般篇幅较长的作品，如《三国演义》《水浒传》等都有分叙手法。分叙的好处是把头绪纷繁、错综复杂的事情写得条理清晰，有条不紊。

此外，记叙文的叙述人称分为第一人称、第二人称和第三人称。第一人称的好处是亲切自然、真实可信，如朱自清的《背影》；第二人称的好处是如同作者在和读者对话，给人一种亲切感，一般比较少见，多用于书信体文章；第三人称的好处是叙述范围广，不受时空限制。

说明文

说明文以说明为主要表达方式，主要目的是解说事物、阐说事理以给人知识。生活中常见的药品说明书就采用了说明的形式说明药品的功效、主要成分、使用方法等。

说明文按说明对象可分为事物说明文和事理说明文，按说明语言可分为平实说明文和生动说明文（文艺性说明文、科学小品文）。

事物说明文，解说实体事物的形态、结构、性质、特征等。事理说明文，阐释抽象的事理、本质、关系、规律等。区分这两者可以帮助我们更好地理解说明文，因为依据不同写作目的，作者运用的文章结构和写作方法都会不同。

平实说明文，以平实的笔法客观准确地说明事物、事理等。平实说明文可能比较符合大家脑海中对说明文的印象——严谨、无聊。但是，说明文就是需要具体、科学、浅显易懂，所以平实说明文的知识性相对更强。生动说明文，用文艺的笔调来说明事物、事理，为了增强可读性，添加了更多修辞与描写，使文章生动、活泼、有趣，但知识性也会相对减弱。

事物的特征和本质是通过合理的顺序逐层表现出来的，说明文一般从说明对象本身的特点出发来安排说明顺序，可分为三种类型：时间顺序、空间顺序、逻辑顺序。

时间顺序，即以时间先后作为说明顺序，一般用于说明事物、工艺的发展变化，可以清晰地展示发展脉络。

空间顺序，即按照事物的空间存在形式作为说明顺序，一般用于说明相对静止的事物和内部构造比较复杂的事物，如园林、建筑物、工艺品等，有利于全面说明事物各方面的特征。运用空间顺序的说明文，文中常会出现东西南北、里外、左右、上下等方位词，常见的空间顺序：从外到内、从上到下、从远到近、从整体到局部。

逻辑顺序，指按事物、事理的内在逻辑关系展开。常见的逻辑顺序：由整体到部分、由原因到结果、由特点到用途、由主要到次要、由概括到具体、由现象到本质。逻辑顺序涵盖较广，在判断时可以用排除法，如果一篇文章的说明顺序既不是时间顺序，也非空间顺序，便自然是逻辑顺序了。

常用的说明文结构形式有四种：总分总式、递进式、连贯式、并列式。

总分总式有三种具体情形：总分、分总、总分总。所谓"总"即总说，总体概括；"分"即分说，进行具体展开说明。总分总式结构常见于采用从概括到具体，或从整体到部分这两种逻辑顺序的说明文。初高中阶段考查说明文结构形式，多考查总分总式。

递进式，指说明文各层之间的关系由浅入深、由表及里、由现象到本质。如《梦回繁花》一文，开头先介绍《清明上河图》的作者及创作背景，为下文介绍画作的内容和价值做铺垫。后文也是按照"基本信息—主体内容—艺术特性与社会价值"的顺序逐层递进。递进式结构多见于从现象到本质逻辑顺序的说明文。

连贯式，即各层之间是前后相互承接的结构形式，按照事物发展的过程、时间、因果、条件等安排层次。如法国昆虫学家、文学家法布尔写的《蝉》中就是按照事物发展的过程，介绍了蝉从幼虫变为成虫的几个阶段，各层之间是连贯的。连贯式结构多见于采用时间顺序的说明文。

并列式，指各层之间没有轻重主次之分，并列平行地展开说明。

常见的说明方法有十种：下定义、举例子、作比较、打比方、分类别、列数字、作诠释、引用、摹状貌、列图表。说明方法是更好地说明事物或事理的工具，同学们主要从两个方面掌握说明方法，一是了解各个说明方法是什么，见到能认出来；二是知道不同说明方法的好处，也就是为什么用。

下定义指用简明扼要的语言对事物的本质特征或概念做规定性说明的一种说明方法。常用句式：……是……，……叫……。例如，相声是一种以"说、学、逗、唱"为主要形式的民间说唱曲艺。下定义的好处是可以从本质上揭示事物特征，一句话将对象是什么清楚地说明白。

作诠释是对说明对象的状况、性质、特征、成因等进行简要的解说的一种说明方法，即解释说明。例如，相声常用笑话、滑稽问答、说唱等引起观众发笑。作诠释的好处是对事物特征或事理加以具体的解释说明，让说明更通俗易懂。

摹状貌指通过描写事物的形状或面貌来说明事物特征的说明方法。摹状貌可以突出说明对象的特征/特点，使说明更形象、具体。这些石刻狮子，有的母子相抱，有的交头接耳，有的像倾听水声，有的像注视行人，千态万状，惟妙惟肖。（茅以升《中国石拱桥》）这句话运用了摹状貌的说明方法，形象地写出了石刻狮子的形态，说明了卢沟桥形式优美的特点，使说明更具体、形象。

打比方指用人们熟悉的、常见的事物作比来介绍说明人们生疏的、不常见的事物的一种说明方法。一般会有"像、好像、是、就是"等比喻词，生动形象说明事物的特点／事理。石拱桥的桥洞成弧形，就像虹。古代神话里说，雨后彩虹是"人间天上的桥"。（《中国石拱桥》）这句话中比喻词是"像"，将"石拱桥的桥洞"比作"彩虹"，生动形象地说明了石拱桥形式优美的特点。

列数字就是通过事物的数量或数量的变化，说明事物的本质和特征的一种说明方法。列数字的特点就是文中有数字，用数字说明，既能反映事实情况，又有较强的说服力。

举例子指选取某种事物中比较典型的具体的例子来说明事物或事理的说明方法，也称"事例说明"，常有"比如、例如、如、例"等标志词。举例子可以具体形象地说明对象的特点，使说明更具体，有说服力。

分类别指根据事物的形状、性质、成因、功用等属性的异同，把事物分成若干类，然后依照类别，逐一说明的说明方法。分门别类来说明，将复杂的事物说清楚，使得文章的说明条理更清晰。例如，大家一般说的口罩，实际上分两种：面具和呼吸器。

准确性是说明文语言的先决条件。在准确的前提下，说明文语言也具有多样性和灵活性，如巧用拟人、比喻的修辞手法等。此外，对增长知识和见闻来说，说明文也是非常重要的信息来源。

议论文

议论文是以议论为主要表达方式的文章体裁，通过摆事实、讲道理直接表述作者的观点或主张。一般来说，记叙文以情感人，说明文以知授人，议论文以理服人。

议论文分为立论文和驳论文。就一定的事件或问题正面阐述自己的见解和主张的议论文，就是立论文；通过反驳错误观点，从而树立起自己正确论点的议论文，就是驳论文。

议论文要阐述观点，我们对所议论的问题持有的见解和主张叫论点，用来佐证观点的材料（事实和道理）就是论据，运用论据来证明论点的过程和方法就叫论证。论点、论据、论证构成议论文的基本要素，缺一不可。论点是论据的基础，论据为证明论点服务，论证是论点和论据之间的逻辑纽带。

论点、论据、论证怎么区分呢？论点解决"需要证明什么"的问题，论据解决"用什么来证明"的问题，论证解决"怎样证明"的问题。

论点是议论文的"灵魂"，只有准确地把握文章的论点，才能了解文章中提出的见解和需要解决的问题。

论点分为中心论点和分论点。中心论点是作者对所论述问题的基本观点。议论文一般只有一个中心论点，为了更明确、更有针对性，有的议论文还围绕中心论点提出几个分论点用来补充或证明中心论点。例如，如果要论证"人生需要阅读"这个中心论点，可以用"阅读可以开阔视野""阅读可以陶冶情操"两个分论点来增强说服力。

此外，中心论点还应符合三个基本条件。首先，它必须是作者看法的完整陈述，不能断章取义；其次，中心论点必须是明确的判断，不能含有怀疑语气；最后，在形式上，中心论点需要是完整的句子。

论据分为事实论据和道理论据。事实论据包括史实、典型事例和统计数字，可以使论证更有说服力。道理论据包括经过实践检验的真理，以及自然科学的原理、概念、定律、公式等，可以使论证更有力、更深入。

论证方法包括举例论证、道理论证、对比论证和比喻论证。

举例论证，指选择典型的事例来证明论点，使论证更加真实可信。

道理论证，指用经典著作中的精辟见解、古今中外名人名言，以及被公认的科学原理、定理、公式等来证明观点，增强论证的说服力和文章的文学性。

对比论证，指通过将两种完全对立的事物或截然相反的观点进行对比来证明论点，使论点更加鲜明突出。

比喻论证，指用具体生动的比喻来证明抽象的道理，化虚为实，使论证更加生动形象。

应用文

应用文是在日常生活和工作中经常应用的文体，主要用来传递和交流信息、处理各种事务。应用文的种类非常多，有几百种，大多数我们平时不会用到，比如刑事上诉状、广告意向书等。初高中阶段会用到的应用文包括新闻、书信、演讲稿、邀请函、倡议书、推荐语、请假条、留言条、通知、启事十种。

应用文有以下四个主要特点。

实用性强。应用文用来解决实际问题，内容要务实。如果要写一个通知，只需告诉事情缘由、时间等就可以，不用嘘寒问暖，闲话家常。

格式规范。应用文应遵守相应的规范，比如书信有书信的格式，公文有公文的格式。

语言质朴简洁。应用文要求简洁明了地将事情说明白，如果你用十万字写一个留言条，看留言条的人心中应该很崩溃。

时效性强。应用文是为了处理事情、交流信息、解决问题，因此有较强的时效性。比如你今天要请假，给老师写了请假条，请假条在明天显然就失效了。

关于应用文的具体形式，给大家两个示例作为参考。

请假条

王老师：

　　今天下午，我因为头晕目眩请假半天，明天早晨按时返校。请予批准。

请假人：小明

____年____月____日

招领启事

　　本人于 202X 年 X 月 X 日在 XX 商场二楼拾到手提包一个，内装手机、文件夹等物品，望失主前来认领。联系电话：188XXXXXXXX。

倪太美

____年____月____日

文学体裁

　　文学体裁指文学作品话语系统的结构形态，简称文体。

　　在历史上，对文学体裁的分类，按照不同的标准，有着不同的说法。在中国，最早的分类法是二分法，也就是按有韵无韵的标准，把文学体裁分为诗歌与散文两大类。在西方，从亚里士多德到俄国哲学家别林斯基都采取的是三分法，即依据塑造形象的不同方式，把文学体裁分为叙事文学、抒情文学、戏剧文学三大类。还有一种四分法也是比较常见的文学体裁分类法，就是根据文学作品在形象塑造、结构形式、语言运用与表达方式等方面的不同特点，将文学体裁分为诗歌、小说、散文、戏剧文学四大类。

对文学体裁的不同分类，都不是绝对的，随着文学创作实践经验的不断丰富与发展，也会出现一些新的文学体裁。

小说

小说以塑造人物形象为中心，通过完整的情节叙述和具体的环境描写反映社会生活。

在魏晋南北朝时期，小说初具规模，出现了志人、志怪小说，合称为笔记小说。"志"指的是记载，志人就是写人的小说，例如《世说新语》；志怪就是写鬼怪故事的小说，例如《搜神记》。从唐代起，"传奇"开始出现。所谓传奇，指情节离奇或人物行为不寻常的故事，代表作如《莺莺传》《聂隐娘》。宋代出现了话本小说，话本指民间艺人说唱的底本。这些民间艺人为了吸引听众兴趣，常常将情节刻画得跌宕起伏，如《三国志平话》《大唐三藏取经诗话》。明清时期，章回体小说蓬勃发展，四大名著就是这一时期的代表作。

关于小说的分类，按照篇幅及容量可分为长篇、中篇、短篇和微型小说（小小说）。长篇字数在 10 万字以上，中篇字数在 2 万到 10 万字之间，短篇字数在 2000 到 2 万字之间，微型小说字数在 2000 字以内。

按体制，小说可分为章回体小说、日记体小说、书信体小说、自传体小说。章回体小说分章回叙述，代表作如《三国演义》《西游记》；日记体小说以日记为形式，如鲁迅的《狂人日记》；书信体小说用书信形式写成，如《少年维特的烦恼》；自传体小说由主人公自述生平经历和事迹，如张爱玲的《小团圆》就是她一生的写照。

按内容题材，小说可分为：历史小说，如《李自成》；科幻小说，如《三体》；武侠小说，如《神雕侠侣》；侦探小说，如《福尔摩斯探案集》；言情小说，如《半生缘》；乡土小说，如《边城》。

《三国演义》

　　小说的主要构成要素包括人物、情节、环境。

　　人物指小说中被描写的人，也是小说的核心。

　　情节指小说中表现人物之间相互关系的一系列生活事件的发展过程，是小说的骨架。情节发展过程分为开端、发展、高潮、结局四部分。

　　环境指小说中人物活动于其中的自然环境和社会环境，是小说的背景。自然环境指由水土、地域、气候等自然事物所形成的环境。社会环境指人类生存及活动范围内的社会物质、精神条件的总和，也可以理解为时代背景，比如在《骆驼祥子》中，祥子生活在军阀统治的时代。

　　小说三要素彼此之间不是独立的，而是相辅相成的。举例来说，环境可以促进情节的发展，如特殊事件一般发生在特殊天气里；反过来，情节也可以更好地展现环境，比如祥子拉车突然被大兵抓走，就体现出军阀混战时期社会的黑暗。

小说的语言风格也是多种多样的：可以生动形象，也可以朴素自然；可以含蓄蕴藉，也可以庄重典雅，还可以幽默风趣。

理解小说，读懂生活。小说是一种能充分反映现实的文学体裁，满载着生命的智慧与活力，对小说的理解也是初高中考试的重点。

散文

散文指以抒发作者真情实感为侧重点，反映现实生活的一种文学体裁。

散文有以下三个主要的特点。

形散而神不散。小说可以以虚构的方式组成一个完整的人物或事件，散文则不同，它强调真情实感。因此我们解读散文，最重要的是把"情"解读出来。散文形散而神不散，这个"神"就是"情"。所谓"形散"，主要指散文的取材广泛自由，表达方式也多种多样。但无论怎么"散"，核心都是表达主题情感，因此"神"是明确的。如朱自清的《背影》，虽然行文涉及的内容很多，从交代家庭琐事到南京出游，从父亲叮嘱别人送行到买橘子等，看似很散，但实际上所有这些都是围绕父亲对儿子的爱。所以同学们在解读散文时，要想想这篇散文的"情"是什么，每个段落对"情"的表达有何作用，这对解读散文来说非常重要。

语言优美。这个特点主要体现在写景散文中。散文会运用多种手法，且用词讲究，句式富于变化，营造的意蕴十分优美。

表达方式灵活。散文不要求完整的故事情节和鲜明的人物形象，可以融叙事、描写、抒情、议论于一体，也可以夹叙夹议，状物写景，由景生情。所以鉴赏散文的表现手法也是考试难点之一。

按内容和表达方式的不同，散文主要分为以下三种类型。

叙事散文，即以记人叙事为主的散文。这类散文在表现手法上以记叙为主，兼有抒情成分。如鲁迅的《藤野先生》，写鲁迅赴仙台求学，藤野先生给他改讲义和解剖图等事，事件中包含对藤野先生的情感。叙事散文要求描绘真情实感，即写真人真事。

写景散文，即以描绘景色为主的散文。这类散文多在描写景物的同时抒发情感。如汪曾祺的《昆明的雨》，通过对昆明雨季菌类、杨梅、缅桂花的描写，全方位展示昆明雨季的特点，结尾处表达了作者对昆明的思念。

哲理散文，即注重议论说理，或表达一个观点，或阐述一个道理，或议论某种现象的散文。它往往会从对人或事饱含深情的记述里，去发掘社会人生的大道理。如毕淑敏的《精神的三间小屋》，告诉我们要为自己的精神修建三间小屋，第一间盛放着对人的爱和恨，第二间盛放事业，第三间用于安放自己的灵魂。

散文是我们日常写作最常用的文体，也是阅读理解中最常见的文体，掌握散文的基本规范，有助于提升阅读和写作能力。

《昆明的雨》

现代诗歌

现代诗歌又称新诗，指自五四运动时期至今的白话文诗歌。

现代诗歌样式纷繁复杂，但主要具有四个特点。

形式自由。没有严格的押韵要求，字数、行数、句式都没有一定之规。

注重意象的运用。通过意象来表达情感。现代诗歌运用意象多为隐喻，不出现本体，直接用喻体代替。所以同学们在解读现代诗歌时，要抓住意象，分析其背后的情感。

再别康桥（节选）

徐志摩

那河畔的金柳，

是夕阳中的新娘；

波光里的艳影，

在我的心头荡漾。

诗人将河畔的金柳比作夕阳中的新娘，这一意象不仅描绘了康桥河畔的美景，更赋予了无生命的景物以生命力和情感，寄托了诗人对美好往事的深切怀念。

语句凝练。诗歌讲究含蓄，因此文字相对跳跃，品鉴时需要我们用想象和联想将留白填补出来。

再别康桥（节选）

徐志摩

轻轻的我走了，

正如我轻轻的来；

我轻轻的招手，

作别西天的云彩。

这节诗节奏舒缓，动作轻盈，同时又怀有淡淡的哀愁。至于谁走了？为什么走？要去哪里？诗歌都没有交代。凝练的诗句、含蓄的表达，留给读者无尽的想象空间。

语序倒置。诗人为了强化某种情感，或者由于节奏、换行的需要，往往会调整语序。

你是人间的四月天（节选）

林徽因

我说你是人间的四月天；

笑响点亮了四面风；

轻灵在春的光艳中交舞着变。

你是四月早天里的云烟，

黄昏吹着风的软，

星子在无意中闪，

细雨点洒在花前。

那轻，那娉婷，你是，

鲜妍百花的冠冕你戴着，

你是天真，庄严，

你是夜夜的月圆。

这里"那轻，那娉婷，你是""鲜妍百花的冠冕你戴着"运用了倒装句式，正常语序应该是"你是那轻，那娉婷""你戴着鲜妍百花的冠冕"，将语序倒置突出了四月天的美好，进而突出了"你"的美好，表达美好的情感。同学们在读诗歌的时候，可以尝试倒置的语序和正常的语序，体会其中的不同，培养语感。

现代诗歌按表达方式可分为叙事诗和抒情诗。

叙事诗，有比较完整的故事情节和人物形象。比如徐志摩的《这年头活着不易》，作者因探访桂花，和村姑对话有感而发，表达了诗人对世事的关心，但又无能为力的感叹。

抒情诗，主要通过直接抒发诗人的思想感情来反映生活，不要求描述完整的故事情节和人物形象。如余光中的《乡愁》，抒发了作者对母亲、妻子、祖国的思念，以及渴望亲人团聚、国家统一的强烈愿望。

最后，我们来看看儿童诗。如果说规则限制较多的古诗是"戴着镣铐跳舞"，那么现代诗歌就是自由奔放的舞者。同学们不要觉得现代诗歌离你很远，其实人人都能写，下面就是一个五岁的孩子写的诗。

家

妈妈说

天空是我家

大地是我家

我说

爸爸妈妈的家是我家

爸爸说

爸妈家是小家

天地家是大家

宠　物

我的小狗不会说话

我的小猫不会说话

它们要是会说话

就不是宠物了

是不是可爱又真挚。勇敢创作，说不定你就是下一个诗人噢。

戏剧

戏剧是一种综合的舞台艺术，我们在这里讲的属于文学体裁的戏剧即剧本，它是演出的基础，也是戏剧的重要组成部分。剧本其实离我们很近，比如我们看的电视剧，演员就是按照剧本来表演的。

剧本的内容一般分为两部分：一是舞台提示，即写在剧本中具有说明作用的文字，包括人物表、时间、地点、布景、服装、道具，以及人物的心理、动作、上下场等；二是人物语言，即台词，包括对白、独白、旁白等。

剧本有以下三个基本特征。

时间和空间高度集中。戏剧有舞台和演出时间的限制，因此，剧本人物不能太多，时间跨度不能太长，场景变换不能过于频繁。

尖锐、集中的矛盾冲突。戏剧是通过表现冲突来展开情节、塑造人物、揭示生活本质的，所以戏剧冲突要尖锐、激烈。

人物语言个性化、动作化。剧本主要运用人物语言来塑造形象，推动故事情节的发展。简单来说，就是语言一定要反映人物的内心世界，展示人物性格。

以《卖油翁》这个剧本为例，矛盾发生在陈尧咨和卖油翁之间。陈尧咨很骄傲，认为自己的射箭技术非常厉害，老人却不卑不亢地表示对方不过是手熟罢了。

卖油翁

（陈尧咨拿着弓，得意地听着众人的夸奖，扫视着人群，突然看到有一位卖油翁站在那里看他射箭，一边捋着胡须，一边点头。）

陈尧咨：（把箭放下，挑眉，用疑惑自豪的语气）你懂得射箭吗？我的射箭技术可是最好的！

仆人：（下颚微抬，谄媚而骄傲地）这方圆百里谁不知道我家主人射箭技术当世无双！

卖油翁：（语调缓慢，略微点头）我当然知道，不过也就是手熟罢了。

陈尧咨：（用手握紧拳，几近愤怒地）你说什么？你……你竟敢轻视我射箭的技术？

卖油翁：（言之有理，平静，慢慢地）凭着我自己的倒油本领总结出来的。不信，你看。

（只见老翁迅速从筐里取出一只葫芦放在地上，把一枚铜钱放在葫芦口上，然后慢慢倾斜手中的油壶，将油顺着钱孔缓缓倒入葫芦中，倒满后，葫芦周围竟没有一滴洒在外面的油。做完这一切，老翁看了看康肃公，路人赶忙拍手叫好。）

陈尧咨：（略显尴尬，然后微微笑了笑，拱手向老人作揖）今日受教了。

品味戏剧语言的特点，感受这种文学体裁的魅力，可以看出，剧本中几乎没有闲言，都和人物息息相关。所以我们在解读剧本时，要紧扣人物特点，通过剧本中的设计，仔细分析人物的心理状态。

其他文学体裁

童话

童话是通过丰富的想象、幻想和夸张来塑造形象、反映生活的文学体裁。

同学们对童话一定不陌生，《卖火柴的小女孩》《皇帝的新装》都是耳熟能详的童话故事。童话一般来源于民间故事，来源于生活，像安徒生的《皇帝的新装》，原型是中世纪西班牙的民间故事，郑渊洁的《智齿》则来源于一次去医院拔智齿的经历。

童话的分类形式多种多样，其中主要是根据主人公特点来分类，可分为超人体童话、拟人体童话和常人体童话。

超人体童话，主人公一般是超自然的人物，往往具有变幻莫测的魔法和奇异超常的本领。比如《渔夫和金鱼》，金鱼有神奇的魔法，可以给渔夫变木盆、变新房子。

拟人体童话，主人公多是拟人化的动植物等，他们像人一样思考和行动。如《丑小鸭》，它可以像人一样思考，别人嘲笑它丑时，它会难过，变成美丽的白天鹅后，它会感到幸福。

常人体童话，主人公都是普通的人，但他们的性格、行动和遭遇都是夸张的，往往具有讽刺或象征性。如《卖火柴的小女孩》《皇帝的新装》等。

童话有以下四个主要特点。

天马行空的想象。想象是童话的灵魂，在童话里，猫会说话，人能飞天，小木偶能变成大活人。所以我们经常调侃，童话里都是骗人的。其实我们在阅读童话时，可以不拘泥于真实世界，不拘泥于细节是否合情理，任想象驰骋，尽情感受幻想的魅力。

《丑小鸭》

《皇帝的新装》

反复的情节。在童话中，相似的情节反复出现。这样设计情节，孩子接受起来比较容易。比如《皇帝的新装》中，皇帝想了解衣料织得怎么样了，先派一位诚实的大臣去看，再派另一位同样诚实的大臣去看，最后选了随员去看。这一情节反复出现。

拟人、夸张的语言。这和童话的受众有关，童话多面向儿童，所以语言较活泼，往往将动物、植物拟人化，赋予其人的思想和特征。

发人深省的反思。如《皇帝的新装》告诉我们应该保持天真烂漫的童心，要做一个诚实的人；《丑小鸭》告诉我们不要以貌取人，同时无论遇到何事都不要失去信心，要坚强面对。同学们在阅读时评价人物做得好和做得不好的地方，其实也能引起共鸣和反思。

阅读童话可以给我们的想象插上翅膀，同学们其实也可以将脑海中的奇思妙想写出来，给生活增添趣味。

寓言

"寓"指寄托，"言"指语言文字。寓言用比喻性的故事来寄托意味深长的道理，给人以教育和启示。寓言的主人公可以是人，如《守株待兔》；可以是动物，如《龟兔赛跑》；也可以是非生物，如《北风与太阳》。通过寓言暗示来劝诫，往往比正面的教育更发人深省。

最早的寓言故事集是《伊索寓言》，它是西方民间流传的经典讽喻故事的合集，《农夫与蛇》《乌鸦喝水》等都出自《伊索寓言》。在中国的春秋战国时期寓言也十分盛行：《井底之蛙》出自《庄子》，《刻舟求剑》《穿井得一人》则出自《吕氏春秋》。这些寓言大多变成了我们今天常用的成语，类似的还有画蛇添足、叶公好龙等。

寓言有以下三个主要特点。

篇幅短小，故事性强。如《掩耳盗铃》《揠苗助长》篇幅都很短，而且都是通过人物或动物所做的事情展开，读起来生动有趣。

用假托的故事，说明深刻的道理，具有鲜明的讽刺性和教育性。比如《掩耳盗铃》告诉我们不要自欺欺人，《揠苗助长》告诉我们做事情不要急于求成，要稳扎稳打。同学们在读寓言时，可以从人物所做事情的对错入手，也可以从作者对此事的立场入手，分析寓言的寓意。

多运用拟人、夸张等手法。如《狐假虎威》将狐狸和老虎拟人化，它们能像人一样思考，《杞人忧天》用夸张的手法来塑造杞人的形象。

纪实文学

纪实文学，亦称报告小说，是将报告文学化形成的小说，记录了现实生活或历史中的真实人物与真实事件。

纪实文学有以下两个特点。

纪实性。纪实文学要求事件真、物境真、人物真。即使所记录的事件谜团众多，纷繁复杂，作者也需追寻

《狐假虎威》

事件真相，尽可能还原历史真貌。所以我们在阅读纪实作品时，首先要搞清楚作品写的事实是什么，然后再分析作者想用这个事实说明什么。

文学性。即在真人真事的基础上，可以有一定的文学创作空间，如运用文学写作手法复现当时的事件，并进行具体刻画与模拟；可以通过各种材料，复述事件范围内的场景、人物、过程、情感等，把真事写得好看，把人物形象写得生动，但不能夸张。

考试中往往会结合作品，让同学们分析一个作品的纪实性和文学性体现在哪。纪实性即作品所展现的真实事件，文学性即文中动人的描写、精彩的细节。

名师精讲语文：从基础到高分（上）

新闻

新闻指对新近发生或正在发生事实的报道。新闻有三个主要特点。

内容真实。新闻所报道的内容必须是真实发生的，不能虚构，不能夸大。

迅速及时。"新闻贵在新"，要及时迅速地报道发生的事情。

语言简明。新闻要简明扼要地将事件的前因后果说明白。

新闻的结构主要包括三个部分，分别是标题、导语、主体。标题是新闻内容的概括，用十分简明的语言表明所报道的内容。导语是正文第一句或第一段话，简明扼要地揭示新闻的核心内容。主体是对导语内容进行展开和补充。如有必要，还可以加入背景介绍和结语。

六要素也是我们在解读新闻时重要的抓手，即何时、何地、何人、何事、何故、如何发生。

表现手法

表现手法是作者在行文措辞和表达思想感情时所使用的特殊的语句组织方式，是艺术创作的重要元素。文学作品拥有丰富多样的表现手法，这是作者表达自己独特思想和情感的重要方式。增强对表现手法的了解和认识，可以大大提升我们对文学作品艺术性的理解。在这里我们重点介绍几种。

对比

对比是把两个相反、相对的事物或同一事物相反、相对的两个方面放在一起讲述的表现手法。鲁迅的《故乡》行文运用了多处对比。比如，闰土少年时和中年时的面貌性格对比。

紫色的圆脸，头戴一顶小毡帽，颈上套一个明晃晃的银项圈。

"走路的人口渴了摘一个瓜吃，我们这里是不算偷的。要管的是獾猪，刺猬，猹。月亮地下，你听，啦啦的响了，猹在咬瓜了。你便捏了胡叉，轻轻地走去……"

儿时的闰土健谈淳朴、活泼可爱，脑子里有很多稀奇好玩的事情。而中年的闰土发生了巨大的变化。

他身材增加了一倍；先前的紫色的圆脸，已经变作灰黄，而且加上了很深的皱纹；眼睛也像他父亲一样，周围都肿得通红，这我知道，在海边种地的人，终日吹着海风，大抵是这样的。他头上是一顶破毡帽，身上只一件极薄的棉衣，浑身瑟索着；手里提着一个纸包和一支长烟管，那手也不是我所记得的红活圆实的手，却又粗又笨而且开裂，像是松树皮了。

他站住了，脸上现出欢喜和凄凉的神情；动着嘴唇，却没有作声。他的态度终于恭敬起来了，分明的叫道："老爷！……"

中年时期的闰土为生活所迫，面貌发生了极大的变化，性格也不再是儿时的活泼灵动，取而代之的是木讷、沉默寡言，像一个木偶人。儿时闰土和中年闰土的对比，显示出人们的纯真本性被扭曲，农民生活日益贫困。

运用对比，会使好的显得更好，坏的显得更坏。我们在解读对比时，需要结合作者的态度和文本来具体分析其作用。最常见的作用是突出人物形象或展现人物性格、思想的变化，进而表达作品主旨。

伏笔

伏笔指作者在作品前段中，为后段所做的提示或暗示。前有伏笔，后必有照应，让读者产生一种"原来如此"的感觉。比如莫泊桑《项链》中，当马蒂尔德向朋友借项链时，朋友很爽快地答应了，而且项链被放在很显眼的位置。这里朋友答应得很爽快和项链放在显眼的地方都是伏笔，暗示项链是假的。

伏笔的形式多种多样，可能是一句话，也可能是一段环境描写。比较常见的设置方式有两种。

通过描写人物神态、外貌设伏笔。如莫泊桑《项链》，描写朋友借项链时的反应，暗示项链是假的。

通过环境描写设伏笔。如《最后一课》中，画眉在树林边婉转地唱歌；锯木厂后边的草地上，普鲁士兵正在操练。这里"普鲁士兵正在操练"是设伏，读到后边，在我们知道这是最后一课时，就能明白为什么普鲁士兵正在操练。

考查伏笔手法，多会让我们找出故事中设置伏笔的地方，同学们可以从以上两个方面入手，也可以从答案揭晓处入手。另外，还会问我们伏笔的作用，伏笔经常能给人一种恍然大悟的感觉，也能使故事情节更合理，使结构更严谨。

铺垫

铺垫是文学作品中为了表现主要写作对象而提前做的基础性描写。铺垫的作用主要有三个：一是制造悬念，激起读者的阅读兴趣；二是使情节更合理，结构更严谨；三是积蓄气势，突出主旨。

比如朱自清的《背影》，文章开头写家境贫穷：

那年冬天，祖母死了，父亲的差使也交卸了，正是祸不单行的日子。我从北京到徐州，打算跟着父亲奔丧回家。到徐州见着父亲，看见满院狼藉的东西，又想起祖母，不禁簌簌地流下眼泪。父亲说："事已至此，不必难过，好在天无绝人之路！"

回家变卖典质，父亲还了亏空；又借钱办了丧事。这些日子，家中光景很是惨淡，一半为了丧事，一半为了父亲赋闲。

作者写这些事情，一是要告诉读者家里这样穷，父亲作为一家之主压力也很大，为后文"我"情感爆发做铺垫。父亲如此困难的情况下还尽力照顾"我"，所以这里是情感的铺垫和积累。

铺垫和伏笔的区别：铺垫是明着告诉读者，但先烘托一下气氛，为后文主要的情

节内容打好基础；伏笔是不告诉读者为什么这么写，埋下一个线索，让读者在知道结局时恍然大悟。一般伏笔与后边的照应会有一定的距离，而铺垫的照应一般是紧跟着出现。

象征

象征是借助某一具体人物或事物的形象，表现某种抽象的概念、思想或感情的表现手法。象征在生活中很常见，比如玫瑰花象征爱情，梅花象征气节高尚等；再如《老人与海》，作品中的老人已经超越了人物本身成了硬汉的代表，大海则是生命旅途的象征，鲨鱼是厄运的象征。在现代文中，作者通常会告诉我们具体事物象征什么，同学们要注意回归文本，仔细阅读。

象征的作用：一是使抽象的事物和情感具体化、形象化；二是含蓄地表明作者的思想感情，增添作品的艺术魅力。

以小见大

以小见大，即通过一件小事反映出一个大道理。通过小题材，反映大主题。

以小见大的好处：一是事件平凡，人物亲切，读来就好像发生在身边，容易引起读者共鸣；二是平凡中显伟大，使人物形象更立体，有血有肉；三是由平凡细微的事情反映宏大的主题，更有震撼力。

我们在写作的时候也可以多用以小见大这种手法。通过小支点来抒发大情感，更容易打动读者。

欲扬先抑

"抑"即贬低，"扬"即褒扬、赞美。欲扬先抑即对写作对象先贬低，再褒扬，通过前后的反差，突出人物可贵的品质，使人物更立体、丰满。欲扬先抑也可以使情节产生峰回路转、跌宕起伏的效果，增强可读性。

托物言志

托物言志指通过对物品的描写和叙述，表现自己的志向和意愿。比如《爱莲说》就借莲花表现出自己对高尚理想情操的追求。在现代文中，运用托物言志手法的作品一般是写景状物的散文，作者借对物的描写表达自己的志向和情感。

在写作中，我们也可以试着运用这种手法。这就要求我们仔细观察要写之物的特征，先写物的特征，然后再结合自身，使物与情结合起来。

托物言志和象征的区别：托物言志侧重在言志，表现作者主观的思想情感；象征侧重表现事物的意义和精神，关键看这里有没有作者想抒发的主观之志。

修辞与文章

- 修辞
- 文章的概念、主题、题材、体裁
- 文章体裁
  - 记叙文
  - 说明文
  - 议论文
  - 应用文
- 文学体裁
  - 小说
  - 散文
  - 现代诗歌
  - 戏剧
  - 其他文学体裁
- 表现手法
  - 对比
  - 伏笔
  - 铺垫
  - 象征
  - 以小见大
  - 欲扬先抑
  - 托物言志

名师精讲
语文

下 从基础到高分

申 怡

著

中国大百科全书出版社

图书在版编目（CIP）数据

名师精讲语文 . 从基础到高分 下 / 申怡著 .

北京：中国大百科全书出版社，2025. 1. — ISBN 978-

7-5202-1789-7

Ⅰ . G634.303

中国国家版本馆 CIP 数据核字第 2024RS9902 号

出 版 人：刘祚臣

策划编辑：杜晓冉

责任编辑：杜晓冉　程忆涵

责任校对：张恒丽

封面设计：末末美书

责任印制：李宝丰

出版发行：中国大百科全书出版社

地　　址：北京市西城区阜成门北大街 17 号

邮政编码：100037

网　　址：http://www.ecph.com.cn

电　　话：010-88390718

印　　制：北京市十月印刷有限公司

字　　数：184 千字

印　　张：12

开　　本：889 毫米 ×1194 毫米　1/16

版　　次：2025 年 1 月第 1 版

印　　次：2025 年 1 月第 1 次印刷

Ｉ Ｓ Ｂ Ｎ：978-7-5202-1789-7

定　　价：118.00 元（上、下）

5 名著阅读

6 写作

古代诗歌

文言文

5

名著阅读

　　文学作品是运用虚构和想象，使用语言塑造形象，反映社会生活，表达思想感情的艺术作品。在文学作品中，具有较高艺术价值和知名度，且包含经久不衰的思想主题和经典的人物形象，深入人心、广为流传的那些作品被称为名著。名著能给人们以深刻的警示和深远的影响，启发世人思考时代与社会的宏大命题。名著也可以陶冶情操，在经典名著里探索、挖掘，可以使我们获得美的享受。

名著阅读在考试中是一个重要的热点，考查的内容广泛且深入。一般来说，考试中对名著的考查主要包括几个方面。

名著基本信息

作者与作品背景。了解名著的作者、创作背景及历史地位，如《西游记》的作者是明代作家吴承恩，它是中国古代第一部浪漫主义长篇神魔小说。

情节与人物

主要情节。概述某一部文学名著的主要情节或某一故事片段。这要求我们对名著内容有较为全面的了解。

人物分析。分析名著中的主要人物及其性格特征。例如，《三国演义》中，诸葛亮的性格特点是足智多谋、谨慎稳重、深思熟虑、鞠躬尽瘁，而曹操则善用权谋、冷酷无情同时又具有雄才大略。

情节与人物关系。理解情节发展与人物性格、命运之间的关系，如《钢铁是怎样炼成的》中的保尔是如何一步步走上革命道路的。

主题与思想

主题探究。探究名著所表达的主题思想，如《骆驼祥子》通过祥子的悲剧命运揭示了旧社会底层人民的苦难与挣扎，批判了社会的不公与残酷，同时也呼唤社会觉醒与变革。

思想评价。对名著中的某一内容或某个人物做出自己的评价，这要求我们对名著有更深入的理解与思考，同时有独特见解。

阅读感受与启示

阅读感受。说出阅读文学名著的感受与体验，一般从名著主要内容、人物形象、揭示的社会思想以及名著写作特点等方面来解答，这要求我们具有深入解读文本的能力和一定的表达能力。

启示与反思。根据名著内容反思现实生活，谈谈个人从名著中获得的启示或教训。例如，《红岩》启示我们，无论面对何种挑战和困境，只要心中有信仰，就能激发出无尽的力量和勇气，同时也要传承不畏强敌、勇往直前的战斗精神。

跨学科整合

近年来，考试中名著考查还呈现出跨学科整合的趋势。例如，将名著阅读与历史、地理等学科相结合，以考查学生的综合素质和跨学科知识。这种题型要求我们具备更灵活的思维和更强的综合能力。

题型设置

从题型设置上看，名著阅读主要包括选择题、填空题、简答题、图表题以及阅读理解等，这些题型要求考生具备不同的解题技巧和应试能力。

综上所述，考试对名著的考查内容具体且全面，这要求考生具备扎实的知识储备和综合能力。因此，在平时的学习生活中，学生应注重阅读原著、深入理解情节与人物、探究名著主题思想，并关注跨学科整合的题型特点。

西游记

作者介绍

吴承恩（约 1504～约 1582），明代著名小说家，淮安府山阳县（今江苏淮安）人。他少年成名，文采出众，成年后多次参加科举考试却都名落孙山，直到年过六十才以贡生的资格升为长兴县丞，但仕途不顺，最终选择辞官归隐，贫老以终。

吴承恩创作《西游记》的灵感来源于唐代玄奘法师西行取经的真实历史事件。玄奘法师的门徒根据他的口述编写了《大唐西域记》，这本书中曲折离奇的情节，让取经故事在社会上逐渐神化。到了宋元时期，《大唐三藏取经诗话》《唐三藏西天取经》等文学作品，对唐僧取经的故事进行了丰富和加工，使得这一故事在民间广为流传，这为《西游记》的创作奠定了基础。

主要内容

《西游记》是中国古代第一部浪漫主义长篇神魔小说，被列入中国古典四大名著。全书共一百回，主要讲述了唐僧、孙悟空、猪八戒、沙僧师徒四人一路降妖除魔西行取经的奇幻旅程。

故事分为三个部分。第一部分（一至七回）介绍了主要人物孙悟空的来历和他大闹天宫的故事；第二部分（八至十二回）讲述了唐僧的出身和取经的缘起；第三部分（十三至一百回）则是西天取经的全过程，讲述唐僧师徒取经路上战胜各种妖魔鬼怪，历经重重磨难，最终到达西天，取回真经的故事。

小说通过唐僧师徒四人去西天取经的艰难历程，表现了惩恶扬善、坚持正义的主题。他们在旅途中遇到了各种妖魔鬼怪的阻挠，但每一次挑战和斗争都体现了对邪恶的斗争和对善良的坚守。

另外，小说融入了儒、释、道三家的思想，展现了修行和悟道的主题。孙悟空经历了种种磨难和考验，逐渐学会控制自己的野性和心思不定，最终悟道成佛。这一过程寓意着人类可以通过修行克服内心的欲望，实现心灵的净化和升华。而唐僧的取经之旅，则是寻求智慧和真理的过程。

人物形象

唐僧

唐僧是如来佛祖的二徒弟金蝉子转世，因轻慢佛法被贬至人间成为大唐高僧，受观音菩萨点化前往西天取经。他心地善良，意志坚定，在取经路上，历经九九八十一难，始终坚守信仰，不为财色所惑，不为死亡所惧，但同时他也有思想顽固、是非不分、轻信他人的缺点。取经成功后被封为旃（zhān）檀功德佛。

与唐僧相关的经典情节有，受点化西天取经、三打白骨精、计脱女儿国、真假美猴王、见如来佛祖等。

孙悟空

孙悟空是一只石猴所化，生性自由，桀骜不驯，师从菩提老祖，学得一身本领。他曾大闹天宫，被如来佛祖压到五行山下，后经观音菩萨点化，保护唐僧西天取经，一路降妖除魔。他神通广大，善于随机应变，遭遇任何困境都能化险为夷，最终功德圆满，被封为斗战胜佛。

与孙悟空相关的经典情节有，大闹天宫、偷食人参果、大战红孩儿、车迟国斗法、真假美猴王、三调芭蕉扇、朱紫国大圣行医、凤仙郡求雨等。

猪八戒

猪八戒原本是天庭的天蓬元帅，犯错被贬，错投猪胎，被孙悟空收服后，唐僧给他起名为"八戒"，他既有憨厚淳朴的一面，也有圆滑自私的一面，既有贪恋美色的一面，也有勇敢忠诚的一面。猪八戒承担了团队中的喜剧角色，经常被孙悟空戏耍，但关键时刻也能助孙悟空一臂之力，取经成功后受封净坛使者。

孙悟空怒砸人参果树

与猪八戒相关的经典情节有，计收猪八戒、智取黄风怪、四圣试禅心等。

沙僧

沙僧原是玉皇大帝的卷帘大将，因失手打碎了玻璃盏，被贬下凡。后经观音菩萨点化，赐名沙悟净，成为唐僧的徒弟，跟随唐僧一同前往西天取经。沙僧勤劳踏实，任劳任怨，忠诚可靠，懂得从大局出发。取经成功后，他被封为金身罗汉。

与沙僧相关的经典情节有，大战流沙河、搭救百花羞等。

作品特色

发挥想象，构造出了一个奇幻多彩的神话世界

小说建构了一个以玉皇大帝为核心的天宫体系，神仙角色众多，包括四大天王、太白金星、托塔天王等。而在人间，自然界的虎豹熊狮、花鸟虫鱼，甚至骷髅等都可以变成妖怪兴风作浪。孙悟空可以上入天庭，下入地府，飞去蓬莱仙岛，潜入东海龙宫，让人大开眼界。另外，书中还写了许多宝物，如太上老君的金刚圈、观音菩萨的

杨柳净瓶、铁扇公主的芭蕉扇、可以使人长生不老的人参果等，极大拓展了人们的想象空间。

结构清楚简单，故事情节曲折，引人入胜

小说采用单线发展的结构形式，以取经人物的活动为中心，逐步展开情节，而几乎每一个章节、每一个故事都充满了意想不到的转折，可以独立成为一个小故事。例如，三打白骨精，孙悟空次次识破妖怪的真面目，却一次次被唐僧误会，最后被赶走。这个故事只是西行路上的一个片段，但同样一波三折，极具可读性。

擅长塑造栩栩如生的人物形象

作为《西游记》中的第一主角，孙悟空敢于反抗权威，具有强烈的个性和反叛精神，但他又有调皮捣蛋、爱捉弄人的一面。他会不计后果大闹天宫，也会打趣或讨好神仙菩萨。他降妖除魔，有英雄主义色彩，但又有争强好胜、爱表现的儿童天性。例如，"祸起观音院"就是因孙悟空向金池长老炫耀袈裟而生的祸端。

唐僧、沙僧、猪八戒也一样性格鲜明，小说将四人塑造得栩栩如生，师徒四人性格各异，在旅途中不断产生碰撞和摩擦，为故事增添了丰富的戏剧性。例如，"偷食人参果"这一情节，一开始唐僧拒吃人参果，猪八戒知道后心生贪念，怂恿孙悟空去后院偷摘，结果造成后来的祸患。

阅读指导

整体把握：制作取经地图

《西游记》从第十三回到第一百回写师徒四人降妖除魔、西天取经的经历，要想整体把握整个故事，不妨制作一张取经地图，把师徒四人一路经过的地方都标记出来，同时把遇到的磨难或妖怪也一并标记出来，这样整个故事的大致轮廓就呈现在头脑中了。

文本精读：挑出重点情节，精读细节，揣摩人物的性格、心理

《西游记》是很优秀的著作，其中有很多经典情节作为单篇文章也很有鉴赏性，值得反复阅读。比如三打白骨精、真假美猴王等情节中，人物的对话、动作等细节都反映了特定的性格与心理，是考试的考点，在写作技巧上也很值得借鉴。

朝花夕拾

作者介绍

鲁迅（1881～1936），原名周树人，浙江绍兴人。中国著名文学家、思想家、革命家，新文化运动的重要参与者，中国现代文学的奠基人之一。

《朝花夕拾》写于1926年，是鲁迅所写的唯一一部回忆性散文集，原名《旧事重提》，发表在《莽原》杂志上，后由鲁迅改为《朝花夕拾》。这部作品共包含十篇散文，前五篇写于北京，后五篇写于厦门。

写《朝花夕拾》的时候，正是鲁迅心情极为压抑的时候。他因为支持学生的正义斗争，控诉北洋军阀政府的残暴，遭到当局的通缉，不得不从北京远走厦门避难。当时，御用文人对他的攻击、现实生活的种种不顺、社会的纷乱动荡，都让他不想再针对当前形势进行写作，于是他把目光投向了旧事，借着对旧事的回忆来排遣苦闷，寻求慰藉。这使《朝花夕拾》有一种别样的温情和暖色。

主要内容

《朝花夕拾》一共十篇文章，现在一一介绍如下。

《狗·猫·鼠》一文追忆了作者仇猫的原因，表达了对弱小者的同情和对"猫"所象征的施暴者的憎恨。

《阿长与〈山海经〉》讲述了作者儿时与保姆长妈妈相处的情景，着重强调了长妈妈寻购《山海经》赠送给他的往事，表达了对长妈妈的深切怀念与感激之情。

《二十四孝图》作者回忆自己小时候读《二十四孝图》所引起的强烈反感，抨击封建孝道带给孩子思想上的禁锢和戕害。

《五猖会》记述了儿时的"我"盼望观看迎神赛会的兴奋心情，以及父亲在"我"即将出发去看赛会时，强迫"我"背诵《鉴略》所带来的痛苦感受。作者以此事批判封建教育对儿童天性的束缚和摧残。

三味书屋

《无常》描述了小时候见到的"无常"形象，以及这种"无常"形象因为公平和有人情味受到民众的喜欢。作者借"无常"表达了对当前这个不公道社会的批判以及对所谓"正人君子之流"的嘲讽。

《从百草园到三味书屋》描述了作者儿时在百草园中玩耍的无穷乐趣和在三味书屋中的学习生活，表达了儿童热爱自然、追求自由快乐的心性。

《父亲的病》记叙了父亲生病治疗一直到病故的整个过程，描述了几位"名医"的各种表现，作者愤怒地谴责这些敛财骗人的庸医，也贬斥了"叫魂"这类旧的礼教风俗。

《琐记》忆述了隔壁自私卑鄙、用心险恶的衍太太，描述了作者离开家乡，前往江南水师学堂和矿务铁路学堂求学的艰难经历。

《藤野先生》讲述了作者在日本仙台留学期间的生活片段，重点记述了与藤野先生的深厚情谊，以及弃医从文的思想转变过程，赞扬了藤野先生正直热忱、严谨负责、没有民族偏见的高尚品质，并表达了对藤野先生的深切怀念之情。

《范爱农》讲述了作者在日本留学时和回国后与范爱农的接触片段，描述了范爱农热切地希望建立一个公道、光明的社会，但革命理想无法实现，他没有立足之地，最终落水而死的事情经过，表达了作者对旧民主主义革命的失望和对范爱农这位倔强不屈的爱国者的同情与悼念。

《朝花夕拾》的十篇散文相对完整地记述了鲁迅从幼年到青年时期的生活经历。前七篇描述了鲁迅的童年生活，后三篇中，《琐记》叙述了他从家乡到南京求学的情况，《藤野先生》则讲述了他去日本留学的片段，《范爱农》是他从日本回国以后在绍兴教书的侧面记录。《朝花夕拾》反映了他的性格和志趣的形成历程。

人物形象

在《朝花夕拾》中，有三位人物形象值得深入分析和挖掘，分别是长妈妈、藤野先生和范爱农。

长妈妈

长妈妈即《阿长与〈山海经〉》中的阿长，是幼年时期照顾"我"的保姆。她是一个典型的农村劳动妇女，睡相不雅，喜欢切切察察，还热衷讲规矩礼节。对于"我"来说，她最大的优点是会讲很多"长毛"故事，但她又无意中踩死了"我"心爱的隐鼠，导致"我"对她的敬意消失。但是当她送来"我"心心念念的《山海经》时，"我"深受震动。长妈妈那种骨子里的真诚善良，给人留下鲜明的印象。

藤野先生

藤野先生是鲁迅留学日本时遇到的一位良师。他没有因为鲁迅来自弱国就对他有所偏见，而是极为认真耐心地教鲁迅，帮他修改讲义，认真指出他解剖图中血管位置的错误。后来鲁迅弃医从文，藤野先生对此深感遗憾，藤野先生治学严谨、正直无私的高尚品格，对鲁迅有着深远的影响。

藤野先生

范爱农

范爱农性格耿直，倔强不屈，无论是留学期间还是回国后，他都遭遇了各种困难和挫折，但他没有放弃自己的信念。不过他无法在黑暗的社会中立足谋生，也无法找到实现革命理想的途径，他的内心始终痛苦而悲凉。他是当时社会充满爱国情怀的一群知识分子的形象代表。

作品特色

将记叙、抒情和议论有机地融为一体

《朝花夕拾》虽然是以记人记事为主的叙事性散文，但它的叙事风格是灵活多变的，往往在叙事中穿插抒情和议论。

例如，在《阿长与〈山海经〉》中，鲁迅叙述了与长妈妈的相处经历，但在结尾处，用一句"仁厚黑暗的地母呵，愿在你怀里永安她的魂灵"抒发了他对长妈妈的依恋和感恩。而在《〈二十四孝图〉》中，鲁迅回忆自己小时候读这本书的情形，频发议论抨击封建思想对孩子的荼毒和禁锢。

善用白描凸显人物个性

鲁迅先生善于运用白描的艺术手法，粗线条地勾勒人物，凸显人物特点。比如，写藤野先生的外貌，"其时进来的是一个黑瘦的先生，八字须，戴着眼镜，挟着一叠大大小小的书"。简短的表达却精确描绘出藤野先生的学者形象。

善于运用反讽和对比

鲁迅先生经常使用反讽和对比手法来增强文章的表达效果。例如，在《父亲的病》中，名医陈莲河开的药方中，药引要求原配的一对蟋蟀，作者没有正面指责他的荒谬，而是用一句"似乎昆虫也要贞节"来嘲讽庸医的无能和故弄玄虚。

又如，《无常》一文中，作者通过无常这个"鬼"与现实生活中某些"人"对比，突出了"无常"的公正和人情味。

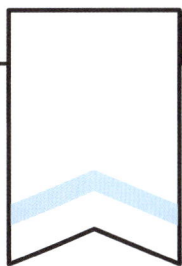

阅读指导

整体把握：梳理鲁迅的成长历程

《朝花夕拾》中无论写什么人什么事，叙事和议论核心都是"我"，阅读时，要时刻聚焦"我"的感情和感受，关注"我"的精神成长和思想变化。梳理各个篇章中的"我"，然后将所有的"我"都关联起来，就能读出《朝花夕拾》整体的脉络结构和主题。

文本精读：注重理解"朝"与"夕"

"朝花夕拾"中的"朝"本意指"早晨"，这里借指鲁迅从幼年到外出求学以至回国任教的青年时期，对鲁迅来说，这是充满朝气的时间段。读者可以从十篇文章中看到鲁迅对儿时童趣的回味、对乡风民俗的热爱、对挚爱亲朋的怀念和对各种不合理的行为毫不作假的憎恶。

而"朝花夕拾"中的"夕"，原本指"黄昏日落时"，这里借指鲁迅当下的悲凉心境，他有鲜明的爱憎，但他对所憎恶的事物，却有一种无力感。

我们精读文章时，要理解作者"朝"与"夕"两种心境的对比映照。

骆驼祥子

作者介绍

老舍（1899～1966），原名舒庆春，字舍予，著有长篇小说《骆驼祥子》《四世同堂》，话剧《茶馆》《龙须沟》等作品，曾获得"人民艺术家"的称号。

1936年，老舍的朋友跟他谈起两个车夫的故事，一个车夫买了车又被迫卖掉，生活始终穷困，看不到希望；一个车夫被部队抓走，但在部队转移之际，牵回三匹骆驼。老舍听完这两个车夫的故事，获得创作《骆驼祥子》的灵感和冲动。

主要内容

小说写了北京人力车夫祥子三起三落的故事，深刻揭示了旧社会的黑暗与残酷。
祥子的三起三落过程如下。

一起一落。祥子从农村来，身强力壮，对未来充满信心。他通过三年时间的努力拼搏，买下了人生第一辆人力车。但时局动荡，在兵荒马乱中，他被捉去当兵，车被匪兵抢去。祥子的理想第一次破灭。

二起二落。祥子从匪兵中脱身，并从部队中牵走了三匹骆驼卖掉，大病一场后，继续拉车攒钱。但钱还没攒够，就被孙侦探敲诈勒索，失去所有积蓄。祥子的理想第二次破灭。

三起三落。祥子与虎妞结婚，虎妞给他买了一辆车，虽然有了车，祥子却再没有了最初的意气风发和豪情壮志，又大病一场。后来虎妞死于难产，他被迫卖车葬妻。祥子的理想第三次破灭。

书中不仅描写了严酷的社会环境对祥子的压榨和剥削，还刻画了他在奋斗无果后的精神堕落。作者深刻地描绘了旧社会底层劳动人民的艰辛生活，表达了对他们悲苦命运的深切同情，同时呼吁社会变革，彻底改变底层百姓的生存状态。

《骆驼祥子》

人物形象

祥子

祥子一开始勤奋努力、诚实善良，没有不良嗜好，也懂得同情帮助别人，书中形容他像一棵"挺脱"的树。但是他失去自己的车以后，就变得自私狭隘，跟别的车夫争抢顾客，一心只想攒钱再买辆车，这时候的他依然是上进的。他被孙侦探敲诈了所有积蓄，又被虎妞诱骗成婚，在事业爱情两不顺的情况下，祥子依然没有放弃努力，认真拉车赚钱，维持家庭。后来虎妞难产而死，他卖车葬妻，浑浑噩噩了一阵子，等他想重新振作，发现青睐他的小福子已经自杀，这成了压倒祥子的最后一根稻草。从此祥子就变成了没有自尊、骗吃骗喝、狡猾贪婪的"城市垃圾"。作者最后形容祥子，从一个"体面的、要强的、好梦想的、利己的、个人的、健壮的、伟大的"底层劳动者沦为一个"堕落的、自私的、不幸的、社会病胎里的产儿，个人主义的末路鬼"。

虎妞

虎妞是车厂厂主刘四爷的女儿，相貌丑陋，性格泼辣，精明能干。她看上了正派老实的祥子，用尽伎俩逼迫祥子与她成婚。婚后她好吃懒做，不愿劳动，最终难产而死。

小福子

小福子出身底层，被酗酒的父亲卖给军官后又遭抛弃。母亲死后，她不得不靠卖身养活家人。她单纯善良，与祥子互有好感，但祥子卖车葬妻后已经一无所有，害怕小福子的父亲和弟弟成为拖累，一走了之。被卖入妓院的小福子，走投无路，最终自杀。

作品特色

结构精巧紧凑

《骆驼祥子》以祥子的"三起三落"为发展线索，通过描写祥子与周围人的来往，把笔触自然地伸向社会中不同阶级、不同家庭背景的人。全书结构紧凑集中，情节曲折，可读性强。这种借一个人来辐射全社会的精巧构思，较为全面地刻画了当时社会的黑暗乱象和底层人的无望挣扎，更直观地揭示出祥子的悲剧性命运和当时社会的黑暗冷酷。

心理描写丰富细腻

老舍先生善于描写人物的心理活动和心理变化，使得人物形象更加立体和生动。例如，祥子和他的车一起被大兵掳了去，他的心里第一次产生了恨：

吃苦，他不怕；可是再弄上一辆车不是随便一说就行的事；至少还得几年的工夫！过去的成功全算白饶，他得重打鼓另开张打头儿来！祥子落了泪！他不但恨那些兵，而且恨世上的一切了。凭什么把人欺侮到这个地步呢？凭什么？"凭什么？"他喊了出来。

这种翔实的心理描写把祥子塑造得生动形象，饱满立体。

"京味儿"鲜明突出

老舍先生对北京风俗民情、地理风貌的描写极为细致，使得小说透出地道的"京味儿"。例如，虎妞筹备婚礼的民俗、北平冬夏两季景物的描写以及祥子拉车路线的详细叙述等，都使得小说具有鲜明的地域特色。同时小说的语言也提炼了北京口语，准确传神地刻画出北平底层百姓的形象。

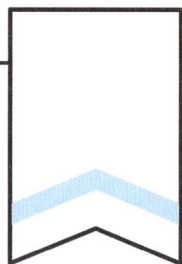

阅读指导

整体把握：弄清楚祥子的三起三落，把握住祥子的心理变化和周围人对他的影响

祥子攒了三年钱买了车，很快被匪兵抢去，这是他的一起一落。这时候祥子一心一意朝着自己的目标奔，很少和人产生什么交集。到了二起二落，祥子去刘四爷的车厂拉车，被虎妞看上。他给曹先生拉车，遇到了拉车的老马，老马有自己的车，却依旧过得悲惨。这让祥子原来有车就有了一切的想法彻底幻灭。后来他遇到了勒索他的孙侦探，满腔委屈无处诉说。这些人都影响了祥子的人生选择。到了三起三落，祥子遇到了小福子，两人互有好感，但关键时刻，祥子没有拉小福子一把，小福子的自杀给了祥子沉重一击，让他失去了所有希望。

经历三起三落的祥子，不是简单地因为遭受打击就堕落了，而是遇到了很多人很多事，这些遭遇林林总总加起来让他最终失去了希望。

文本精读：对比祥子三起三落过程中身体、心理产生的变化，以及他对人、对钱、对自己的前后态度变化，深度理解祥子的悲剧命运是有必然性的

三起三落期间的每一次起落，祥子的身体、心理都产生了巨大的变化，这让他对人、对钱、对自己的态度也产生了变化。

一起一落时，祥子没有不良嗜好，不抽烟不赌博，不去妓院，爱干净爱劳动，也从不和其他车夫争抢顾客；二起二落时，他生了一场大病，纵然病好了，也没有最初那么强壮了。祥子依旧勤劳，依旧尽量保持干净体面，但开始争抢顾客了，变得自私又贪婪。就在他被孙侦探敲诈勒索那个晚上，他开始抽烟了。三起三落时，他在最热的天气坚持拉车，遇到暴雨，得了一场大病，身体大不如前，虎妞死后，他经常抽烟发呆，再也没有了对未来的憧憬，也不在乎什么干净体面了。小福子死后，他丢掉自尊，频去妓院，身染重病，靠坑蒙拐骗过活，他自己也知道终有一天会死在街头。

　　抓住祥子的这些变化仔细阅读，就能理解祥子的心路历程，也就能理解为什么他的悲剧不可避免。理解到这一层，也就读透了整个文本。

钢铁是怎样炼成的

作者介绍

尼古拉·奥斯特洛夫斯基（1904～1936），苏联无产阶级革命家、作家。奥斯特洛夫斯基出生在乌克兰，11岁开始当童工，15岁加入红军第一骑兵师，参与苏俄内战，20岁加入乌克兰共产党，23岁患病全身瘫痪，后来双目失明，26岁开始创作《钢铁是怎样炼成的》，32岁因病逝世。

《钢铁是怎样炼成的》是奥斯特洛夫斯基根据亲身经历创作的自传体小说。二十世纪二三十年代，苏联政府鼓励青年人积极投身于社会主义建设。奥斯特洛夫斯基希望通过自己的作品，展示出普通人在社会主义建设中所发挥的积极作用，同时也以此回应一些人对他的质疑。当时有人认为像他这样身体残疾的人对社会没有任何价值。为了证明自己的价值，奥斯特洛夫斯基开始创作小说。

主要内容

小说主要讲述了主人公保尔从一个不懂事的少年成长为一名坚定的无产阶级革命战士的历程，展现了保尔在革命中斗志昂扬的精神面貌，以及他在面对生活苦难与伤病时不屈不挠的奋斗精神。

保尔早年丧父，12岁时，母亲把他送到车站食堂当杂役，受尽了凌辱。十月革命爆发后，保尔在朱赫来的影响下，逐渐接触了革命事业，同时也认识了冬妮娅，两人发展出一段美好的感情。后来社会动荡，保尔离开家乡参军，并在军队中屡立战功。但在一次战役中他头部受重伤，无法再上战场，出院后他投身国家建设工作。他和冬妮娅的思想差距越来越大，最后分道扬镳。保尔去了铁路总厂工作，认识了丽达，两人渐生情愫，但是保尔在参加筑路工程的时候得了伤寒，医院错误地发布了他的死讯，丽达知道后伤心至极，调动了工作，和别人结婚生子。保尔的病继续恶化，他在绝望的心情下偶然认识了一位饱受父兄欺压的姑娘达雅，两人结了婚。婚后保尔很快全身瘫痪，双目失明，可他没有屈服于命运，提笔创作了《钢铁是怎样炼成的》。

人物形象

保尔

保尔 12 岁在车站食堂当杂役，受尽欺压，这让他深刻体会到了社会的不公和底层人民的苦难。后来他走上革命道路，在战场上一直很勇敢。负伤后参加国家建设，也一直充满热情和干劲。但是他的身体状况在战争和劳动中不断恶化，最终全身瘫痪，双目失明。为了证明自己的人生价值，他开始了文学创作。保尔没有被现实生活击垮，他有着为理想献身的奋斗精神和钢铁般的坚定意志，始终把国家利益放在第一位，他把自己的生命潜力挖掘到极致，把全部的心血和才华都献给了国家。

朱赫来

朱赫来是一位勇敢、机智、坚强，具有极强人格魅力和领导才能的红军战士。他是保尔革命道路的引领者，曾经置身很危险的环境而无所畏惧，也曾挫败反革命者的阴谋，性格果断坚毅，革命热情始终高涨。在书中以主人公的启蒙者和领导者出现。

冬妮娅

冬妮娅出身贵族，容貌出众。少女时代的她，心地善良单纯，毫不在意身份地位的差异，和出身贫农的保尔互生情愫。但随着时间的推移，保尔在革命道路上越走越远，有了为之奋斗献身的事业，冬妮娅却始终保持贵族小姐的做派，失去了年轻时的纯真和热情，两人最终因为价值观不同而分手。冬妮娅这一人物形象极具典型性，她代表了爱情与阶级之间的冲突和矛盾，引发人们对价值观和爱情观的深层探讨。

作品特色

现实与虚构相结合

小说有强烈的自传性质，书中很多情节都来自作者的亲身经历，读来真实可信、亲切感人。但作者又不拘泥于事实，对人物和情节进行了加工处理，突破了传统自传体小说的局限，把个人经历、时代背景、革命斗争以及虚构的人物形象巧妙结合，创造了一种新的文学样式。这使得小说在保持真实性的同时，又曲折生动，有极强的可读性。

语言细腻生动，富有表现力

小说的语言在两方面非常突出，一是在环境描写上运用大量笔墨，衬托出人物的精神品质或内心情感。例如，保尔带着工人筑路期间，天降大雪，气候寒冷，书中这样写道：

大雪下得很密。晚上，大风在烟囱边怒吼，在树林里追逐旋卷的雪花，发出凄厉的呼号，使得整个森林不得安宁。暴风雪猖狂了一夜。虽然整宿生着火炉，大家依然浑身上下都冻透了。

保尔在这样的环境下工作，可想而知他遭遇的困难，自然也就从侧面衬托出保尔坚强的意志和奋斗热情。

二是通过直接描写人物的内心活动来塑造人物形象。例如，保尔得知自己重病残疾，将无法参加工作时，他内心彷徨不已，在书中这样追问：

他既然失去了最宝贵的东西——战斗的能力，为什么还要活着呢？在现在和在凄凉的将来，他将怎样才能证明自己生活得有价值呢？用什么来充实生活呢？光是吃喝和呼吸吗？只做一个无用的旁观者，看着同志们在战斗中向前猛进吗？成为队伍的累赘吗？

这些心理描写让我们看到了一个自尊自强，在困境中挣扎的保尔。

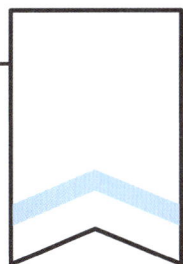

阅读指导

整体把握：梳理出保尔的成长脉络

保尔的成长可分为几个阶段，分别是青少年阶段、革命者阶段、建设者阶段、重病者阶段。青少年阶段，保尔饱受欺凌，痛恨压迫者，年纪稍长一些，他认识了朱赫来，认识了冬妮娅。革命者阶段，他勇敢战斗，为同志、家乡的共产主义者牺牲而感到悲伤痛苦；建设者阶段，保尔主动选择到一线工厂参与建设，哪怕身患重病也身体力行，参加重体力劳动；重病者阶段，保尔曾因为身患残疾而想要结束生命，但后来又重新振作，通过写作来实现自己的人生价值。

我们梳理出这几个阶段，也就能把握住全书的精髓。

文本精读：找出保尔四个人生阶段中的关键性情节，反复品读，前后对比

保尔有四个人生阶段，在青少年阶段，有他与冬妮娅相识、救下朱赫来这两个关键情节；在革命者阶段，有他听说家乡好友瓦莉亚被押赴刑场，心中燃烧复仇火焰的相关情节；在建设者阶段，有他在修路时怒斥冬妮娅的情节；在重病者阶段，有他从心灰意冷到重新振作的相关情节，都值得品读鉴赏。我们反复阅读这些情节，前后对比保尔的内心变化，就能深刻理解保尔的心路历程。另外，这些情节语言生动，情感饱满，在写作时也值得我们借鉴。

红星照耀中国

作者介绍

埃德加·斯诺（1905～1972），美国记者，作家。他是第一位进入陕北苏区采访的外国记者。中华人民共和国成立后，他曾三次来华访问，并与毛泽东主席见面，是致力于发展中美友好关系的学者。

1936年，斯诺冒着生命危险，突破国民党的军事防线进入陕北苏区，先后采访了毛泽东、周恩来等共产党领导人，并做了广泛的社会调查，接触了大量红军战士和陕北农民，全面了解了红军在陕甘宁边区的各项制度。他把采访和搜集到的资料整理后，汇编成《红星照耀中国》。1937年，这本书在英国出版，很快轰动世界，是第一本向全世界客观讲述红军长征情况以及红军真实处境的书。

主要内容

1936年，斯诺得到一个可以进入陕北苏区的机会，于是他启程先赴西安，采访了杨虎城和西安官员，了解到国民党抗日政策，随后进入苏区，按照时间线索记录了所见所闻。斯诺大致写了四方面的内容：一是采访毛泽东、周恩来等人，记录了他们的个人经历和思想；二是采访众多红军战士，记述红军长征时的真实情况和几次关键战役；三是经过实地走访，调查记录当时边区的经济建设和民情风俗习惯等相关情况；四是补充记述了西安事变的来龙去脉以及抗日民族统一战线的达成。

书中客观展现了中国共产党领导的红军坚韧不拔、英勇无畏的战斗精神，探讨了中国农民在压迫中走向革命并推动中国走向复兴的现实条件和可能性，预言了中国革命事业犹如一颗闪耀的红星，不仅照耀着中国的西北，而且必将照耀全中国。

人物形象

毛泽东

毛泽东读小学时就开始思索农民的出路在哪里，长大后到了湖南师范学校，趁暑假期间徒步横穿湖南，深度了解农民，毕业后去了北平，接触了马克思主义学说，参加了共产党。后来他又回到湖南建立农会，把农民组织起来，与军阀做斗争，后来还在党内提交了《湖南农民运动考察报告》，领导了秋收起义。

在斯诺看来，毛泽东酷爱读书，善于思考，有开阔的眼光和胸怀，对世界政局惊人地熟悉，善于把哲学思维运用到斗争中去。他生活俭朴，待人亲切，身上有一种不同凡响的特质，是一位天才的政治家和战略家。

周恩来

周恩来出身书香门第，参加过新文化运动，后赴法国留学，回国后参加革命。斯诺对周恩来的评价是：头脑冷静，擅长逻辑推理，极具个人魅力。

朱德

朱德出身贫苦的佃农家庭，指挥全军打过几百次仗，做事大胆，敢于冒险。对待同志，他性情温和，说话朴实，经常和士兵同吃同住。

不过斯诺没有采访到贺龙和朱德，两人的相关事迹是听红军指挥员李长林讲述的。

彭德怀

彭德怀母亲早逝，9 岁离家闯荡世界，当过放牛娃、矿工，还当过鞋匠的学徒、建筑工，后来参军入伍。

斯诺眼里的彭德怀：坦白率真，不转弯抹角，而且身手敏捷、精力旺盛。

贺龙

贺龙的父亲是哥老会的领袖，很有威望。贺龙承袭了父亲的才能，他精通哥老会的各种规矩、礼节和行话，据说他单靠口才和在哥老会的威望，就把好几个地方的武装力量收编到了红军麾下。

徐海东

徐海东出身贫农，从小受尽地主的欺负，16岁成为烧窑工人，后来因为一个偶然的机会参了军，在部队里加入了共产党。他革命意志坚定，战术灵活，重创了国民党军队。

斯诺眼里的徐海东：性格乐观，爱咧嘴大笑，像个顽皮的孩子。

作品特色

真实性和全面性

斯诺通过深入中国西北革命根据地的实地采访，获取了第一手资料，向全世界真实客观地报道了中国共产党领导人以及中国工农红军的相关情况。另外，他对苏区的报道是非常全面的，从经济金融到文化教育，从休闲娱乐到军事政治，都有所涉猎。书中还讲述了百姓在红军到来之前遭受的压迫和剥削，分析了红军选择以陕北为根据地的政治和经济原因。可以说，《红星照耀中国》这本书非常真实、全面地解读了苏区的政治经济情况。

采用多元视角来叙述

斯诺采访了毛泽东、周恩来、彭德怀等人，听他们谈个人经历，谈中国革命，谈长征，他把这些领导人所说的话都如实记录下来。另外，他还和很多将领、战士、工人、知识分子交谈过，把交谈过程也都写进了书里。从某种意义上说，这本书不是斯诺单独一个人完成的，书中有很多人的视角，从不同角度还原了当时中国军民的革命热情。斯诺曾说，如果读者读这本书时，感受到一种不可征服的精神和力量，那不是他创作出来的，而是当时他采访的中国军民表达出来的。

阅读指导

整体把握：根据目录，快速理清文章结构，分版块阅读

全书共十二篇，第一篇是作者在苏区之外的见闻，第二至第四篇是作者进入苏区以后的经历以及采访毛泽东、周恩来的过程。第五篇分析了长征的过程和意义，第六至第七篇写的是苏区的经济建设和精神面貌。第八至第十篇，作者采访了彭德怀、徐海东以及其他红军战士，讲述了红军的生活以及当时的斗争形势。第十一篇，讲述了当时的政治形势变化以及作者告别红色苏区的经过。第十二篇，讲述西安事变和抗日统一战线的达成。

分清楚版块内容，对整本书也就有了一定的驾驭能力。

文本精读：仔细阅读斯诺采访毛泽东以及讲述长征的相关章节，关注斯诺的评论和判断

斯诺两次深度采访毛泽东，一次是刚来苏区的时候，一次是离开苏区之前，毛泽东的自述除了讲述个人经历，还讲了中国革命的意义和前景，讲了共产党的政策和红军的战略战术，讲了长征的过程和意义。斯诺对长征也有详细的描述和分析。大家一定要精读这些片段，并找出斯诺做的评论和判断加以品析。

红　岩

作者介绍

罗广斌（1924～1967），重庆忠县人，中共党员，中国现代作家。1948年，由于叛徒出卖，在成都被捕，先后被关押在重庆渣滓洞、白公馆集中营。1949年，在敌人大屠杀时从白公馆越狱脱险。1961年，与杨益言合著长篇小说《红岩》。

杨益言（1925～2017），四川广安人，中共党员，中国作家协会会员。早年参加革命工作，后被捕囚禁于重庆渣滓洞，出狱后他和罗广斌根据其亲身经历写成《红岩》一书。

其实罗广斌、杨益言一开始撰写的是革命回忆录《在烈火中永生》，这是纪实性创作。作品发表后，两人又在回忆录的基础上，加入了虚构的情节与人物，创作了长篇小说《红岩》。

主要内容

小说主要讲的是重庆的地下党与国民党反动派英勇斗争的故事。全国解放前夕，重庆的国民党当局疯狂镇压共产党，因为叛徒甫志高叛变，许云峰、江姐等地下党人相继被捕，先后被投入渣滓洞和白公馆两座监狱。他们经历严刑拷打，依然坚贞不屈，在狱中党组织的领导下，继续同敌人开展一系列争取自由、反抗压迫的革命斗争，两所监狱的同志们经历了巨大的牺牲，最终在游击队的配合下，成功越狱。

小说塑造了一批有坚定信仰和钢铁意志的共产党员形象，如江姐、许云锋、齐晓轩、成岗、华子良等人，歌颂了共产党人视死如归的大无畏精神，激励人们不忘初心、牢记使命，为实现共产主义理想而奋斗终身。

人物形象

许云峰

许云峰组织能力极强，能深刻洞察时事，做事果断，思维敏捷。被捕时不慌不忙，被捕后，不受国民党当局的威逼利诱，遭遇严刑拷打而志向不改。他先被投入渣滓洞，后被关进白公馆的地下监牢，即便在暗无天日的监牢里，他也挖出了一条暗道，供狱中的同志们逃生，最后英勇就义。

江姐

江姐原名江竹筠，是一位坚定的共产党员和革命者。面对丈夫牺牲，她努力压抑痛苦，冷静面对复杂危险的斗争环境；对待敌人，她毫不畏惧，经历严刑拷打而不屈服；面对同志，她像亲人一样充满温情和关爱。她是革命英雄主义的杰出代表，在解放前夕被敌人杀害。

齐晓轩

齐晓轩是白公馆监狱的共产党特支书记。他具有非凡的智慧和谋略，巧妙地运用各种手段与敌人周旋，最大限度地保护了同志。最后白公馆的众人在他的安排下成功越狱，但他自己为了给同志们增加逃生的机会，主动吸引敌人的炮火，牺牲在了黎明之前。

成岗

成岗是负责刻版、印刷《挺进报》的地下工作者。在狱中，他遭受了敌人的严刑拷打和种种折磨而宁死不屈，面对敌人的威逼利诱，他高声朗诵自己的"自白书"，让敌人恼羞成怒。进入白公馆后，他继续编写《挺进报》，不屈不挠地与敌人做斗争，最终与许云峰一起被敌人杀害。

华子良

华子良是华蓥（yíng）山游击队的党委书记，不幸被捕后，为了不暴露身份，他在白公馆装疯卖傻十几年，从容淡定地应对敌人的拷问和监视，巧妙地利用敌人的疏忽和漏洞，最终在解放前夕成功逃脱，并带领游击队前来营救越狱的同志。华子良机智勇敢，忍辱负重，深谋远虑，既保护了自己，也保护了同志。

作品特色

整体布局严谨，结构复杂而有序

《红岩》采用多条线索齐头并进的网状结构方式行文。全书通过描写多名共产党人的行动，将狱中斗争、城市斗争、根据地的武装斗争三条线联系起来，并以狱中斗争为主线，编织成一个整体。这种结构，让小说各个部分相互关联、彼此呼应，看起来错综复杂，实则井然有序，显示出作者独特的匠心和巧思。

通过尖锐激烈的矛盾冲突和惊心动魄的斗争场面来塑造英雄群像

小说主要是描写狱中地下党与特务的斗争，矛盾冲突必然是尖锐激烈的。渣滓洞中，龙光华同志被特务重伤牺牲后狱友集体绝食的场面，江姐被严刑拷打的场面；白公馆里，齐晓轩化解《挺进报》危机救下胡浩的场面；许云峰独自挖地道的场面，最后渣滓洞和白公馆集体越狱的场面，每个场面都体现了共产党人的英勇无畏，也凸显了他们的坚定信念和卓绝智慧。通过这些斗争场面的描写，小说成功地塑造了一群共产党人的英雄形象。

注重人物心理的刻画，丰富人物形象

小说深入刻画了几名共产党在特定环境下的所思所想。例如，成岗被注射"诚实剂"后的万千思绪，江姐突然发现丈夫被害后的思想活动，刘思扬遇到特务扮演的党内同志疑虑重重。这些内心世界的刻画都让革命者的形象更加生动立体、栩栩如生，让小说更具感染力。

阅读指导

整体把握：深入了解小说中重点人物的典型事迹和精神品质

小说以重庆解放前夕的狱中斗争为主线，先是甫志高叛变，之后是许云峰等人相继入狱，狱中斗争开始。此后，全书就环环相扣、层层推进，重点表现渣滓洞和白公馆两所监狱中的地下党同特务们的周旋抗争。只要我们把重点人物，例如江姐、许云峰、齐晓轩、成岗、余新江、刘思扬、丁长发、华子良，甚至小萝卜头等人的典型事迹都了解清楚，也就把握了整本书。

文本精读：按照小说三要素，分析鉴赏文本片段

《红岩》中有很多经典片段，针对这些片段，可以从小说三要素——人物形象、故事情节、环境描写来解析。例如，某个片段讲了什么情节，塑造了什么样的人物形象，片段中的自然环境或社会环境描写又给文本增加了怎样的感染力。这样去做文本精读，不仅能深入理解《红岩》的艺术价值，也能提升阅读理解能力。

经典常谈

作者介绍

朱自清（1898～1948），字佩弦，中国现代散文家、诗人、学者。其文学创作以散文最为人称道，代表作有《桨声灯影里的秦淮河》《背影》《荷塘月色》《春》等，其中《桨声灯影里的秦淮河》有"白话美文的模范"之称。此外，他在学术研究和语文教育上也有很高的成就，著有《新诗杂话》《诗言志辨》《经典常谈》等论著。

主要内容

二十世纪三十年代，朱自清在西南联大任教，参与编写《中学国文教科书》。他深感学生读传统经典非常必要，且初高中国文课程标准中也有"使学生从本国语言文字上，了解固有文化"的要求，但是时下又没有特别适合学生的经典读本，所以，他决定着手撰写这本《经典常谈》。

《经典常谈》撰写于二十世纪三四十年代，是专为中学生介绍中国传统文化经典的著作。全书共分十三个专题，基本上是按照经、史、子、集的四部分类法来排列，依次对《说文解字》《周易》《尚书》《诗经》"三礼""春秋三传""四书"《战国策》《史记》《汉书》等经典进行了介绍。对子部和集部的作品，不便一一列举，只从整体上做了系统性的介绍，即"诸子""辞赋""诗""文"四个专题。《经典常谈》虽然撰写的初衷是方便中学生阅读，但对于普通读者来说，也是非常好的走近传统经典的著作。

经典举例

《说文解字》

《说文解字》由东汉学者许慎编著，共十五卷，主要以小篆为研究对象，兼及古文、籀（zhòu）文等字体，对汉字的构形原理进行了剖析，梳理出了五百四十个部首，从"一"部到"亥"部，因形就义，讨论汉字的源流和演变，是中国最早的对汉字字形和字源进行系统分析的辞书，被赞誉为"天下第一种书"。

《尚书》

儒家经典，也称《书》或《书经》，分为《虞书》《夏书》《商书》《周书》，记载了中国古代虞、舜、夏、商、周时期的历史文件。秦朝焚书时，部分《尚书》由学者伏生保护并口传下来，共二十八篇，用汉隶书写，被称作今文《尚书》。西汉景帝时，鲁恭王刘余为了扩大自己的宅邸，拆除孔子故宅，在残墙断壁间发现了一些古文经传，整理后集成书，被称作古文《尚书》。此后一直存在关于《尚书》的今古文之争和真伪之争。

《史记》《汉书》

西汉史学家司马迁所著的《史记》，是中国第一部纪传体通史，叙写了自黄帝到汉武帝时期三千多年的历史，"据事实录，使善恶自见"，按照十二本纪、三十世家、七十列传、十表、八书的体例，整理百家言语，成一家之言。《汉书》，东汉班固著，沿用了《史记》的体制，但只写从汉高祖到王莽二百三十年的人物和事迹，是中国第一部纪传体断代史。《汉书》"断代"的写法，影响了此后的二十二史。

《史记》和《汉书》有许多相同处，也有许多不同处。《史记》"文直而事核"，《汉书》"文赡而事详"；《史记》行文更偏向散文化，《汉书》则趋向辞赋化，更加规整。东汉、魏晋到唐代，人们更喜欢《汉书》，唐代以后直至明、清，《史记》更受推崇。二者都是中国正史的源头。

作品特色

用散文手法谈学术，风格平易亲切

作为一本写给中学生看的解读传统经典的书，作者用了散文风格的写作手法，叙述笔调明快利落、平易亲切，读来流畅自然，易于理解。此外，作者还特别注重每一篇文章开头的写法，常常从传说、风俗或故事写起，引人入胜，极大地增强了学术文章的文学性和可读性。比如讲《说文解字》时，从仓颉造字的传说写起，生动有趣。

内容点面结合，系统介绍国学

《经典常谈》前九篇以经典为例，介绍"小学"和经史，以点带面；后四篇系统论述子部和集部，以文体为中心，以面带点。这种结构安排，一方面可以让全书内容既全面又深入，另一方面，可以让读者在短时间内对中国传统文化经典有一个比较系统的了解。

旁征博引，史料丰富，叙述严谨

《经典常谈》在阐述各个经典时，广泛地引用各种历史典故、文化知识以及前人的研究成果，注重史料的搜集和论点的佐证，确保每一处论述都有确凿的史料做支撑。比如，在论述《史记》和《汉书》时，提到历史上关于司马迁和班固的优劣论，作者就引用了王充《论衡》、刘知几《史通》、郑樵《通志》等著作。另外，《经典常谈》的叙述逻辑非常严谨，作者秉持着严谨的学术态度，逐层深入，娓娓道来，既不失生动易读，又使得文章说理充分透彻。

阅读指导

整体把握：阅读序言，浏览目录，形成认知框架

《经典常谈》不同于一般的作品，它的各个篇章之间是相对独立的，可以系统性地从头阅读，也可以阅读感兴趣的单篇。不过，在这之前，需要对该书有一个整体把握。可以先阅读序言，对作者的创作目的、写作安排以及内容布局有一个清晰的认识。然后，浏览一遍目录，对书中涉及的经典做到心中有数。同时，也可以从横向的角度，梳理出篇目之间的内在关联，形成一个感性的认知框架。

文本精读：根据兴趣和目的，选择特定的篇目进行阅读

有了整体的认知框架，就可以选择阅读自己感兴趣的内容了。比如有同学很喜欢读《史记》，就可以找到《〈史记〉〈汉书〉第九》，阅读有关《史记》的内容。从中了解司马迁有着什么样的经历，是什么促使他下决心写一部鸿篇巨制的史书，为了写成《史记》，他都做了什么。另外，关于《史记》的体例、内容、行文特点等，可以在《〈史记〉〈汉书〉第九》这一篇中得到解答。此外，还可以将《史记》和其他史书进行对比，进而更深入地了解《史记》。《史记》最好的比较对象就是《汉书》。《史记》与《汉书》有哪些异同，历史上关于"班马优劣论"的争议有哪些，诸如此类，都有助于从更严谨的学术角度了解《史记》。

有的同学翻开《经典常谈》，是因为学习到了《诗经》《论语》等有关的内容。这时候，为了方便而又不失准确性地全面了解《诗经》或者《论语》，就可以找到《〈诗经〉第四》或者《〈四书〉第七》进行细读，必要时可以做阅读记录，以备后续回忆和巩固。

昆虫记

作者介绍

亨利·法布尔（1823～1915），法国著名昆虫学家、文学家、博物学家，他出生在法国南部普罗旺斯一个贫寒的农户家庭，从小就对大自然充满了好奇，喜欢观察，他把一生的主要精力，都投入到了对昆虫的观察和记录上。1879 年，他开始整理自己的观察笔记，写出了《昆虫记》的第一卷。心中怀着对自然的热爱，对昆虫研究的执着，秉持"为少年而著述"、把生物学作品写得生动有趣的原则，他完成了十卷《昆虫记》的创作。

主要内容

《昆虫记》每卷都包含若干章节，每一章节都聚焦于对某一种或某一类昆虫的观察研究和记录分析，包括昆虫的生态环境和生活习性、外形特征和身体结构、社会结构和互动模式等等。全书记载描述的昆虫有一百多种，诸如蝉、圣甲虫、红蚂蚁、黑腹狼蛛、螳螂等。有的是独门传记，有的则是以类相分，从昆虫的某种习性入手，对几种昆虫进行集体研究，如"高明的杀手""昆虫的装死""池塘中的世界"等。在描述昆虫的同时，法布尔也在书中呈现了一些关于他自己的内容，比如他的研究经历、生活状况、理想抱负等，还融入了他对自然、科学、社会、生命等的深度思考。可以说，《昆虫记》不只是一部科学著作，还是一部富含人文关怀和生命哲思的文学作品。

昆虫形象举例

蝉

法布尔笔下的蝉，不是寓言故事中所说的整日无所事事、不劳而获的抢劫者和乞丐，而是自食其力、辛勤劳作的可爱形象。蝉会聪明地修建自己的地穴，通过涂抹泥浆来加固地穴隧道。蝉脱壳的过程大约需要半个小时，还会做出像体操一样的动作。蝉非常喜欢唱歌，是忘我的歌者，每年夏天，它都在卖力地歌唱。蝉有五只眼睛，周围任何方向的事情都逃不过它的觉察。蝉的一生，准备工作充足，在地下要忍受四年的黑暗，一朝爬出，在地面上绽放生命的时间只有短短的一个月。

蟋蟀

蟋蟀和蝉的名气一样大，法布尔同样先描述了寓言故事中蟋蟀的负面形象，接着给蟋蟀正名。蟋蟀是一个天生的乐观派，它有着出色的筑巢本领，又勤奋努力，所以它的家是舒适的，足以让那些流浪者羡慕。蟋蟀会把一些有阳光的草坡当作自己的庭院，自己就像一个安逸的隐士。为了繁衍后代，蟋蟀一次要产五六百个卵，因为小型的灰蜥蜴和蚂蚁会残害掉其中的大部分，蟋蟀只能靠数量优势才能生存下来。蟋蟀还是一个"小提琴家"，它在四月底亮出自己的歌喉，是春天里面最有实力的歌唱家。

萤火虫

外表看起来既善良又可爱的萤火虫，居然是凶猛无比的食肉动物，而且是"最小最小的食肉动物"。它在捕食猎物之前，会先给对方打上一剂麻醉药。萤火虫最常捕捉的食物就是蜗牛了，注射毒汁后，它会先把蜗牛变成汁一样的液体，然后美美地享用。饱餐之后，萤火虫会认真清洗自己的身体，让自己焕然一新。萤火虫一生都在发光，雌性萤火虫的发光器在身体最后面的三节，雄性萤火虫只在身体最末端的一节处有两个小的发光点，要比雌性萤火虫的光暗淡很多。萤火虫的发光不是用来照明的，而是跟它的呼吸有关。

作品特色

科学性

法布尔采用观察和实验相结合的方法，对一百多种昆虫的行为进行了深入研究，例如，法布尔会掘开蝉的地穴，仔细观察蝉建筑地穴的方法和技巧，运用放大镜观察蝉卵的孵化过程。为了研究蝉的各种发声器官，他对蝉进行了解剖。另外，他还大胆设想、小心求证，最终发现了蝉的幼虫挖洞的神奇方式。在书中，法布尔对昆虫的分类、形态、习性等方面的描述都基于科学观察和科学实验，秉持着准确性和客观性。

文学性

《昆虫记》的文笔优美，用词生动传神，不仅限于客观的记录和描述，还融入了奇妙的想象，使用了拟人、比喻等多种修辞手法。除此之外，作品的字里行间，充盈着法布尔对大自然的尊重和热爱。这部书不仅给读者带来扎实的科学知识，还能给予读者丰富的文学享受。例如，在《蟋蟀》一章，蟋蟀俨然是一个生活哲学家，不论是选择庭院，还是筑造巢穴，抑或是度过短暂一生的方式，都已经超越了一个昆虫的角色，仿佛一个智者。蟋蟀在法布尔笔下成了一个典型的文学形象。

思想性

《昆虫记》的思想性体现在两个方面。一是在描写各种昆虫的时候，作者几乎都用拟人化的手法，给予了它们如人类一般的个性表现，展现了昆虫的智慧和生命力，体现了作者对生命价值与意义的思考。二是法布尔在书中融入了自己的个人经历以及对自身生命的观照。比如，他会用西西弗的神话来比拟自己的生活，从而引出更深入的思考：

我们当中很多人也像西西弗一样，就拿我来说，我过去五十年都是在辛苦地攀登高山，我的时间和精力都耗费在怎样把巨石在山顶摆正……

阅读指导

整体把握：对照目录，给昆虫分类，制作昆虫档案

《昆虫记》体量庞大，共有十卷，可以先浏览目录，给这一百多种昆虫进行分门别类。比如，可以按照生活环境，把昆虫分为土壤昆虫、水域昆虫、空中昆虫、陆地昆虫等。值得注意的是，只需按照常识进行大致的分类即可，在进行具体阅读的时候，有些昆虫的类别可能超出你的常识，那将是意外的发现，也是阅读的惊喜所在。分完类后，可以按照自己的了解，制作昆虫档案。这样一番操作下来，就能对《昆虫记》中的昆虫有一个初步印象，有助于开展正式的阅读。正式阅读时，可以对照书中内容，修正分类，完善昆虫档案，更加准确全面地了解昆虫的相关科学知识。

文本精读：选取感兴趣的昆虫，进行深入了解

《昆虫记》既具有知识性，又具有文学性，值得精读。可以选取自己感兴趣的章节，感受其中严谨准确的表述、精彩的描写、真挚的抒情以及深度的思考；也可以对喜欢的段落进行摘抄、批注，仔细琢磨和赏析。例如，在写到蟋蟀时，作者说：

我没有发现蟋蟀对于天上飞着的那些五彩斑斓的蝴蝶有任何的嫉妒。相反，蟋蟀对它们有一些怜悯。这种怜悯就像是那种生活舒适，有温暖家庭的人，对于那种无家可归的流浪汉流露出的那种感情。

蟋蟀会怜悯吗？也许会，也许不会，这种把视角代入昆虫的写作方式，除了给我们带来可供借鉴的写作技巧之外，还能引发一些生活上的思考。

简·爱

作者介绍

夏洛蒂·勃朗特（1816 ~ 1855），英国女作家，在英国文学史上，与妹妹艾米莉·勃朗特、安妮·勃朗特并称为"勃朗特三姐妹"。夏洛蒂出身贫苦，父亲是牧师，幼年时母亲即去世，8 岁被送进专门收养神职人员孤女的慈善机构。长大后的夏洛蒂做过家庭教师，后来开始文学创作，写出了自传性长篇小说《简·爱》，轰动一时。她还有作品《谢利》《维莱特》《教师》等。

夏洛蒂生活在十九世纪上半叶的英国，当时的社会有着明显的阶层区分，女性地位低下，被看作是男权的附庸，女性作家以真实身份写作出书，更如天方夜谭。夏洛蒂第一次发表作品时，使用了一个男性化的笔名，但她却在作品中为女性发声，呈现了全新的女性形象。

主要内容

小说《简·爱》以女主人公简·爱的名字命名。简·爱从小父母双亡，寄住在舅舅家中，饱受虐待和歧视。舅舅去世后，她被送到孤儿院接受教育。后来，她应聘到桑菲尔德庄园担任家庭教师。在朝夕相处中，她和庄园主人罗切斯特相爱了。然而，就在他们的婚礼上，简·爱发现，罗切斯特有一个疯了的妻子伯莎，按照当时法律，罗切斯特被禁止再婚。简·爱痛苦万分，离开了桑菲尔德。简·爱遇到了自己的表兄圣约翰，还继承了一笔丰厚的遗产，但她拒绝了圣约翰的求婚，怀着对罗切斯特的思恋，她又重新回到了桑菲尔德庄园，发现这里已经变成了一片废墟。原来伯莎放了火，坠楼身亡，罗切斯特也因此双目失明。简·爱最终找到了罗切斯特，并决定留下来照顾他，最终二人结了婚，过上了理想中的幸福生活。

小说通过写简·爱的成长历程，以及她与罗切斯特超越世俗的爱情，强烈地表达了女性对独立、自尊、自由的渴望和追求，塑造了英国文学史上第一个积极进取、敢

简·爱

于反叛、有自主意识的女性形象，也对当时社会的种种不公和黑暗提出了批判，是一部影响深远的现实主义的作品。

人物形象

简·爱

简·爱自幼失去双亲，寄人篱下，饱受苦难与歧视。这样的经历，不但没有击垮她，反而锻造了她坚韧不拔的性格。在桑菲尔德庄园，她没有因为地位悬殊而放弃追求爱情，但当得知罗切斯特已有妻子的时候，出于道德原则和对自尊的坚守，简·爱放弃了心爱的人。经历了一番流浪和自我发现后，简·爱最终回归，并与罗切斯特重逢。简·爱不仅是当时英国社会女性独立与抗争的象征，更是对爱情真谛和社会公正执着追求的典范。

罗切斯特

桑菲尔德庄园主，性格忧郁，外表冷酷，但内心却隐藏着善良和正直。他早年经历了不幸的婚姻，出于强烈的责任心和家族的一些要求，他没有抛弃疯了的妻子，而是在痛苦和困扰中度日。后来，在与简·爱的相处中，他逐渐被简·爱的独立、自尊、自强所打动，爱上了她。罗切斯特无视当时社会的种种教条，主动请求与简·爱结婚。可以说，罗切斯特是一个被家庭束缚的悲剧角色，也是一个勇敢跨越阶级与世俗障碍的人，他不仅是简·爱的伴侣，也是简·爱精神成长的见证者和支持者。

作品特色

自传色彩浓厚、独特

《简·爱》以第一人称叙事，围绕着主人公简·爱的人生经历，徐徐展开。小说中运用了大量的内心独白和心理描写，深入剖析简·爱的内心世界，使小说的自传色彩极为突出。同时，作者夏洛蒂有意无意将自己的真实经历融入到小说中，比如简·爱同样童年不幸，被送入照养和教育孤儿的慈善机构，同样当上了家庭教师等，使得《简·爱》具有虚构小说和自传性作品的双重魅力。

抒情浓烈

撰写《夏洛蒂·勃朗特传》的盖斯凯尔夫人曾赞叹作者："她有着什么样的热情，什么样的烈火啊！"夏洛蒂在《简·爱》这部小说中，呈现了浓烈的激情和诗意。不论是景物描写，还是塑造人物，情感的涓涓细流或者汩汩激流始终在流淌。比如，简·爱是一个敢爱敢恨的人，是一个敏感、富有激情的人，罗切斯特的内心，也潜藏着热情奔放的性格，当两个人碰撞出爱情的火花之后，那种情感的汹涌洪流可以击碎一切世俗偏见和教条障碍。他们双方互表心迹的对白，充满了真挚的情感。简·爱向罗切斯特告白时说道：

你以为我贫穷、低微、不美、矮小，我就没有灵魂，没有心吗？你想错了！……我不是根据习俗、常规，甚至也不是以血肉之躯同你说话，而是我的灵魂同你的灵魂在对话，就仿佛我们两人穿过坟墓，站在上帝脚下，彼此平等——本来就如此！

这段经典对白，是简·爱发自内心的为自尊、人格平等的辩护与对真爱的尊重追求，它喷薄而出，极具感染力。

情节跌宕起伏

简·爱的成长本身就充满了磨难，她凭借着坚强的意志，从童年的灰暗中爬出来，走上了自谋生路的人生。就在她突破层层障碍和罗切斯特走到一起之后，罗切斯特已婚的事情被揭露，简·爱瞬间又被打入谷底。她在流浪期间，遇到了表兄，得知自己继承了叔叔的遗产。当简·爱重新去找罗切斯特的时候，却发现桑菲尔德庄园已经变成了废墟，罗切斯特也变成了残疾，丧失了独立生活的能力。就在简·爱终于在芬丁庄园找到了双目失明的罗切斯特，罗切斯特却灰心绝望，有意推开她。不过，他们最终还是有了一个美好的结局。在这些一波三折的情节中，简·爱和罗切斯特的形象也越来越丰富。

阅读指导

整体把握：梳理简·爱主要经历，绘制情节发展线

简·爱的经历可以大致分成四个阶段，孤苦的童年阶段，独立自主的青年阶段，情感挫折与反思阶段，以及重拾希望、回归真爱阶段。阅读小说时，可以梳理出这些阶段，在每个阶段内再填入关键性的细节，就能够直观地感知简·爱在追求独立、尊严、爱情、自由的过程中所经历的悲欢与起伏。

文本精读：深度阅读经典段落，感知作品的文学性和思想性

《简·爱》中，无论是人物独白，还是跳脱出来与读者的对话，或是景物的描摹与渲染，都有很多值得反复品读和玩味的地方。可以选取关键情节上的关键内容，也可以选取自己特别喜欢的段落，一读再读，感受其中流淌的情感、氤氲的气氛，或者潜藏的思想。这样的文本细读，一方面可以规避对作品的任意解读，另一方面，能够加深对作品文学性和思想性的认识。

尝试从多角度探讨小说主题

《简·爱》作为一部至今仍有着鲜活生命力的作品，它的主题不是单一的。可以从多个角度探讨其主题，比如女性主题、爱情主题、社会主题等。也可以与他人讨论，交流阅读感受，进行主题研讨，全方面地认识这部小说。

唐诗三百首

作者介绍

孙洙，字临西，号蘅塘退士，清代康乾年间人。因深感当时社会通行的《千家诗》体裁散乱、选诗标准不严格，决意编著新的选本取而代之。在夫人徐兰英的帮助下，"专就唐诗中脍炙人口之作，择其尤要者"，于乾隆二十九年（1764），编选出了《唐诗三百首》。除《唐诗三百首》外，孙洙还有《蘅塘漫稿》《排闷录》《异闻录》等著作传世。

主要内容

《唐诗三百首》共八卷（或作六卷），选录了三百一十首诗（不同刻本有增减）。清光绪年间，四藤吟社本增补杜甫《咏怀古迹》三首，总计三百一十三首。书名取整数"三百首"，可能是沿袭古书《诗三百》的名称。该书按照五言古诗、七言古诗、五言律诗、七言律诗、五言绝句、七言绝句以及乐府等诗体进行分类编排，广泛收录了唐代七十七位诗人的作品，诗作者有帝王、士大夫，亦有僧人、歌女及无名氏等，代表性诗人如李白、王维、杜甫、李商隐等人的诗作占有显著地位。作者对收录的诗作做了简单注释，还偶有点评，虽然往往寥寥几语，但都能说到要害。

诗人与其诗举例

李白

《唐诗三百首》一共选了李白二十七首诗，有表现幽微情感的五言古诗《月下独酌》《春思》等，有想象大胆、神采飞扬的七言古诗《梦游天姥吟留别》《宣州谢朓楼饯别校书叔云》，七言乐府《蜀道难》《行路难》《将进酒》等，也有比较规整的五言律诗《渡荆门送别》、七言律诗《登金陵凤凰台》等，还有家喻户晓的绝句《静夜思》

和《早发白帝城》等。可以说，一方面兼顾了脍炙人口、浅俗易懂等选诗原则，另一方面，也基本体现了李白诗的整体特点，读者可以通过阅读，感受这位大唐盛世诗仙的风采。

杜甫

在《唐诗三百首》中，杜甫诗的数量位居所有诗人的榜首，一共有三十八首。无论是古诗、乐府，还是律诗、绝句，都收录了杜甫的诗。其中，杜甫最受称道的律诗选了十九首，如《春望》《月夜》《月夜忆舍弟》《天末怀李白》《旅夜书怀》《蜀相》《野望》《登高》《闻官军收河南河北》等。《唐诗三百首》中的杜甫诗，涵盖了杜甫不同时期、不同创作风格的作品，从豪情壮志到沉郁顿挫，全面展现了杜甫诗的风貌，体现了作者对杜甫诗的高度认可和推崇。另外，作者选编《唐诗三百首》的用意之一，是展现唐代社会的精神风貌，而杜甫诗"诗史"的特点，决定了它与有唐一代的精神脉搏紧紧相连，作为现实主义的代表，自然备受作者青睐。

作品特色

通俗浅易，便于传唱和普及

《唐诗三百首》编成后，"风行海内，几至家置一编"，就是因为它浅显易诵，朗朗上口。更何况《唐诗三百首》的编写初衷，就是使其成为童蒙学习的家塾读本。所以，在选编时，作者有意规避了一些偏、乖、涩的作品，如韩愈的一些奇险佶（jí）屈的诗作并未入选，李贺的诗干脆一首都不选。贴近日常生活、明白如话、节奏明快的作品往往入选，无论是文人墨客还是普通百姓，都能从中找到共鸣和乐趣。《唐诗三百首》之所以在后世广为流传，与它的普及性是分不开的。

艺术形式和思想内容完美融合

《唐诗三百首》所选诗作在体裁上具有多样性和完备性，有五言、七言，有律诗、绝句，有古体诗、近体诗，展示了唐诗中每种体裁的特定格式和表达特点，如古诗的质朴自然，律诗的严谨工整，乐府的通俗晓畅等。另外，在艺术表现上，有的以意境取胜，有的以语言见长，有的以结构巧妙著称。

在思想内容上，《唐诗三百首》也兼顾了唐诗中的各种题材，有个人情感的表达，有自然风光的描绘，有反映社会现实的，也有寄托人生哲理的，全方位地展现了唐代诗人的生活面貌和内心世界，体现了唐代社会的时代精神和文化风貌。

阅读指导

整体把握：浏览内容，明确诗歌类别

在正式开始阅读之前，可以先浏览一遍目录，了解全书的大致结构和诗歌分类，对要阅读的诗歌有一个初步的认识。比如，翻开《唐诗三百首》，从目录中就可以了解到，全书把唐诗分成了古诗、乐府、律诗、绝句，从字数体例上又分为五言和七言，另外，在每一个类别内，又是按照时间顺序对作者进行排列。这样就可以清楚地掌握该书的纲目，为下一步有的放矢地阅读做准备。

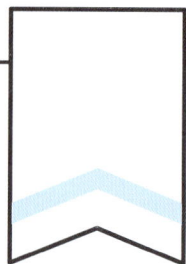

文本精读：有选择地阅读、课内外结合阅读

可以选择自己目前想重点了解的内容，或者比较感兴趣的内容来读。如果想从简单的诗入手，逐步进入唐诗的世界，那就先选择一些比较短小、内容比较简单的诗来读，比如五言绝句、写日常生活的诗。如果想重点了解某位诗人，那就可以专读这位诗人的诗，感受其诗歌的整体风貌和内在变化。

另外，读《唐诗三百首》，也可以和课内的诗歌相结合。比如，在人教部编版七上，学习了李白的《闻王昌龄左迁龙标遥有此寄》之后，还想了解李白更多的诗，就可以把《唐诗三百首》中李白的诗集中起来阅读。同时，也可以围绕李白，读读盛唐时期其他诗人的作品，整体把握盛唐诗歌的风格特点。

当作工具书，作检索用

《唐诗三百首》收入的诗歌众多，从前往后读完需费时良久，诗歌的形式也决定了它不能像现代作品一样被快速阅读，需要读者深入琢磨、体会和理解。所以，不必求一日之功，可以把它当作工具书，有需要的时候翻出来，检索某个诗人、某首诗歌，甚至某个意象，然后做深入阅读，真正把诗歌阅读和学习融入每日的一思一行之中。

水浒传

作者介绍

施耐庵，生卒年不详，元末明初文学家。自幼聪明好学，曾中进士，后弃官归里，潜心著书。现学术界一般认为他是《水浒传》的作者。

主要内容

《水浒传》的故事发生在北宋末年，围绕一百零八位好汉从聚义梁山、发展壮大，到因招安而起义失败的过程展开，是中国历史上第一部以农民起义为题材的长篇章回体小说。小说的内容极为庞杂，总体上可以分作两部分。前半部分主要抨击统治阶级的腐朽残忍，歌颂起义英雄的反抗行动。后半部分，梁山好汉接受招安，伐辽、征方腊，作为忠臣义士，被奸臣排挤、迫害，最后宋江等人被奸臣害死。《水浒传》揭示了封建社会"官逼民反"的事实，歌颂了农民反封建的斗争精神，总结了农民起义失败的原因，表现了对历史的深沉思索。

人物形象

《水浒传》中塑造了众多生动鲜活的英雄人物，他们各自都有着独特的经历和鲜明的个性，书中的一百零八将，还分别有着能够凸显其个性的绰号，如"及时雨"宋江、"豹子头"林冲、"黑旋风"李逵等。

以下是几个典型人物的故事情节和个性特点举例。

宋江

宋江在梁山好汉中排名第一，一出场便展现出非凡的胆识和义气。他是山东郓城县押司（官名），冒着被牵连的风险，私放劫走生辰纲的好汉晁盖。因与晁盖互通书信被阎婆惜发现，怒杀阎婆惜，后又被陷害入狱，在发配途中，结识了不少英雄好汉，最终被逼上梁山，成为梁山首领。他团结众位梁山好汉，对抗腐败的朝廷和欺压百姓的恶势力。在三打祝家庄中，展现了卓越的军事才能和战略眼光。在梁山事业达到顶峰时，宋江选择接受朝廷招安，为国效力。但招安之路并非坦途，宋江最终被毒身亡。

宋江广结天下好汉，仗义疏财，扶危济困，忠肝义胆，有着出色的智谋。但他身上也有一些局限性，如临事而惧、兄弟情长、忠君思想……最终他接受招安，起义失败。

林冲

林冲在梁山好汉中排名第六。身为东京八十万禁军枪棒教头，林冲本来生活安稳，但其妻被高太尉的养子高衙内调戏，林冲出面喝止，他因此被高太尉设计误入白虎堂，被发配沧州，看守草料场。高俅一心想置他于死地，派陆虞候等人跟去寻找机会进行杀害。一个风雪之夜，林冲在山神庙无意中得知对方阴谋后，在愤怒和绝望中奋起反抗，他火烧草料场，手刃陆虞候，雪夜上梁山，踏上了彻底反抗的道路。

林冲的经历，是从受害者到反抗者转变的过程。他性格隐忍，重情重义，对百姓有恻隐之心，救弱济贫，富有侠义精神。当对腐败社会的幻想破灭之后，他决定与梁山好汉并肩作战，共同对抗黑暗的恶势力。

林教头风雪山神庙

鲁智深

鲁智深在梁山好汉中排名第十三，原名鲁达，本是渭州经略府提辖，因打抱不平，解救被恶霸郑屠欺负的金翠莲父女，故意激怒郑屠，最终三拳打死郑屠。为躲避官府追捕，到五台山出家为僧，法名智深。鲁智深在寺中不安分，屡犯清规戒律，醉打山门，被智真长老介绍到了相国寺智清长老处。鲁智深在相国寺被安排管理菜园，在当地泼皮无赖面前徒手拔起一棵巨大的垂杨柳，惹得众人心服口服。后来，鲁智深与林冲一见如故，并在林冲被发配押解时暗中保护，在野猪林救了林冲一命。做过这些事，朝廷已经再难容得下他，鲁智深与杨志、武松占领二龙山，担任大头领，后加入梁山。征方腊后，在杭州六和寺圆寂。

"禅杖打开危险路，戒刀杀尽不平人"，鲁智深豪爽不羁，为人善良，见义勇为，路见不平，拔刀相助，从不滥杀无辜，身上有着理想主义的热血和纯粹，也是《水浒传》中最具佛性的人。

武松

武松在梁山好汉中排名第十四，他身长八尺，仪表堂堂，武艺非凡，性格刚烈，曾在景阳冈赤手空拳打死一只吊睛白额虎。为了替兄报仇，他亲手杀死嫂子潘金莲和西门庆，被判刺配孟州。在孟州，武松识破蒋门神和张团练的暗算，大闹飞云浦，在鸳鸯楼大开杀戒，表现出了不畏强权的勇武和决绝。在后来的逃亡中，武松化身"行者"，落草二龙山，最终投奔梁山。招安后，武松在征讨方腊时，遭人暗算，失去左臂。班师后，武松在杭州六和寺出家，80 岁病逝。

武松的故事充满了英雄主义色彩，他勇猛刚毅，疾恶如仇，敢于挑战权威，维护正义，是梁山好汉中的正义使者。

李逵

李逵在梁山好汉中排名第二十二，他身材魁梧，皮肤黝黑，手持两把板斧，形象威猛。因为打死了人，流落江州，结识了慕名已久的宋江。宋江因故被官府捉拿，判处死刑，即将在法场行刑。李逵不顾个人安危，劫持法场，救出了宋江，随后上了梁山。李逵回乡探母，母被虎害，为报母仇，李逵在沂（yí）岭杀四虎。大聚义后，在元夜闹东京时，李逵怒打杨太尉，火烧李师师家。面对朝廷态度恶劣的招安，李逵敢怒撕诏书。宋江喝下朝廷送来的毒酒，担心自己死后，李逵寻仇造反，骗李逵也喝下了毒酒，二人毒发身亡。

李逵疾恶如仇、直爽忠诚的性格特点在这些经历中得到了淋漓尽致的展现。同时，他性格中的暴躁与冲动也时常让他在行动中显得缺乏智谋和冷静。然而，这些都不影响他成为《水浒传》中备受读者喜爱和尊敬的英雄人物之一。

作品特色

英雄群像塑造得栩栩如生

《水浒传》通过塑造众多性格鲜明、事迹传奇的英雄人物，构建了一个庞大的英雄群像。这些人物各具特色，如林冲的隐忍与反抗、武松的勇猛与复仇、鲁智深的侠义与豁达、李逵的直爽与冲动、宋江的仗义与矛盾等，共同构成了梁山好汉这一丰富多彩的群体。这些人物不仅具有鲜明的个性，还通过各自的故事展现了不同的命运轨迹和心路历程，使得整个小说充满了张力和感染力。

先分后合的链式结构

《水浒传》在开篇并不急于将众多英雄人物聚集在一起，而是采用了"先分"的叙事手法，即先分别讲述各个英雄人物的故事。这些故事各自独立，却又在主题和风格上保持一致，共同构成了《水浒传》丰富多彩的英雄群像。在"分"的基础上，《水浒传》又通过"后合"的叙事手法，将众多英雄人物聚集在一起，即后来的梁山聚义、共同行动、招安与悲剧等。这种"先分后合"的链式结构，如百川归海一样，不仅增强了小说的整体性和层次感，也使得读者在阅读过程中能够更加深入地理解和感受小说中的人物和情节。

精湛的语言艺术

《水浒传》通篇运用古代白话，质朴明快，富有表现力。其中，大量民间口语和方言俚语的运用，增强了作品的生动性和民间气息。如李逵在怒斥他人时，常说"你这厮……"。武松在景阳冈饮酒，被酒家提醒少刻便会醉，武松说道："休要胡说。没地不还你钱。再筛三碗来我吃。""休要""没地"都是当时的方言口语。鲁智深等好汉常常用"洒家"自称。小说中的语言也特别符合人物个性，比如李逵回乡接母，朱贵提醒他不要走小路，李逵毫不以为意地说道："我自从小路去，却不近？大路走，谁奈烦！"朱贵提醒他小路危险，他说："我却怕甚鸟！"简单的对话，把李逵的粗莽胆大、爽直可爱写得淋漓尽致。另外，小说还运用了比喻、夸张、拟人、对比等诸多修辞手法，使人物和故事都更加生动传神。例如写鲁提辖拳打镇关西，第一拳下去："扑的只一拳，正打在鼻子上，打得鲜血迸流，鼻子歪在半边，却便似开了个油酱铺：咸的、酸的、辣的，一发都滚出来。"把郑屠户挨打后鼻子流血的滋味，比作油酱铺里的味道，形象传神。

阅读指导

整体把握：了解结构，梳理情节

《水浒传》"先分后合"的链式结构清晰地呈现了小说情节的发展。阅读的时候，可以把这一结构当作纲，梳理前半部分每个人物所涉及的独立章节，比如第七回到第十二回，集中写了林冲的事迹，鲁智深则是在第二回到第七回、第十七回等。集中了解每个人物的发展和转变之后，再整体阅读后半部分，大聚义之后各英雄相互之间的交织与互动，直至结局。有了这样的阅读布局，整个小说就会显得脉络清晰，主旨也比较好把握。

文本精读：聚焦人物，给人物画像

《水浒传》塑造了一百零八将，虽然个别人物有类型化倾向，但整体来看，人物也都有各自的特点。比如，同样是粗鲁，鲁智深是性格急躁，李逵则是朴厚鲁莽。这正是作者的用心所在，每个人物身上都寄寓着不同的精神内涵。所以，在阅读的时候，可以以人物为单位，一段时间聚焦某一个人物，专门研读该人物涉及的章节，梳理其命运轨迹，描画出人物画像，总结出关键词。必要时可以做笔记，对关键情节、重要对话和精彩描写进行反复阅读和研究。

与其他同类名著比较阅读

《水浒传》是早期白话小说，是在民间故事和说书本子的基础上创作而成的。中国的早期白话小说大都有这样的特点。可以把《水浒传》和其他古典名著或者同类型的作品进行比较阅读，感受其在人物塑造、情节设置、语言艺术等方面的异同点。

儒林外史

作者介绍

吴敬梓（1701～1754），字敏轩，号粒民，晚号文木老人，别署秦淮寓客，安徽全椒人，清代小说家。他出身于官宦家庭，自幼聪颖好学，善记诵。成年后遭遇家庭变故，又因科场不利，愤懑之下，变卖家产，移居南京。他才学丰厚，乾隆元年（1736），受人举荐，参加博学鸿词科考试，最终因病无缘仕途。吴敬梓晚年辗转交游，与友朋诗酒唱和，颇负盛名，但家资耗尽，贫病交加，于乾隆十九年（1754），病逝于扬州。作品有《文木山房诗文集》《文木山房诗说》及《儒林外史》等。

主要内容

清朝康熙、雍正、乾隆三代，资本主义萌芽已经出现，然而，社会的表面繁荣，难掩封建社会的腐朽本质。统治者通过大兴文字狱、考八股、开科举、提倡理学等手段钳制士人。士人为了在科举中出人头地，也纷纷行贿捐官。吴敬梓目睹了科举制度的罪恶和士人阶层的堕落，加之他在家族变故中也深感见利忘义之普遍，于是愤而著书，用讽刺的手法，写下了长篇小说《儒林外史》。

顾名思义，《儒林外史》写的是整个"儒林"，是当时科举士子的群像。小说托明写清，以连环短篇相互连缀的形式，描绘了一幅生动鲜明的士林长卷。全书共五十六回，分别刻画了王冕、周进、范进、严贡生、严监生、荀玫、王惠等形象，在塑造中心人物的同时，连带描摹形色各异的士人。除此之外，《儒林外史》还刻画了社会各阶层的一些典型形象，如衙役、农夫、和尚、侠客、戏子等。士子儒生的生存困境、封建官吏的昏聩无能、地主豪绅的贪吝刻薄、名士的虚伪卑劣，以及整个封建礼制的腐朽和人灵魂的扭曲，尽显笔端。吴敬梓通过这部作品，对当时的社会现状进行了深刻的揭露和批判，寄寓了自己的理想和对人性的守护。

人物形象

范进

范进从 20 岁开始，就一心求取功名，但醉心科考大半生，总是名落孙山，他受尽了白眼和折磨，家中也变得一贫如洗。终于在他五十四时，受到主考官周进的鼓励和提拔，中了举人。得知高中的消息，范进竟然高兴得发了疯，老丈人胡屠户一个巴掌才令范进清醒过来，他认识到自己今非昔比，也开始变得圆滑世故起来，俨然成了封建官僚阶层的一分子。

范进

范进的前后反差，让人唏嘘，不仅揭示了科举制度的残酷性，也讽刺了封建社会士人难逃同流合污和虚与委蛇的人性悲剧。

周进

刚出场时的周进 60 多岁，还只是个童生。他以教书糊口，但眼见学生一个个都中了秀才或举人，自己的科举梦仿佛就要永远被尘封了。皓首穷经的他迷信科举，心有不甘，终于在一天路过贡院时，悲从中来，一头撞在了号板上。在几个商人的同情和帮助下，周进得到了监生的身份，并凭借这个身份考中了举人，此后一路高升。发迹后的周进春风得意，和前半生的穷困潦倒形成鲜明对比，前后的反差也使故事呈现出强烈的讽刺效果。

严监生

有着"东方葛朗台"之称的严大育，是广东高要县的一位监生，因此得名严监生。他家财万贯，对金钱有着近乎病态的执着。他一生节俭，凡事亲力亲为，不肯有一点点多余的花费。临终前，他因为灯盏里点的是两茎灯草，担心费油，迟迟不肯咽气。妾室赵氏领会他的意思后，挑断一根灯草，他才安心死去。严监生的形象，是过度追求财富、人性扭曲导致精神贫瘠和空虚的典型。但严监生也有慷慨的一面，两个大舅子王德、王仁要到省城去考乡试，辞别时，严监生主动拿出了不少银子给他们做盘缠，这种矛盾性使得小说内容更加意味深长。

作品特色

相对独立又互相连缀的叙事结构

鲁迅曾用"虽云长篇，颇同短制"八个字评价《儒林外史》，小说没有贯穿全文的中心人物和主要情节，而是由一个个相对独立的故事连缀而成。每个故事有一个中心人物，故事与故事之间又相互勾连。一个人物退场，引出另一个人物出场。这种打破常规章回体小说形式的叙事结构，使得小说在刻画儒林群像的同时，能够勾勒出更为广阔的社会风俗文化画面。

讽刺艺术

《儒林外史》被誉为中国古代讽刺小说的高峰。小说中很多经典情节都彰显了作者炉火纯青的讽刺手法，比如周进撞号板、范进中举后发疯、严监生因两根灯草不愿咽气等等，让人在捧腹之余不禁对封建社会的种种病态现象感到痛心疾首。小说常用的讽刺手法有夸张、对比、细节描写等。值得称道的是，小说的讽刺没有流于表面，而是藏在耐人寻味的叙述中，看似冷静，实则犀利，寥寥数语就能入木三分。最终，所有的讽刺都指向一个共同的目标——腐朽的封建科举制度。

客观平实的叙事语言

《儒林外史》虽然刻画了一个个性格鲜明的人物形象，但作者并未采用猎奇的视角，也少用传奇式的手法，而是运用平淡的白描徐徐展开。作者也没有采用情绪激烈的语言和立场明确的点评，而是把态度和主旨隐含在客观冷静的文字之后，读者需要细细揣摩，才能发现平淡背后绵长的深意。

阅读指导

整体把握：了解创作背景、叙事方式、主要人物和情节

《儒林外史》描写的人物有着特定的历史背景，小说的主旨也跟当时封建社会的现状息息相关。所以，可以先了解小说的创作背景和作者的创作意图，掌握了相关信息后，再从整体上纵览全书，了解故事情节，抽取出主要人物形象，并尝试对人物经历进行总结，绘制出人物变化曲线，从而形成对整部小说的感知。

文本精读：选取主要人物，体会批判精神

《儒林外史》以人物为中心进行短篇连缀的结构形式，使每一个人物的故事情节自成一体。可以细读、精读该人物主要涉及的章回，梳理人物主要经历，总结人物形象特点，体会小说寄寓其中的批判精神。

以周进为例，他登场的章回是第二到第四回、第六到第七回、第十八回、第二十一回。周进的人生经历可以分成三个阶段。第一阶段，早年困境。他的老童生身份和聊以糊口的教书先生身份，让他受到旁人的嘲弄和冷遇。第二阶段，人生的转折点。周进连教书的饭碗都丧失了，只能靠给商人做账房先生维持生计。在跟随商人进省城经过贡院时，多年的辛酸悲苦和侮辱欺凌潮水般涌来，悲痛不已的周进撞向号板，哭到口吐鲜血，商人见状，替他捐了个监生身份，周进又踏上了科举之路。第三阶

段，科举成功，走上人生巅峰。中举后的周进，社会地位迅速攀升，那些过往侮辱和轻视他的人，都来巴结他，甚至供奉起了他的"长生牌"，市侩无德的丑恶嘴脸跃然纸上。作者通过周进发迹前后士人群体对他的态度变化，批判了整个士人阶层和市民社会的势利和虚伪。

联系现实，领会小说更深刻的主旨

讽刺作品往往有着超脱时代的内涵。《儒林外史》虽然是特定时代背景下的作品，但作者在其中倾注的智慧、情感和感悟，今人读来，仍然觉得受益匪浅。有人说："这是一部可以百读不厌的小说，也是一部读至百遍仍然觉得新鲜如初的奇书。"不仅如此，《儒林外史》还常常让人有"揽镜自照"之感，其中人物身上的一些特点，他们的行为和话语，甚至他们的追求和梦想，在当下仍然能够找到影子。

我们在读的时候，可以尝试抽取出人物，把他放在当下的社会现实中，发挥联想和想象，让人物"重走"人生路，在人物与现实产生新的碰撞时，也许更深层的内涵就会自动显露。

儒林外史

名著阅读

西游记

朝花夕拾

骆驼祥子

钢铁是怎样炼成的

红星照耀中国

红　岩

经典常谈

昆虫记

简·爱

唐诗三百首

水浒传

儒林外史

6

写作

阅读名著使人心潮澎湃。那么，你想不想写出属于自己的"名著"呢？其实，写作这件事，没有你想象的那么难。

写作是语文学习当中的重点和难点，也是语文考试中最容易拉开分值差距的题型。在考试当中，大作文往往作为最后一道大题出现，分值 40 或 50 分，是分值最高的一道题目，占总分的 40% 左右。也有一些地区，会另外设置一道小作文。因此，我们经常说，得写作者得语文。

作文体裁

一般来讲，考试的应试作文会允许自选文体，但是常见体裁不超出记叙文和议论文这两大类。《义务教育语文课程标准（2022 版）》中要求："写记叙性文章，表达意图明确，内容具体充实；写简单的议论性文章，做到观点明确，有理有据。"小作文则更多是应用文。课程标准也鼓励我们尝试诗歌创作，不过这是针对平时的练笔而言的，在正式考试当中，一般不允许出现诗歌和戏剧这两种文体。

作文字数

《义务教育语文课程标准（2022 版）》中，要求在 45 分钟内完成不少于 500 字的习作。一般来讲，中考大作文的字数要求在 500 或 600 字以上，最好将写作的时间控制在 45 分钟左右。当然字数也不是越多越好，否则会占用太多的考试时间。小作文一般要求写到 150 字左右。

作文结构

在写作的过程当中，需要合理安排内容的先后和详略，条理清楚地表达自己的意思。为此需要认真审题，合理选材，正式落笔之前，可以在大脑中快速构思，或者是动笔在草纸上列一个简单的提纲，想一想自己的主题是什么，要用哪个或哪些事例表达这一主题。这样一来，作文就比较不容易跑题，表达也会更加清晰、从容。

作文表达

在写作时，应该根据表达的需要，借助语感和语文常识选择最为准确、恰当的表述，做到文从字顺。也可以适当运用一些修辞手法和表现手法，让自己的文章更有文采。不过，作文的表达终究还是要为主题服务，如果写得太花哨而忽略了主题的表达，那就是"过犹不及"了。

记叙文、议论文、应用文是考场作文最常见和最实用的三大类型，下面我们分别就这三种文体，为大家讲一讲写作中的要领和诀窍。

记叙文

立意：文章的地基

立意，也就是文章主题思想的确立，它决定了文章的质量和价值。古代有句名言："意犹帅也。无帅之兵，谓之乌合。"立意在整篇文章当中，起到了至关重要的统率作用。如果把文章比喻成一栋大楼，那么立意就是它的地基，如果地基打得不牢、打得不正，无论你的大楼有多么高、装潢有多么精美，那都没有意义。想要写出一篇优秀的考场作文，在立意方面，需要注意几个要点。

仔细审题，正确立意

深入理解题目，是作文立意过程中的首要且关键的一步。我们需要逐字逐句地细读题目，审清楚作文的要求（包括但不限于标题、字数、文体、卷面这些字样），并且找到题目当中的关键词或者中心句，在透彻理解的基础上，提炼出自己文章的主题。如果审题马虎，跑题了，或者是漏看了要求，再漂亮的作文也得不到高分。同时，立意也要做到明确和集中，要旗帜鲜明地表达出自己的观点和态度，不能含糊其辞、模棱两可。

立意健康，积极向上

立意务必积极向上，乐观友善，符合社会主流价值观，避免输出消极、颓废和偏激的观点，确保我们的文章是健康的、有益的，是去表达对美好品质的赞美、对正确行为的倡导、对积极态度的肯定。如果题目中的关键词本身包含一些消极的词语或者负面的现象，也应当从积极的角度去思考和解读。例如，面对挫折和困难时，可以强调坚韧不拔、勇往直前的精神；面对社会问题时，可以呼吁关注、关爱和共同努力解决。

现在的很多作文题目，都跟中华优秀传统文化，还有和社会主义先进文化以及时代楷模相关。2024 年各省市的中考作文题目中，就出现了古人的名和字、《论语》《孟子》等书中的名言、"嫦娥六号"、数学家吴文俊、"中国芯片之母"黄令仪……所以，我们平时就可以有意识地了解传统文化、关注时事热点，积累一些相关的素材，写作时就可以表达出自己对国家的热爱和关心，对社会大事的思考，或者是自己从传统文化中汲取养分，向杰出人物学习的志向。

立足现实，贵在真挚

文章贵在真，需要反映真世界、流淌真感情、体现真思想。如果是"为赋新词强说愁"，为了写作文去勉强地胡编乱造、生搬硬套，写出来的东西就是空洞的、做作的。课本中很多名篇，都取材于作者自己的亲身经历，例如鲁迅的《从百草园到三味书屋》《阿长与〈山海经〉》，都是对自己童年生活的回忆；宗璞的《紫藤萝瀑布》，作者从路边的一株紫藤萝想到自家门前的紫藤萝，联想到个人和时代的不幸，又产生了对生命本身的思考；莫怀戚的《散步》，写的是一个三代同堂的家庭出门散步的小事，以表达家庭成员中的温情和人性之美……这些文章的传情达意都很真诚，很能打动人。因此我们提倡"我手写我心"，记录自己的生活经历，分享成长过程中的心得感悟，抒发真挚而接地气的情感。

在 2024 年的中考真题中，我们就看到了很多立足现实的题目，比如毕业生的心愿，对自己影响很深的经典名著，游览家乡名胜古迹的感受，关于考试的感想，还有自己生命中重要的时刻……这些作文的立意，就跟我们的日常生活紧密相关。为了写好这样的作文，我们可以有意识地多关注身边的人和事，多阅读，并且积极参与各种活动，"读万卷书，行万里路"，丰富自己的生活阅历。

以小见大，立意深刻

如果我们的作文脱离了现实生活，就很容易成为无源之水、无根之木；但是，如果作文只关注一地鸡毛的小事，不能有所生发、有所提炼，那又会出现格调不高的问题。郁达夫说："一粒沙里见世界，半瓣花上说人情。"就是说，要善于用小事来反映社会，抒发情感，表现思想，甚至是阐明哲理，这就是"以小见大"。以小见大，才能体现出深入的思考，作文的立意才能深刻。

比如"我这样了解中国"这个题目，我们就可以通过记录小事件，追踪小变化，去体味中华民族深厚的文化底蕴，去触摸中国发展的脉动，感受中国前行的底气。例如，参加诗会，可以了解中国诗词文化的绚烂；游览古迹，可以了解中国历史的厚重；学习剪纸和书法，可以了解中国传统艺术的多彩；阅读红色经典，可以了解民族精神的伟大；搭乘高铁，可以了解中国科技的创新；回乡探亲，可以了解中国经济的发展与生活的变化……总之，时代的特征、主流、变化总会在我们周围的日常生活中反映出来，只要我们具有敏锐的洞察能力，总会捕捉到这些具有典型性的事件，以折射社会的进步、观念的更新、生活的变化。

角度转换，立意独特

立意要新颖独特，避免陈词滥调或千篇一律。试想，如果你是一名阅卷老师，在阅读了太多太多表达同样观点，使用同样材料，选择同样角度

来进行写作的文章之后，一篇转换思维角度，立意独特的文章绝对能叫你眼前一亮。这就要求我们在拿到作文题目之后，从多个角度去思考。元代的戴师初干脆说："凡作文发意，第一番来者，陈言也，扫去不用；第二番来者，正语也，停止不可用；第三番来者，精意也，方可用之。"就是说第一次、第二次想到的立意都不用，以力避老生常谈、人云亦云，在深思熟虑之后，选择那个最新颖、最巧妙的主题去下笔，这样才能写出好文章。

其实，每一个客观对象（题目、事件材料等），都是各种规定的复杂的统一体，其内涵往往是多层的、多义的、多向的，都具有多层次、多角度开发的可能性。比如，针对西楚霸王项羽兵败自刎这个史实，杜牧评价说："胜败兵家事不期，包羞忍耻是男儿。江东子弟多才俊，卷土重来未可知。"对项羽负气自刎在惋惜、批评之余，又表明了"败不馁"的道理，强调兵家须有远见卓识和不屈不挠的意志。王安石则说："百战疲劳壮士哀，中原一败势难回。江东子弟今虽在，肯与君王卷土来？"他审时度势，指出项羽败局已定，势难挽回，也强调人心的向背才是决定成败的关键。而李清照说："生当作人杰，死亦为鬼雄。至今思项羽，不肯过江东。"在她看来，人活一口气，不肯过江东，霸王才保全了最后的尊严，如果苟且偷生，那就称不上"人杰"了。同一件事情，三个人提出了三种截然不同的看法，我们写作文也是这样，从不同的角度去分析和看待题目或材料，往往就能得到异彩纷呈的观点。

有的时候，我们甚至可以打破常规，跳出窠臼，进行逆向思维。当一个人懂得反其道而思之的时候，往往就能从一些司空见惯的事情中找到突破点。例如我们曾学过刘禹锡的《秋词》：

自古逢秋悲寂寥，我言秋日胜春朝。晴空一鹤排云上，便引诗情到碧霄。

中国文人多悲秋，刘禹锡却一反常人的思维，把秋天写得明快、清新，表达出一种昂扬奋发的豪迈情怀，读之使人产生愉悦之情，这就是逆向思维的成功应用。

当然，作文还是以通顺自然为要务，我们不能为了追求立意独特，刻意求新求怪，强行编造出一些奇怪的观点，这样反倒会显得生硬、逻辑不通，也就得不偿失了。

叙事：文似看山不喜平

平淡无奇的日常琐事很难具有吸引力，而新鲜、有趣的事物会让人们产生探究的欲望。比如，我们喜欢听故事，因为故事往往有着曲折离奇的情节，能够满足我们的好奇心，甚至让我们产生代入感，跟故事中的角色共悲喜。记叙文要让读者喜欢看，就要像讲故事一样有张有弛、跌宕起伏，这样才会扣人心弦、引人入胜。

清代的文学家袁枚在《随园诗话》中说："文似看山不喜平。"脂砚斋批点《红楼梦》也说："山无起伏，便是顽山；水无潆洄，便是死水。"山之妙在于陡峭纵横，水之妙在于奔腾蜿蜒。如果山只是一个平缓的小土包，水只是一个安静的小池子，那就没有多少魅力了，大家也不爱看了。文章的情节也是这样，只有像高山那样显出"不平"，像河流那样"曲折"，摇曳跌宕，波澜起伏，才能激起读者的阅读兴趣。那么，怎样能让叙事不寡淡、有波澜呢？

设置冲突，增加紧张感

叙事想精彩，一定要有矛盾、有冲突。比如主角要做一件事情，如果推进得太顺利、太按部就班了，读者就会觉得很无聊，好像一篇流水账；但是如果主角在做这件事情的过程中，碰到了一些困难，他想办法自己解决，或者是求助伙伴，或者发现麻烦太大，原定的计划暂时完不成了，因此他要更改目标……这样一来，故事就有"味"了，读者的兴趣也就被调动起来了。

比如大家都很熟悉的蒲松龄的名篇《狼》，就是一篇冲突特别激烈，特别能让人感到紧张的小说。开头的屠户晚归，两狼缀行，便给读者制造了一种惊险的感受。接下来，屠户为了脱身，把骨头扔给狼吃，但是骨头都扔完了，狼仍然跟着他，想攻击这个大活人。读者读到这里，也忍不住替屠户担心，觉得一场人狼大战马上就要开始了。但是，就在这个最紧张的时刻，屠户看到了麦场，他可以借助柴草堆保护自己的背部，而且，对峙片刻后，"一狼径去，其一犬坐于前。久之，目似瞑，意暇甚"，危机暂时缓和了，读者也跟着松了一口气，可能就会想：屠户是不是可以稍微放松休息一下呢？他可以等着这头狼彻底睡着，再悄悄逃走。但是屠户没有放松警惕，而是抓住时机，"暴起""刀劈""毙之"。然后再一看，原来另外一头狼正在柴草堆上挖洞，如果自己反应慢一点，后背就要被它咬到了。于是屠户又杀死了这头狼，人狼斗智，获胜的还是人。这段叙事的矛盾冲突之激烈，一点也不逊色于一部惊险刺激的电影。在情节的跌宕起伏中，狼的贪婪和狡猾，屠户的勇敢和机智也得到了很好的呈现。

使用倒叙，吸引读者注意力

倒叙手法是一种常用的叙事技巧，作者通过提前揭示故事的结局或重要情节，引发读者的兴趣和好奇心，再去给大家讲述，为什么会这样，之前都发生了什么事情。比如朱自清的名篇《背影》，开头第一句就说："我与父亲不相见已二年余了，我最不能忘记的是他的背影。"读者就会好奇了，我们平常想念一个人，可能会想他的面容，想他的微笑，想他说的话，为什么作者印象最深的是父亲的背影呢？这就会吸引大家接着读下去，原来父亲送他上火车，临别之际，父亲爬上月台，去给他买橘子。父亲上了年纪，而且身体比较胖，爬得很吃力，这个背影给他的印象就很深。

再有《羚羊木雕》这篇文章，开头直接就是人物的语言："'那只羚羊哪儿去啦？'妈妈突然问我。"紧接着写羚羊是一个木雕。我们可能就要好奇，妈妈为什么这么关注这个羚羊木雕，它有什么特殊的意义吗？羚羊木雕到底去哪儿了呢？顺着这个思路，我们就产生了代入感，能够更好地沉浸在故事的场景当中。如果作者开头写："一个星期六的晚上，我在写作业，爸爸妈妈在看电视。妈妈走到我身边，想问我要不要喝水，发现我桌上的羚羊木雕不见了。"这就显得比较平淡、比较拖沓，没有那种先声夺人的效果了。

制造悬念，巧设谜团

制造悬念，就是在文章的开头或中间巧设疑团，然后再在后文为读者解谜。根据事件的发展及叙事的需要，悬念可以是一个，也可以是几个。悬念的设置，能够激发读者追根究底的阅读冲动，吸引读者迫不及待地往下读，弄清个中原委，获得心理上的满足和艺术上的享受。

比如《驿路梨花》这篇文章，"我"和同伴在深山中赶路，天黑了还没赶到可以投宿的地方，心里很着急，就在这个时候，眼前出现了一片美丽的梨树林，一座温馨的小茅屋。小茅屋里没有人，但是有柴、有水、有米，甚至有调味品，用以招待过路人。到底是谁这么好心、这么周到呢？这就是一个悬念。是瑶族老人吗？是哈尼小姑娘梨花吗？最后悬念解开：原来，小茅屋是解放军战士们建造的，是大家共同维护的。在解放军战士的带动下，大家都献出一点爱心，过路人才有了这样一个温暖舒适的歇脚的地方。

不过，我们在文章中设置悬念，也应注意两个方面：一是提出的悬念应是推动情节发展的重要环节，必须与主要情节紧密相关，如果把设置悬念的笔墨浪费在无关紧要的细枝末节上，就很不划算，也浪费读者的感情；二是悬念的设置要自然，对谜团的解答需要出人意料，也需要在情理之中，不能为了吸引眼球，故意胡编乱造，给出不符合逻辑的解释。

伏笔铺垫，情节突转

情节突转是文学创作中常用的一种叙事技巧，它通过在故事发展的关键节点上引入突如其来的转折，打破读者的预期，从而增强故事的吸引力和冲击力。为了制造情节突转，作者往往会先层层铺垫，加以暗示，让读者觉得，情节理所应当向某个方向发展；铺垫到一定程度，笔锋突然一转，将情节引向另一个方向，使读者感到出乎意料，但是细细一想，又在情理之中。但是要注意，在突转的前后，人物的言行往往会有伏笔、照应，如果为了制造戏剧性的效果，强行突转，就会让读者觉得生硬、别扭，难以理解了。

比如著名短篇小说家欧·亨利的《最后的常春藤叶》，年轻画家琼珊染上肺炎，求生意志薄弱。她说等窗边的最后一片叶子落了，自己也会跟着死掉。可是奇迹发生了，有一片叶子无论风吹还是雨打，都没有凋落，始终停留在那里。琼珊凝视着那片叶子，恢复了生的意志，最终病情得以好转。然而，最后一个自然段，情节突转，琼珊的朋友将真相告诉了她：原来，是她们的邻居——老画家贝尔曼冒雨画了一片假树叶，挽救了琼珊，但他却因此牺牲了生命。这个结尾的设计，就可以说既出人意料，又合乎情理。出人意料，是因为贝尔曼爱喝酒、脾气暴躁，我们很难想象他会做出这么细心、这么温情的事情；合乎情理，是我们回头看看情节，会发现贝尔曼是个外冷内热的人，嘴上不饶人，但是一直很关心两位姑娘。而且，其他的叶子都落光了，但是"经过漫漫长夜的风吹雨打，仍旧有一片常春藤的叶子贴在墙上"，在风吹雨打下，叶子仍能"贴"在墙上，不飘不动，这就是一处重要的伏笔，暗示我们，叶子根本就不是真的，是画上去的。读者先觉得惊讶，但是再仔细一想，所有的地方都说得通，所有的伏笔都被解释清楚了，这就让读者觉得耐人回味，余音绕梁。由此可见，一个精彩而不突兀的结尾是突转法的关键。

写人：让人物"活"起来

让笔下的人物"活"起来，是说在文学创作中要塑造形象鲜明、有血有肉的人物形象。我们既可以从外形、动作、语言这几个方面，对人物进行正面的描写；也可以运用对比的手法，让人物的形象更加突出、更加饱满。

描画外形，捕捉特点

俄国作家果戈理曾说："外形是理解人物的钥匙。"人物的外形，就包括了面容、体态、穿着打扮、表情神态等方面，一言以蔽之，就是这个人呈现在读者面前的样子。当然，这么多的元素，一般来讲，我们很难、也不需要写得面面俱到，第一是受到篇幅的限制，第二是人物未必每个地方都有特点，写得太全面了，反倒人物形象变得模糊了。所以，我们落笔之前，可以先想一想，这个人物最明显的特点是什么，再有针对性地去进行重点描写。其他的部分，视需要而定，可以简要概括，也可以干脆不写。

比如老舍在《四世同堂》中写招弟小姐的外貌，就是先概括她的整体形象"小而俊俏"，然后详写她的眼睛："她的眼最好看，很深的双眼皮，一对很亮很黑的眼珠，眼珠转到眶中的任何部分都显着灵动俏媚。"在爱慕她的瑞全看来，她最美丽的就是这双灵活的、善于传情达意的眼睛，"每逢一遇到她，他就感到他的身与心一齐被她的黑眼睛吸收了去"。哪怕瑞全明知道她为人浅薄、品格低下，仍然情不自禁地被这双美丽的眼睛给迷惑了。

而名著《安娜·卡列尼娜》中，伏伦斯基第一次遇到安娜，印象特别强烈的就是她的神态：

她那双深藏在浓密睫毛下闪闪发亮的灰色眼睛，友好而关注地盯着他的脸……在这短促的一瞥中，伏伦斯基发现她脸上有一股被压抑着的生气，从她那双亮晶晶的眼睛和笑盈盈的樱唇中掠过，仿佛她身上洋溢着过剩的青春，不由自主地忽而从眼睛的闪光里，忽而从微笑中透露出来。

安娜的面容、衣饰当然也很美，但是如果没有这种温柔亲切的神情，这种旺盛的生命力，她就跟普通的贵族妇女没有区别，也就没法在这惊鸿一瞥之间，吸引伏伦斯基的注意力了。所以作者在描写安娜的外形时，给她的神态赋予了最多的笔墨。

准确选词，细写动作

老舍说："只有描写行动，人物才能站起来。"文章中的人物，不能像一幅画那样，定格在那里，而是要活动起来的，他们的活动又往往能够反映他们的性格特征，乃至于心理活动，所以说，动作描写对于塑造人物而言非常重要。动作描写的核心是动词的选择，只有巧妙地运用合适的动词，才能把人物的行动写得准确、写得生动传神。

例如元代的杂剧《看钱奴》中，吝啬鬼贾仁想吃烧鸭，但是舍不得买，于是在油汪汪的烧鸭上"着实的挝（现在一般写成"抓"）了一把"，让自己的手指头上沾满油脂，然后回家吮着手指头吃了四碗米饭。这个"挝"字就用得很巧妙，他是五个指头张开，使劲地往下抹的，这样才能让手上多沾一些烧鸭的油。如果改成"摸了一把""碰了一下"，这种喜剧性的表达效果就会大大减弱。

如果要写人物的一整段行动，我们也可以拆解动作，分几个步骤去写。比如《儒林外史》中，描写范进得知自己中举之后的狂态，他先是"看了一遍，又念一遍，自己把两手拍了一下，笑了一声道：'噫！好了！我中了！'"，"看"了一遍还不相信，还要"念"一遍确认一下，然后"拍手""笑"，这都是范进内心极度欢喜的表现，考了二十多次，终于熬出头了。然后乐极生悲，"往后一跤跌倒，牙关咬紧，不省人事"，乐得昏了过去。恢复意识之后，他"爬将起来，又拍着手大笑道：'噫！好！我中了！'笑着，不由分说，就往门外飞跑"，彻底表现出了疯狂的状态。结果刚刚走出大门，就"一脚踹在塘里，挣起来，头发都跌散了，两手黄泥"，摔得狼狈不堪，丑态毕露。这一连串的动作描写，就好像一组精彩的电影镜头，把一个为功名痴狂的书生形象给刻画出来了。

言为心声，传情达意

鲁迅说："如果删除了不必要之点，只摘出各人的有特色的谈话来，我想，就可以使别人从谈话里推见每个说话的人物。"成功的语言描写，往往可以反映出不同人物的性格特征。例如在老舍《离婚》这部小说中，男主人公老李搬到新家的第一天，没有水喝，热心的邻居老太太送来了一壶开水。老太太的话是这样的：

壶放着吧，明儿早晨再给我。还出去不出去？我可要去关街门啦。早睡惯了，一黑就想躺下。明儿倒水的来叫他给你们倒一挑儿。有缸啊？六个子儿一挑，零倒，包月也好，甜水。

老李的回答更有意思："六个子，谢谢，有缸，不出去，上门。"

老太太的话是絮絮叨叨的，零零碎碎地叮嘱了各种事情；而老李的话结结巴巴、前言不搭后语，甚至显得有点失礼，这么一个回合的交流，就把老太太的热心、爱拉家常，和老李的木讷、不善言辞充分表现出来了。

鲁迅的《孔乙己》中，孔乙己给孩子们分茴香豆，孩子们吃完还想要，孔乙己赶紧说："不多了，我已经不多了。"然后又补了一句："不多不多！多乎哉？不多也。"这么一点小事，他还能咬文嚼字地引用《论语》里面的话，可见孔乙己是一个穷酸、迂腐、令人发笑的书呆子。

俗话说"言为心声"，活用语言描写，也能够传达出人物的思想感情和心理活动。例如张恨水的小说《巴山夜雨》，重庆一个机关的职员们在防空洞躲避轰炸，听到炸弹的声音，胆小的陈先生吓得全身发抖，旁边的甄子明安慰他："陈先生，镇定一点，不要害怕。"陈先生颤抖着回答："我……我……不、不怕。"两个省略号，一个顿号，写出了他说话那种断断续续、颤颤巍巍的状态，他嘴上说"不怕"，实际读完这句话，大家都知道，他怕得不得了。再如《林海雪原》中，白茹意识到了自己对少剑波的感情，正好高波和李鸿义来问她"爱"字的写法，繁体的"爱"中间有一个"心"，于是白茹下意识地自言自语："爱就得有心！从心里爱！"这句话就暗示了她对少剑波的爱。

也有一些作者会在人物的语言中加入一些方言的元素，让语言描写更加生动和口语化，更加贴近日常。例如作家叶广芩是土生土长的北京人，她笔下的很多人物对话就会富有"京味儿"；冯骥才写天津的风土人情，往往会在人物台词中融入天津的方言；《平凡的世界》的故事发生在黄土高原上，人物的对话就带有明显的西北方言元素……这些方言的运用，让人物的语言更自然、更贴近生活。不过也要注意，方言的使用也不宜过多，这样会加大读者的阅读难度，就过犹不及了。

巧用对比，突出形象

对比手法是我们常用的表现手法，我们常常会使用对比来突出人或物的特点和变化。塑造人物的时候，我们可以用两个人物相互对照，突出他们各自的特点。这种对照可以是前面所讲的三点中的任何一点，可以是外形的对照、动作的对照、语言的对照，当然也可以选择两种以上来对照。

例如《水浒传》中，鲁达得知金老汉父女受到恶霸镇关西的控制，要为他们筹集逃回老家的盘缠，向史进和李忠借钱，史进马上说："直甚么，要哥哥还。"然后去包裹里取出一锭十两银子，放在桌上；李忠则是"去身边摸出二两来银子"。这就给鲁达和读者们留下了一个印象，史进大方、仗义，李忠比较抠门。当然，我们也可以结合他们的身份进一步分析，史进是史家庄的大少爷，手头宽裕，对钱没什么概念，花钱比较随便，更在乎兄弟义气；而李忠需要靠卖艺谋生，赚钱不容易，自然也就舍不得给太多。他们的不同反应，其实很符合各自的身份特点。如果两个人给的数目相同，反倒不合理了。所以，这一处对比实际上也加强了对两个人物身份的刻画。

如果一篇作品的时间线比较长，场景不止一个，我们也可以对比同一个人物在不同时间点，或者不同场景下的形象与表现，来突出这个人物的变化。例如，鲁迅的《故乡》中，少年闰土的形象是很健康、很活泼、富有生命力的，而人到中年的闰土，不仅贫困潦倒，而且畏畏缩缩、麻木卑微，整个失去了灵魂，被抽走了生命力。前后对比之下，视觉冲击就更加强烈，让读者为闰土感到惊讶、痛心之余，也意识到闰土这些年来的悲惨遭遇，感受到不合理的社会制度对底层人民残酷的压迫。我们在写人物的时候，也可以尝试着运用对比手法，使得人物的形象更加立体，更加鲜明。

布景：一切景语皆情语

写记叙文，就如同导演一幕舞台剧，要设计情节，要调动人物，当然也要做好"布景"的工作，使得情节发展更自然，人物形象更饱满，观众更能沉浸其中。那么，什么是记叙文的"布景"呢？其实，记叙文的"布景"，指的就是环境描写，再细分一点，还可以分成自然环境和社会环境。日月山川、风霜雨雪、花草树木，这些都算作自然环境；风土人情、街市面貌、居室陈设，这些都算作社会环境。我们笔下的这出"舞台剧"，人物必须在一定的环境中活动，事件也必须在一定的环境中发生，布景的工作至关重要，我们必须把它做得精巧、妥帖；另一方面，布景又必须严格服务于人物和情节，不能随心所欲，信马由缰。正如茅盾先生所说："作品的环境描写，不论是社会环境或自然环境，都不是可有可无的装饰品，而是密切地联系着人物思想和行动。"环境写多少、怎么写，都取决于主题的需要，这样才能最大程度地为故事增色。

那么，环境描写在记叙文中都可以发挥怎样的作用呢？

交代背景

文章中的环境描写，往往可以起到交代故事背景的作用，告诉读者故事发生的时间、地点，有时也包括社会的大环境。例如，契诃夫的名篇《变色龙》，开头这样写集市广场上的环境：

四下里一片寂静……广场上连人影也没有。小铺和酒馆敞开大门，无精打采地面对着上帝创造的这个世界，像是一张张饥饿的大嘴。店门附近连一个乞丐都没有。

作者着墨不多，就刻画出了沙皇高压统治的社会下，那种萧条、死寂、凄惨的大环境。在这个大背景下，后文中像赫留金这样的小人物受到侮辱和漠视，像奥楚蔑洛夫这样的官员横行霸道、媚上欺下，也就都具有了以小见大的典型意义。

渲染气氛，烘托心情

环境描写可以帮助渲染气氛，增强画面感；也可以烘托人物的心情。一般来讲，环境恶劣，气氛凄凉，人物的心情也悲惨、哀伤；环境美好，气氛热烈，人物的心情也开朗、喜悦。例如，吴瑛的《十里长街送总理》，开头这样写：

天灰蒙蒙的，又阴又冷。长安街两旁的人行道上挤满了男女老少。

阴沉、清冷的环境，就烘托出了一种肃穆哀戚的气氛，以衬托群众送别周总理的哀痛之情。

再如张恨水的《啼笑因缘》中，樊家树与沈凤喜第一次约会，清晨五点钟就来到先农坛，此时周围的环境是这样的：

柏林下那一条平坦的大路，两面栽着的草花，带着露水珠子，开得格外的鲜艳。人在翠荫下走，早上的凉风，带了那清芬之气，向人身上扑将来，精神为之一爽。

春日的早晨，花草茂盛，空气清新，整体给人以一种明快、清爽的感受，正好衬托樊家树等待意中人时的满心欢喜。

也有些时候，环境的气氛和人物的心情会是相反的，起到一个反衬的作用。正如清代的学者王夫之所说："以乐景写哀，以哀景写乐，一倍增其哀乐。"例如杜甫的《哀江头》：

少陵野老吞声哭，春日潜行曲江曲。江头宫殿锁千门，细柳新蒲为谁绿？

春日到来，杨柳依依，蒲草青青，万物萌发生机；然而长安沦陷之后，昔日繁华已成过眼云烟，主人公再看到这明媚的春景，追忆过往，内心的痛苦就更加鲜明、更加尖锐，这就是所谓的"以乐景写哀情"。

推动情节发展

很多文学作品当中，环境描写也可以起到推动情节发展，或者是为情节发展埋下伏笔的作用。例如《水浒传》中，"林教头风雪山神庙"一节，林冲来到草料场时，"正是严冬天气，彤云密布，朔风渐起，却早纷纷扬扬卷下一天大雪来"，进入安身的草屋后，发现草屋"四下里崩坏了，又被朔风吹撼，摇振得动"。正是因为天气寒冷，林冲才会离开草屋去打酒；正是因为雪下得大，草屋才会被积雪压垮，林冲回来后才不得不另寻过夜之所，也因此躲过了草料场大火，识破了仇人的奸计。如果没有这场雪，后面一系列的情节也就难以顺利推进了。

衬托人物形象

人物生活的环境，往往可以衬托人物的形象。《红楼梦》中，刘姥姥进大观园，来到林黛玉居住的潇湘馆，"一进门，只见两边翠竹夹路，土地下苍苔布满，中间羊肠一条石子漫的路"，进入房间，发现"窗下案上设着笔砚，又见书架上磊着满满的书"，"竟比那上等的书房还好"。在这样一个景致清丽的院落居住，房间布置又十分高雅，足见主人的不俗品位和文人气质。而薛宝钗的屋子，"一色玩器全无，案上只有一个土定瓶中供着数枝菊花，并两部书，茶奁茶杯而已。床上只吊着青纱帐幔，衾褥也十分朴素"，跟主人"罕言寡语，安分随时"的性情也是相符的。

了解了环境描写的作用，我们再来说一说环境描写的实用技巧。

多感官、多角度构造鲜活之景

环境描写就像电影画面，有远景有近景，有天上景有地上景，有植物景有动物景，有视觉景有听觉景，有动景有静景。我们想把场景写得真实、立体，需要调动多个感官，综合运用我们的视觉、听觉、嗅觉、味觉和触觉，让读者产生更加强烈的代入感。例如朱自清写景的名篇《春》，这样描写春花：

桃树、杏树、梨树，你不让我，我不让你，都开满了花赶趟儿。红的像火，粉的像霞，白的像雪。花里带着甜味儿；闭了眼，树上仿佛已经满是桃儿、杏儿、梨儿。花下成千成百的蜜蜂嗡嗡地闹着，大小的蝴蝶飞来飞去。

站在树下，眼睛可以看到春花绚烂，蜂围蝶绕；鼻子可以闻到甜甜的花香；耳朵又可以听到蜜蜂的嗡嗡声，这就把春景写得热闹极了，读者读到这里，也会沉浸其中，好像真的走进了一片美丽的花海。

另外，我们也可以从多个角度去描写环境。例如老舍在《骆驼祥子》中，这样描写暴雨之前酷热的天气：

马路上一个水点也没有，干巴巴的发着些白光。便道上尘土飞起多高，与天上的灰气联接起来，结成一片毒恶的灰沙阵，烫着行人的脸。处处干燥，处处烫手，处处憋闷，整个的老城像烧透的砖窑，使人喘不出气。狗趴在地上吐出红舌头，骡马的鼻孔张得特别的大，小贩们不敢吆喝，柏油路化开；甚至于铺户门前的铜牌也好像要被晒化。

为了表现空气极端的干燥、炎热，作者先从正面写路面很干、尘土飞扬，城里像砖窑一样热；再从侧面烘托，写狗、骡马、小贩的反应，写柏油马路被晒化了，这就比单纯的正面描写更加真实、更加生动。

强化色彩描写

色彩是凸显景物特征的最重要的一个点，彩色电影比黑白电影前进了一大步，就是因为彩色的画面比黑白的画面更具有视觉上的冲击力。我们在描写景物的时候，也可以有意识地运用一些表示色彩的词语。例如，《静静的顿河》中，葛利高里和阿克西妮亚连夜逃亡，天刚亮的时候停下来休息，此时周围的景物是这样的：

草上的露水很重，重露使绿草变成了灰色，但是还笼罩着清晨的昏暗的斜坡上却闪着暗淡的蓝光。橘黄色的大蜂在半开的花瓣上打盹。

这里连用了四个表示颜色的词，为我们展现了一幅晨曦笼罩下的原野图景；而且色彩调配得很巧妙，在色调柔和的大背景上，点缀了一只鲜艳的"橘黄色的大蜂"，十分鲜明好看，呈现出一种油画的质感。

巧用修辞

在描写景物的时候，我们也可以适当地运用一些修辞手法，让读者更容易理解景物的特点。

比喻是最常用、也最好用的修辞之一，我们熟悉的散文名家朱自清是用比喻的高手，例如他在《荷塘月色》中这样写荷叶："曲曲折折的荷塘上面，弥望的是田田的叶子。叶子出水很高，像亭亭的舞女的裙。"想一想，如果这句话让你来写，你会把荷叶比喻成什么？我们可能会说，荷叶的形状圆圆的，像一个绿色的大圆盘；荷叶从水面支起来，好像一把小伞。这些比喻当然也都很好，但是说荷叶像"亭亭的舞女的裙"，就更加巧妙，也更加形象地写出了荷叶那种临风摇曳的秀媚姿态。

很多时候我们也会用到拟人的手法，赋予景物人的特征，让景物"活"起来。例如老舍在《济南的冬天》中这样写："一个老城，有山有水，全在天底下晒着阳光，暖和安适地睡着，只等春风来把它们唤醒。"济南的冬天景色秀美、气候温和，所以在作者眼中，老城就像一位打盹的老奶奶一样，晒着太阳，舒舒服服地睡觉，既写得生动自然，又给读者一种舒适、安闲的审美感受，让我们感受到老舍对济南的热爱之情。

借景抒情，情景交融

布景的目的是为了展示人的活动，布景要和人物的情感相关联。因此我们可以把情与景结合起来，让景物成为抒情的载体。例如莫泊桑的《我的叔叔于勒》，主角一家乘船出海旅行时，满怀欣喜之情，此时他们眼中的大海"平静得好似绿色大理石桌面"，非常美丽。绿色的大理石餐桌是很贵重的东西，这个形容也给读者一种暗示，他们日日夜夜幻想着靠于勒叔叔过上富裕的生活。而当大家发现于勒叔叔不仅没发财，还很落魄，他们的幻想破灭了，也失去了游玩的兴致。接近目的地时，在他们的眼中，曾经心心念念的泽西岛也只是"一片紫色的阴影"。我们在写作的时候也可以借鉴这种手法，让情与景相互交融，为文章增添一种含蓄蕴藉之美。

细节：细节决定成败

巴尔扎克说："当一切的结局都已准备就绪，一切情节都已经过加工，这时，再前进一步，唯有细节组成作品的价值。"这句话道出了细节描写的重要性。所谓的细节描写，也就是对具有典型意义的细小情节，或事物的某一细微特征进行的细致的描写。好的细节描写，能够增强文章的真实性和生动性，让我们笔下的人物形象更加鲜明，主题更加突出，整篇作品更具有感染力。

那么，要怎样做好细节描写呢？

留心观察，细笔勾勒

细节来源于对生活中人、事、物的细致入微的观察。就像画一幅肖像画，如果对模特观察得不够仔细，自然也就难以画出他的特征。中国美术馆里有一幅很著名的油画——罗中立的《父亲》。它最被人称道的地方，就在于能够在细节上下功夫，用心描摹主人公面部的皱纹、额角的汗珠、干裂的嘴唇、指甲缝里的黑泥，还有手指上脏污的、渗出血迹的绷带，来塑造一个生活贫困、饱经沧桑的农民形象。能把人物描绘得这么细腻，跟作者的细心观察是分不开的。画中"父亲"的原型是作者的房东大爷，作者为了画好这幅画，把房东大爷全部的照片都要了过来，一张一张地认真看，一次一次地用心画，最后才创作出了这样一位鲜活立体、观之可亲的"父亲"。

我们写作文也应该这样，只有留心观察身边的人、物和场景，才能写得细，写得真。老舍说："要想把小说、剧本等写好，要先从练习写一个完完整整的人、一件完完整整的事做起。你要仔细观察身旁的老王或老李是什么性格，有哪些特点，随时注意，随时记录下来。"他在散文《我的母亲》中这样写自己的母亲：

> 为我们的衣食，母亲要给人家洗衣服，缝补或裁缝衣裳。在我的记忆中，她的手终年是鲜红微肿的……她作事永远丝毫也不敷衍，就是屠户们送来的黑如铁的布袜，她也给洗得雪白。

母亲的手"终年鲜红微肿"，这就是一处很真实的小细节，如果是一个对母亲没有那么熟悉、感情没有那么深厚的人，就很难写出这细腻动人的一笔。

抓住典型，以小见大

细节描写并不是多多益善，如果把一件事的细枝末节，或是一个人的四肢五官、衣帽鞋袜、言行举止全都详详细细地写出来，在读者的角度看来，就显得太啰唆、太累赘了。所以，我们要有取舍，只选择那些最典型、最重要的细节去写，这样文章才凝练、精致。例如赵树理在《套不住的手》中，塑造老农民陈秉正的形象，就浓墨重彩地描写了他的一双手：

> 手掌好像四方的，指头粗而短，而且每一根指头都展不直，里外都是茧皮，圆圈的指头肚儿都像半个蚕茧上安了个指甲，整个看来真像用树枝做成的小耙子。

这双指头弯曲、布满老茧、异常粗壮有力的大手，是陈秉正老人最重要的特征，是他一生跟土地打交道、精于农业技术的见证，因此作者要用工笔细描的手法，为我们展现这双手的细节。

描写典型的细节，往往也可以起到以小见大的作用。例如张恨水的《啼笑因缘》，为了表现何丽娜的富贵，写了这么一处小细节：何小姐离开舞厅时，有服务生帮她穿上大衣，"穿好之后，何小姐打开提包，就抽出两元钞票来"，作为服务生的小费。对待一个普通服务生，出手都如此大方，我们也就可以想见，何丽娜的家境多么富裕，平时的生活又是多么阔绰。

借助道具，塑造形象

前面我们也说过，写一篇记叙文，就像导演一出舞台剧，有了精彩的剧情、鲜活的人物、合适的布景，这出舞台剧还不能算尽善尽美，因为我们还缺少道具。在记叙文的"舞台"上，一些小小的道具往往可以起到画龙点睛的作用，让人物的形象更加生动和饱满。例如，《平凡的世界》中，主角孙少平的一双袜子太过破旧，后跟被磨出了两个大洞，按理来讲已经不能穿了。但是父亲没有钱给少平买新袜子，甚至没有材料帮他补袜子，父亲表示，"等秋天分到一点羊毛，再把后跟补上；袜腰是新的，还不能丢，凑合着穿个两三冬还是可以的"。主角一家人的贫困、俭朴、精打细算，都借由这个小小的细节，淋漓尽致地展现在了读者的眼前。

很多时候，道具也能够折射出人物的心理活动和思想感情。还是《平凡的世界》中，田润叶给了孙少平一小笔钱，让他拿去买点吃的，改善一下生活，因为少平在学校的伙食太差了，只吃最便宜的黑馍。这笔钱少平舍不得花在自己身上，拿去给生病的奶奶买了一瓶止痛片，告诉她哪里疼就吃一片。但是奶奶根本舍不得吃，平时只是一次一次地把药片倒出来，数一数，证明一片都没少，然后再小心地装回到瓶子里去。直到小说的结尾，已经差不多十年过去了，一家人的生活也不那么贫困了，奶奶仍然在床上数着那瓶止痛片。实际上，"这瓶已经像羊粪蛋一样又黑又脏的药片一粒也没少"，这么多年里，奶奶一片都没吃。这一小瓶药，承载着祖孙之间的亲情，代表着少平的一片孝心，因此对于奶奶来讲，是最宝贵的东西。

反复强化，加深印象

在文章当中，我们也可以让一个细节反复出现，前后照应，让读者的印象更为深刻。例如茹志鹃的名篇《百合花》中，一个衣服上的破洞，前后出现了四次。第一次，小通讯员去老乡家里借棉被，不小心撕破了衣服，"在肩膀处，挂下一片布来，口子撕得不小"，那家的新媳妇要帮他缝补，小通讯员不好意思，转身就走。第二次，小通讯员离去时，故事讲述者"我"注意到"他肩上撕挂下来的布片，在风里一飘一飘"，有点心疼，后悔没有帮他补一补。第三次，在战斗中身负重伤的小通讯员被送到包扎所，"我"看到"他安详地合着眼，军装的肩头上，露着那个大洞，一片布还挂在那里"。最后一次，医生告诉大家，小通讯员伤重不治，已经牺牲了，此时新媳妇守在小通讯员身边，"拿着针，细细地、密密地缝着那个破洞"。这一个破洞，贯穿了故事的始终，推动着情节的发展，也承载着人物未能宣之于口的情感。小通讯员的淳朴和羞涩，"我"对于同志的关心，新媳妇身上那种纯洁、善良的人性之美，乃至于军民之间真诚的情谊，都借由这个小小的细节表现了出来。所以说，如果是对于呈现主题，或者塑造人物比较重要的细节，我们也可以多给它一点"戏份"，强化它的存在感，让它更好地发挥作用。

议论文

议论文主要考察学生的逻辑思维能力、语言表达能力以及对社会问题的关注和认识。议论文写作要求我们能够明确地表达自己的观点，并通过有力的论据来证明自己的观点，用合理的论证准确阐发论据与观点间的逻辑关联。根据这一要求，本章议论文写作从观点要明确、议论要言之有据、论证要合理三个方面来讲解。

观点要明确

议论文，又叫说理文，是常见的一种文体，主要以议论为主，通过讲道理、摆事实等方法来表达自己的方法和主张。议论文有三要素：论点、论据、论证。

什么是论点？

什么是论点？论点就是文章的观点，简单来说，就是文章中所要表明的看法或者主张。论点通常是判断句，让人一目了然。一般来说，短语、疑问句、否定句都不能作为论点句。比如说吴晗的《谈骨气》，作者一上来就摆明了自己的论点："我们中国人是有骨气的。"作为标题的"谈骨气"并不能作为观点，也不能用疑问的"我们中国人有骨气吗"来作为论点。

除此之外，论点还必须简洁准确。一般情况下，带有修辞手法的句子也不能作为论点。因为比喻等修辞手法往往是形象化的表达，而不是逻辑推理或事实证据。比如孟德斯鸠《论法的精神》的论点是"法律是保障自由和社会秩序的基础"，而"法律就像是社会的骨架，支撑着整个社会的运作"这样的比喻句是不能作为论点句的。

论点会在何处出现呢？它的位置非常灵活，文章的标题、开头、论证过程以及结尾当中都有可能出现。

首先来看出现在文章标题的论点，这种情况大多出现在新闻评论当中。比如发表在《新华每日电讯》上的文章《警惕形式主义披隐身衣卷土重来》，标题的内容就是文章的中心论点，不拖泥带水，直接指出本文的核心内容是"批判披着隐身衣的形式主义"。

再来看出现在文章开头的论点。比如韩愈的《送孟东野序》的开头："大凡物不得其平则鸣。草木之无声，风挠之鸣。水之无声，风荡之鸣。"开头就提出"大凡事物处在不平静的时候就会发出声音"的观点。

在论证过程当中出现论点也是很常见的，比如王安石的《读孟尝君传》，这篇文章只有八十八字，但是王安石通过对"士"的标准的鉴别，驳斥了"孟尝君能得士"的观点，提出了新的观点，鸡鸣狗盗之徒不足以称"士"，而鸡鸣狗盗之徒出入孟尝君门下，就是真正的"士"不到孟尝君那里去的原因，所以说孟尝君其实得不到真正的"士"。

最后就是出现在结尾部分的论点。论点出现在结尾一般可以强化文章的论证，引发读者的思考。例如欧阳修的《五代史伶官传序》的结尾："忧劳可以兴国，逸豫可以亡身，自然之理也。"欧阳修意在告诫统治者要深刻汲取历史教训，要居安思危，防微杜渐，始终励精图治，重贤者远小人，从而保持国家的繁荣昌盛。

如何阐述论点？

1.论点要正确

论点往往是基于个人的感知、思考和评价而产生的，因此经常带有主观看法。但是主观也不等于可以随意，在表达论点时，论点应当符合事实和逻辑，并且具有合理性和可行性。在论证观点的时候，最常用的就是"摆事实"和"讲道理"的方式。但如果论点不正确，违背生活实际或者常理，再怎么"摆事实""讲道理"，都无法让人信服。因此，论点正确是议论文写作的基础。

2.论点要明确

论点要明确指的是在论述观点时要清晰、具体、明确，不能模棱两可。在表明论点的时候，要用简洁明了的语言来直接陈述，避免模糊和笼统的表述，在简洁的基础上尽量严谨，比如"实践是检验真理的唯一标准"这一论点就十分明确，实践不仅是检验真理的标准，还是唯一的标准，除了这一标准之外不会有别的标准，表述十分明确，不会产生任何歧义。

3.论点要深刻

论点在正确和明确的基础上还要尽量深刻，也就是针对某一问题提出较为深刻的见解。想要提出深刻的论点，就要做个有心人，在平时的生活中认真观察，深入思考，深度剖析问题，能够透过现象看本质，挖掘事物的客观规律以及蕴含的深层道理。例如刘基的《卖柑者言》就是通过写柑橘"金玉其外，败絮其中"引出对"欺"字的议论，卖柑者通过自己的"欺"引出达官绅士欺世盗名、庙堂之臣不懂治国、狡诈官吏败坏法度的真相。

4.论点要新颖

在能够做到前三条的基础上，尽量追求论点的新颖性。也就是在面对问题的时候能够提出独特的见解，提供新的视角或思考方式，而不是简单重复他人的观点。但是新颖并不意味着歪曲事实，而是从不同的角度探究问题的解决之道。

面对一个问题，可以从不同的角度展开思考，然后从这些角度中选择一个恰当的角度。例如《劝学》中提出的"学不可以已"，也就是学习永无止境，这一观点，作者从学习的作用、态度、方法等方面进行论证，角度多样，层次结构清晰。

议论要言之有据

什么是论据？

论据是用来支持和证明论点的事实、数据或道理。在议论文中，论据是议论文立论的根据，是论证观点的重要依据。具体来说，论据可以分为以下两类。

1．事实论据

事实论据包括具体事例、统计数据、历史事实、亲身经历等。这些论据是对客观事物的描述和概括，能够有效地证明论点的真实性。例如，欧阳修的《五代史伶官传序》，欧阳修先用了后唐庄宗的例子，庄宗接受了晋王李克用的三道遗命，照做后得到了天下，此时意气风发。成功之后，庄宗骄傲自满，宠信伶官，纵情声色，最后众叛亲离，又失了天下。欧阳修用这段历史事实来论证自己的观点：国家兴衰取决于人事，而非天命。

2．道理论据

道理论据是指用来支持和证明观点或结论的理论性证据，通常包括名人名言、谚语、古代文献，以及自然科学的原理、定律、公式等。这些论据经过长期的实践检验，被广泛认可为正确的观点。通过引用这些权威性和经典的材料，可以有效地说明和论证一个问题。

例如，引用孔子的名言"学而不思则罔，思而不学则殆"来论证学习与思考同等重要，或者引用牛顿的万有引力定律来解释物体之间的引力作用。

议论如何言之有据？

1．论据要严密贴合观点

为了证明论点，一定要选择恰当的论据，如果出现论据没有贴合论点的情况，那么论证效果就会大打折扣。

事实论据应当具有代表性，简明扼要地概述。要特别强调那些与论点一致的部分，确保所表述的事实与论点相互对应。道理论据则必须反映事物的本质，找准支撑观点的逻辑联系。比如以下三句同样都是表达爱国的古诗：

陆游《示儿》：王师北定中原日，家祭无忘告乃翁。

文天祥《过零丁洋》：人生自古谁无死，留取丹心照汗青。

鲁迅《自题小像》：寄意寒星荃不察，我以我血荐轩辕。

这三句诗表达的都是爱国之情，但是三者也存在细微的差别。陆游表达的是渴望收复失地的爱国之情；文天祥表达的是为民族利益不惜牺牲生命的民族气节；而鲁迅表达的是立志报效祖国的革命献身精神。同样是表达爱国，侧重点各有不同，在选择论据时应该仔细筛选辨析，选择最切合论点的论据，才能够更有力地论证观点。

2．论据要真实准确

议论文写作一定要选取真实准确的论据。事实论据必须是真实的，不能有臆造或者是虚构、夸张的成分，存在这些问题都会导致论据站不住脚。例如吴晗的《谈骨气》一文中，举了闻一多的事例，而且写得非常精确：

民主战士闻一多是在 1946 年 7 月 15 日被国民党枪杀的。在这之前，朋友们得到要暗杀他的消息，劝告他暂时隐蔽，他毫不在乎，照常工作，而且更加努力。明知敌人要杀他，在被害前几分钟还大声疾呼，痛斥国民党特务，指出他们的日子不会很长久了，人民民主一定得到胜利。

又引用了毛主席在《别了，司徒雷登》里的话语：

许多曾经是自由主义者或民主个人主义者的人们，在美国帝国主义者及其走狗国民党反动派面前站起来了。闻一多拍案而起，横眉怒对国民党的手枪，宁可倒下去，不愿屈服。

道理论据则必须是公认正确的。比如我们经常在写作时引用名言警句来支撑我们的论点，这个时候就需要保证引用的句子内容和意思都准确无误。例如梁启超《敬业与乐业》一文中，引用庄子"虽天地之大，万物之多，而惟吾蜩翼之知"的道理来论证应该如何做到敬业，引述准确，增强了文章的说服力。

3. 论据要典型

在写议论文的时候，选择的论据要典型，要选择那些有代表性、有说服力、能够揭示事物的本质的论据，比如说名人名言，著名的人物事例等。比如孟子的《生于忧患，死于安乐》中，孟子例举了舜、傅说、胶鬲、管夷吾、孙叔敖、百里奚六位经过贫困和挫折的磨炼，终于担当大任的人的事例，这六个人无一例外，都是经受挫折最终奋发有为的著名人物，他们的事迹经过了历史的验证，得到了世人的认可，这就是典型的事例，他们的故事证明了忧患可以激励人奋发有为，磨难可以促使人有新成就这一论点。

4. 论据要充分

例如欧阳修的《五代史伶官传序》，文章一开头就提出"盛衰之理，虽曰天命，岂非人事哉"的论点，作者认为国家兴亡由人事决定，所以在后面选择了后唐庄宗李存勖的故事作为事实论据。李存勖接受并完成父亲的遗命，最后建立后唐。而在得到天下之后，他认为父仇已报，中原已定，开始享乐怠政，最终怨声四起，众叛亲离，丢掉了天下。通过李存勖得天下和失天下的事实，有力地证明了"盛衰由人"的观点。

论证要合理

什么是论证？

论证是指通过使用论据来证明论点的过程或方法。在议论文写作当中，论证通常由三个主要要素构成，论点、论据、论证方法。论证方法是连接论据与论点的纽带。

初学议论文写作，最常用的就是简单地采用观点加例子的论证方式，但其实论证方法有很多种，除了举例论证和道理论证之外，还有对比论证、比喻论证、类比论证。

对论证的基本要求是，论证要合理。合理的论证就是根据内容的需要，选择合理的论证方法，增强文章的说服力。

如何做到论证合理？

了解了什么是论证之后，如何做到论证合理呢？主要有以下几点。

1. 论证要合乎逻辑，论点要一致，概念要一致

这就要求文章的中心观点要保持不变，比如利哈乔夫的《论教养》，标题叫作"论教养"就已经揭示了中心观点，文章前一部分在讨论没有教养的表现以及什么是教养，可是后面为什么又去谈风度了？这是否偏离中心了？其实并不是，因为教养是风度的基础，而风度是教养的外在表现形式。教养和风度密切相关，前者强调内在气质，后者侧重外在表现。作者在论述教养后，进一步探讨风度，以深化观点。文章最后重申，尊重他人是关键，尊重加智慧造就风度，优雅举止则是自然的外在表现。文章通过"教养—风度—优雅举止"这一线索，层层深入地阐述了对教养的认识。

需要注意的是，不要在文中混淆或者偷换概念。比如鲁迅的《中国人失去自信力了吗》一文就是针对别人混淆概念，把一部分中国人失去自信力说成是中国人都失去自信力了而写的一篇驳论文。

2. 明确论点和材料的联系，使用的材料能够支持论点

在议论文写作中，材料的使用和论点的论证是至关重要的，引用恰当的材料可以增强论点的说服力。例如，在梁启超的《敬业与乐业》一文中，作者引用了孔子的话和百丈禅师的故事来论证"有业"的重要性。

通过引用权威人物的言论和故事，能够有效地支持自己的观点，但仅仅引用材料是不够的，还需要对材料进行深入分析。这种分析不仅解释了引用材料的意义，还进一步阐述了作者的观点。例如，在引用孔子的话后，梁启超进一步分析道：

孔子是一位教育大家，他心目中没有什么人不可教诲，独独对于这两种人便摇头叹气说道："难！难！"可见人生一切毛病都有药可医，惟有无业游民，虽大圣人碰着他，也没有办法。

议论文写作中还有一个需要避免的关键问题，那就是论据的过度堆砌，这不仅无法有效支撑论点，反而会使文章显得冗长且缺乏条理。

3. 选择恰当的论证方法

举例论证

又叫事实论证，通过列举确凿、充分、有代表性的事例证明论点的方法。例如吴晗的《谈骨气》一文，作者通过文天祥宁死不降、穷人不受嗟来之食和闻一多拍案而起的事例，生动地展示了中国人具有骨气的历史事实，从而有力地论证了"我们中国人是有骨气的"这一观点。

道理论证

道理论证就是通过引用经典著作中的精辟见解，或者古今中外名人的名言警句以及人们公认的定理公式等来证明论点。例如《谈骨气》，作者一上来就表明了自己的论点："我们中国人是有骨气的。"为了论证这个观点，作者紧接着引用了孟子的话，

"富贵不能淫，贫贱不能移，威武不能屈，此之谓大丈夫"，极大增强了文章的说服力。

对比论证

又叫正反论证，拿事物的相反或相异的属性进行对比，在对比中证明论点的方法。对比论证又可分为纵比和横比。纵比就是在时间上的前后时期或者是事物的前后阶段的对比，例如欧阳修的《五代史伶官传序》，就用了后唐庄宗得天下以及失天下两个不同阶段来对比，论证了盛衰由人的观点。横比则是同类事物之间的对比，例如韩愈的《师说》一文中描写古代的圣人超出一般人很多尚且向老师求教，而现在的一般人比圣人差得远，却羞于向老师请教。通过这两者的对比，表达对从师风气荡然无存的叹息。

比喻论证

比喻论证是通过使用比喻来证明论点的方法。它利用人们熟悉的事物进行比喻，用形象生动的方式来解释抽象的道理，使论证更加通俗易懂和有说服力。例如，在《劝学》中，荀子用"青，取之于蓝，而青于蓝；冰，水为之，而寒于水"来比喻学习的重要性，说明通过学习可以超越原有的状态。

比喻论证的关键在于比喻者与被比喻者之间有相似之处，这样才能通过比喻来进行推理和论证。

类比论证

类比论证是一种通过比较两个具有相似属性的事物，从而推论它们在其他属性上也可能相似的论证方法。例如在《邹忌讽齐王纳谏》中，邹忌发现自己的妻子、妾和朋友都对他进行过度的赞美，这让他意识到自己被身边的人蒙蔽了。邹忌将这种情况类比到齐王身上，指出齐王也可能被身边的大臣和官员所蒙蔽，因为他们可能会为了讨好齐王而不说真话。通过这种类比，邹忌生动地证明了"王之蔽甚矣"这一论点。这种类比论证的方法，使得邹忌的劝谏更加可信，更有说服力，让齐王意识到接受谏言的重要性。

4. 论证结构合理，思路清晰

除了以上三点，还有重要的一点就是论证结构必须合理，论证思路要清晰。论证结构指的是议论文的基本框架，主要是为了呈现观点与论据之间的联系。常见的论证结构有总分总式、并列式、对照式、递进式。

总分总式

总分总式是按照总说、分说、总结的思路行文的结构模式。它有两种变体：总分和分总。

总分总式最典型，就是"提出论点—证明论点—得出结论"，它是议论文的标准形式。例如梁启超的《敬业与乐业》一文，先提出中心论点，"我确信'敬业乐业'四个字，是人类生活的不二法门"，然后分析论证要敬业和要乐业，最后总结全文，人类合理的生活就该敬业、乐业。

而总分式则是没有单独的结论部分，常在分述的部分进行小结。例如苏轼的《晁错论》，先提出"晁错的灾祸是自己导致的"这一论点，然后再分析晁错在七国之乱时的表现，具体论证他"祸由自取"的观点。分总式则是在开头没有提出论点，而是在分析材料的基础上归纳论点。例如苏轼的《留侯论》，没有明确提出观点，以"忍"字贯穿全篇，在论述中蕴含"小忍而就大谋"的观点。

并列式

并列式结构，论证的几个层次或段落之间的关系是平行的关系，它们的内容不可以交叉，不可以重复，不可以包含，更不能矛盾。例如毕淑敏的《精神的三间小屋》一文，先引导读者思考，如何布置我们的心灵空间，然后分析人们的精神世界应该建立"三间小屋"，分别是盛放着爱与恨的小屋、事业的小屋、安放自身的小屋，这三间小屋是并列关系。最后再指出把三间小屋建立得美观结实的条件，并提出自己的期望——三间小屋变成高楼大厦。

对照式

对照式是在论证中心论点时，把两种不同的事物或两种不同的意思加以对比，前后形成对照关系的结构模式。例如韩愈的《师说》一文，选取了家长和孩子、巫医乐师百工之人与士大夫的多次正反对照，来突出说明现在"师道之不复"的状况，用这些来支持自己"是故无贵无贱，无长无少，道之所存，师之所存"的中心论点。

递进式

递进式就是论证的几个层次或段落之间的关系是递进关系，它们的顺序不能够前后调换。例如吴晗的《谈骨气》一文，作者先摆出议论的中心——中国人是有骨气的，接着通过文天祥、闻一多等历史人物的例子，具体说明中国人是有骨气的，最后指出"骨气"的具体内容，以及在现代社会中发扬这一光荣传统的意义。这三层紧密衔接，互相照应，层层深入。

应用文

应用文写作主要指新闻写作、读后感、演讲稿等文体的写作。根据新课标的要求，我们得能根据"生活的需要"写"常见的应用文"，并且要注意"基本格式"和"行文规范"。根据新课标的要求，参考近年来考试应用文的考察频率，再结合教材的重点、难点，本书应用文写作分为五个部分：学会撰写新闻、学会撰写书信、学会撰写演讲稿、学会撰写读后感、学会撰写倡议书。

学会撰写新闻

新闻是什么？

新闻是指通过报纸、电台、广播、电视台、互联网等媒体传播的信息。它记录社会，传播信息，反映时代。一篇完整的新闻必须具备六个最基本的要素：何时、何地、何人、何事、何故、如何。

新闻具有真实性的特点。新闻的真实性是新闻报道的核心原则，新闻报道中的基本要素，如时间、地点、人物、事件等，必须准确无误；新闻中引用的材料，包括话语、数据、事件等，必须经过核实，确保其准确性和可靠性；新闻报道中使用的背景材料必须完全真实，并且要做到全面、客观、实事求是。

新闻具有准确性的特点。新闻的准确性指的是新闻报道中信息的可靠性，要确保所有报道的事实经过验证，来源可靠。在报道时应客观公正，不带有主观偏见或误导性信息。并且新闻所引用的资料、数据和专家意见应准确无误，还需要注明出处。当然，随着新信息的出现，还需要及时更新和更正报道内容。

新闻具有时效性的特点。新闻的时效性指的是新闻报道应当及时、迅捷地反映最新发生的事件。一旦失去时效，新闻就会失去价值，时效性是新闻报道的重要特征之一，要确保新闻在最短的时间内传递给受众，从而发挥其应有的社会影响力。

新闻有广义和狭义之分。广义的新闻包括消息、通讯、特写、速写等。而狭义的新闻专指消息，即用简明扼要的文字迅速报道的新近发生的、有价值的事实。《我三十万大军胜利南渡长江》《首届诺贝尔奖颁发》等都属于狭义的新闻，也就是消息。

通讯是一种新闻体裁，广泛应用于报纸、广播电台和通讯社。它通过叙述、描写、抒情和议论等多种手法，具体、生动、形象地反映新闻事件或典型人物。与简短的消息相比，通讯的报道内容更加详细和系统。但是通讯的时效性比消息弱一些，篇幅相对较长，比如《一着惊海天——目击我国航母舰载战斗机首架次成功着舰》。

新闻特写是一种新闻体裁，通过选取新闻事件中最具代表性的片段、场景或镜头，进行生动形象的报道。它主要通过描写手法，再现新闻事件或人物，具有强烈的现场感和感染力，比如《"飞天"凌空——跳水姑娘吕伟夺魁记》。

新闻评论是一种新闻写作形式，是对最新的、有价值的新闻事件和重要问题发表看法。它以记叙和议论为主，针对具体事件进行评论，呈现出明确的观点。新闻评论的时效性较强，篇幅一般较短，比如《国行公祭，为佑世界和平》。

如何撰写新闻（以消息为例）

1. 确定一个恰当的标题

"看书先看皮，看报先看题。"一篇报道，读者拿起来之后会先看标题，然后再决定看不看内容。所以写消息的首要一环，就是学会拟标题。标题要准确概括消息的主要内容，比如《首届诺贝尔奖颁发》。此外，标题还要尽可能重点突出，简洁醒目。比如《我三十万大军胜利南渡长江》，标题就把消息的核心内容完全概括，一目了然。

2. 提炼精彩的导语

导语是消息的核心，也是消息这一新闻体裁的重要特征。写好导语首先要做到重点突出，摒弃那些可有可无的内容，集中呈现最有价值、最受读者关注的那部分内容。其次，导语要言之有物，虽然要浓缩概括发生的新闻事实，但不能使用抽象的概念。再次，导语要简明扼要，用精练的语言总结所要报道的新闻，但不能与主体部分重复。最后，在做到前三点的前提下，可以用多种形式来体现特色。比如《我三十万大军胜利南渡长江》的导语部分"英勇的人民解放军二十一日已有大约三十万人渡过长江"，一句话就把六要素当中的四大要素说完了，也就是何时、何地、何人、何事。

3. 展开丰实的主体

主体是对导语的展开和补充，一般来说，消息的结构通常使用"倒金字塔结构"。这种结构，要求我们按照新闻价值的大小和读者感兴趣的程度来呈现新闻事实，也就是说，越重要的新闻事实越靠前，如果有相关的背景材料，一般放在新闻事实的后面。比如《首届诺贝尔奖颁发》这则新闻，就是典型的倒金字塔结构，在消息的主体部分，首先就介绍了各个获奖者的情况以及颁奖的时间地点、奖金的来源等。至于诺贝尔奖的来源这些背景都放在了后面介绍。

4. 介绍背景和结语

消息的背景和结语是一篇消息中可有可无的内容。背景是指消息所报道事实的历史情况和环境条件，一般有三类：对比性材料、说明性材料、注释性材料。而结语指消息的最后一句话或者一段话，常见的有三种形式：概括小结式、预测趋势式、提出问题式。当然，有的消息已经把事实说清楚了，就不需要结语了。

5. 消息语言有讲究

消息的语言要准确、客观，作者的情感通常不应展示在新闻消息当中，否则会影响读者对新闻的理解。比如在《首届诺贝尔奖颁发》这一则消息当中，作者在介绍伦琴的成就时，用的是"发现"，但在介绍吕多姆的时候，说"他在诗歌方面颇有建树"，"颇"字足以看出作者用词的克制。在此基础上，可适当讲究生动形象。

学会撰写书信

书信的基本知识

书信在人类历史发展过程中承担着重要的媒介作用，大到国家外交，小到个人往来，书信都是互通消息、交流感情的主要方式。书信文化是中国传统文化的重要组成部分，并且很多书信具有极高的历史文献价值和艺术审美价值。

书信与其他的文体不一样，它有着特定的读者。一封信，往往就是写给一个人的，当然，也有一些公开的信是写给一些特定的群体的。总之，书信的内容往往具有针对性。

书信有规范的格式。一封完整的书信，包含称谓、问候语、正文、祝福语、署名、日期。正文部分为了表现当面交谈的亲切感，要用第一人称的"我"和第二人称的"你""您"或者"你们"。

书信的内容要真实。信件往来就是为了沟通，传递消息，消除双方信息的不确定性。所以作为双方的交流媒介，书信的内容应该是真实的。

如何撰写书信

1. 正确使用书信格式

书信是一种很正式的交流方式，在书信往来的时候，要遵守格式规范，即使是和自己最亲近的人写信，也是如此。一封完整的书信，在正文之前要有称呼语和问候语。比如巴金的《给家乡孩子的信》中，开场是"亲爱的同学们"，在写称呼语的时候，要顶格写，后面加冒号。而问候语要写在下一行，自成一段，需要和段落一样，空两格。

写完称呼语和问候语，就进入书信的正文部分了，正文部分包括写信的原因，以及所要表达的内容。比如《给家乡孩子的信》中，巴金在正文部分写到，这封信是他给家乡孩子的一封回信，感谢他们的来信问候。他在信中讲述生命的意义在于奉献，而不是享受，希望他们能珍惜时间，成为对社会有用的人，字里行间充满了对家乡孩子的爱和期盼。

在正文写完之后，需要另起一段，写上表示敬意或者是祝福的话作为书信的结尾，这个就是前面提到的祝福语。一般可以用"此致敬礼""祝您身体健康"或者"一切顺利"等话语。在这里，要注意"此致敬礼"的格式。"此致"可以紧跟在正文的后面，也可以另起一段空两格写，但是"敬礼"一定要另起一行顶格写。

最后就是署名和日期。署名要写在祝福语的下一行右下角，在写署名的时候要和称呼对应上，可以明确自己和收件人的关系。比如朱光潜的《给青年的十二封信》中，朱光潜用的称呼语是"朋友"，所以他在署名的时候写"你的朋友孟实"，这就拉近了和读者的关系，使人倍感亲切。而日期是标注自己完成信件的时间，要写在署名的下方。

书信的格式可以参考下图。

给 xx 的一封信

亲爱的 xx：

　　您好！

　　（正文部分内容）

　　此致

敬礼！

XX（署名）

xxxx 年 xx 月 xx 日（日期）

---

2. 明确写信目的

这是关于书信正文的写作，在写作书信之前，首先就要问自己，为什么要写这封信？然后再根据写信目的来组织材料，构思布局，完成书信。

写信的目的大多是为了感谢、问候、劝勉、求助等等，书信的内容一定要围绕写信的目的展开，不能偏离。比如雨果的《就英法联军远征中国给巴特勒上尉的信》，就是为了谴责英法联军火烧圆明园的行为，所以在信中，雨果用了很多的反语来讽刺英法联军的行为，字里行间都充满了对英法联军行为的讽刺和谴责。例如：

丰功伟绩！收获巨大！两个胜利者，一个塞满了腰包，这是看得见的，另一个装满了箱箧。他们手挽手，笑嘻嘻地回到了欧洲。这就是两个强盗的故事。

3. 注意感情的自然真实

100多年前在新疆尼雅遗址出土了一批汉简，内容大多是关于当时的军事政治，但是有一枚竹简却是一封私信，信的内容很短，正面写着"奉谨以琅玕一致问"，背面写着"春君幸毋相忘"。经过考证，这可能是一名叫奉的男子写给且末夫人春君的一封私信。这封私信很短，随信一起送去的还有男子的礼物——琅玕（一种似珠玉的美石）。信已写成，礼已备好，还是不太放心，他忍不住在木简的背面写上一句：春君幸毋相忘。古人的书简尺牍往往只有短短数页、数行，甚至数十字，但却传达出真挚热烈的情感。

书信的写作本来就是为了传递信息和表达情感，而感情往往是透过事件流露或者借由物品抒发的。比如《傅雷家书》，当中很多封信都是傅雷结合孩子平时的生活和学习等方面来表达自己对孩子的关切。如果长长的一封书信只是单单表达情感，没有结合具体事件，就会显得空洞。

学会撰写演讲稿

演讲稿是什么？

演讲稿是一种在正式场合发表讲话的文稿。一般来说，演讲稿由开头、主体、结尾三部分组成。演讲稿的目的是交流思想、表达观点、介绍经验等。它不仅规范了演讲内容和形式，还能起到宣传、鼓动、教育和欣赏的作用。通过演讲稿，演讲者可以将自己的观点和情感传达给听众，使他们产生共鸣并信服。

演讲稿具有针对性。演讲一般是在特定的场合，针对特定的听众，有特定的主题，所以演讲稿的撰写要有针对性，围绕相关的人、事来进行。

演讲稿具有可讲性。演讲以"讲"为主，拟稿时要通俗易懂、易说能讲。

演讲稿具有鼓动性。好的演讲稿具有丰富、深刻的思想内容和生动的语言表达，能激发听众情绪，赢得好感。比如十九世纪六十年代美国黑人民权运动领袖马丁·路德·金发表的一场演讲《我有一个梦想》。在演讲中，他反复使用"我有一个梦想"这句话，激昂且有说服力地描述了他对黑人与白人平等共存的愿景。这一演讲也促使美国国会通过《1964年民权法案》，宣布所有种族隔离和歧视政策为非法政策。

演讲稿具有整体性。演讲稿和演讲者、听众、场合、时间是一个整体，它们结合在一起，形成一次完整的演讲。

演讲稿具有口语性。演讲稿要讲究"上口"和"入耳"，即讲起来通达流利，听起来顺畅无障碍。

演讲稿具有临场性。演讲是与听众面对面的交流，听众会即时反应，与演讲者互动，因此撰写演讲稿时要考虑临场性，留有伸缩余地。

如何撰写演讲稿

1. 开场观点要明确

演讲稿和其他文章的不同点在于，演讲稿要在现场演讲，听众不能像读文章那样反复阅读，随时可以停下思考。因此，在撰写演讲稿的时候，开场的观点一定要非常鲜明地摆在读者面前，这样，观众才能在短时间内领会演讲所要表达的中心思想。一般来说，开场的方式比较灵活，常见的有以下几种。

开门见山法

这种方法就是指一开场就直奔主题，表明观点或者立场。这种方式在政治性或者学术性演讲中比较常见。比如梁启超的《敬业与乐业》，开场就表明了自己的观点——"我确信'敬业乐业'四个字，是人类生活的不二法门"。

提问开头法

这种方法是指开头根据听众的特点和演讲的内容，提出一些能引发观众思考的内容，或者设置悬念，引起听众的兴趣。比如梁启超的《最苦与最乐》，就是以设问开头：

人生什么事最苦呢？贫吗？不是。失意吗？不是。老吗？死吗？都不是。我说人生最苦的事，莫苦于身上背着一种未了的责任。

这一连串的问题，引发读者的思考，并将读者带入演讲主题中。

故事导入法

这种方法是演讲稿不直接切入正题，而是先列举一段小故事或其他能够引发共鸣的事物，引起观众的兴趣，然后再转入主题。比如顾拜旦的《庆祝奥林匹克运动复兴25周年》，他先回顾了5年前的庆祝场景，然后回归现实，写如今奥林匹克运动的现状，继而引出主题。

情绪感染法

这种方法就是在开头就用铺陈渲染的方法来感染听众，充分调动听众的情绪。比如闻一多的《最后一次讲演》：

这几天，大家晓得，在昆明出现了历史上最卑劣最无耻的事情！李先生究竟犯了什么罪，竟遭此毒手？

开头就表现出了对李公朴遭受暗杀的义愤填膺，充分调动了听众的情绪。

2. 主体部分要思路清晰，事理结合

主体部分是演讲稿的核心，会直接影响演讲的质量和效果。

主体部分要有清晰的逻辑结构。例如《最苦与最乐》，梁启超开篇提出问题：什么是人生中最苦与最乐的事？引发读者思考；然后通过对比论证，指出人生中最苦的事是"无所事事"；接着，梁启超通过举例和分析论述了人生中最乐的事是"有所作为"；再次结合实际事例，进一步论证了无所事事的痛苦和有所作为的快乐；最后，梁启超总结道，人生的苦与乐取决于个人的选择和态度，鼓励读者积极进取，追求有所作为的人生。通过这种逻辑结构，梁启超清晰地表达了他的观点，并通过对比论证和事理结合，使文章具有很强的说服力和感染力。

主体部分可以运用恰当的艺术手法。比喻、拟人等修辞手法，象征、对比等表现手法都可以合理地运用到演讲稿中。例如《我有一个梦想》中多次运用排比的手法，"我有一个梦想"这一句式在演讲中多次重复，表达了强烈的情感。该演讲稿还运用了比喻手法，将种族隔离比作"孤岛"，将自由比作"阳光"，通过比喻将抽象的概念具体化，使听众更容易理解和感受。还有对比手法的使用，演讲稿中对比了"黑人和白人"的现状与梦想中的平等社会，突出不同事物之间的差异，增强了演讲的冲击力。这些修辞手法共同作用，使《我有一个梦想》成为一篇充满力量和感染力的演讲，激励了无数人为平等和正义而奋斗。

3. 结尾要简洁，促人深思

结尾部分是演讲稿的收束环节，一篇好的演讲稿，结尾一定是简洁有力、发人深思的，而不是草草收尾，或者画蛇添足。比如《在马克思墓前的讲话》结尾，非常简单的一句话"他的英名和事业将永垂不朽！"直抒胸臆，把对马克思的悼念和赞美之情直接表达出来。《最后一次讲演》的结尾：

我们不怕死，我们有牺牲的精神！我们随时像李先生一样，前脚跨出大门，后脚就不准备再跨进大门！

短短的一句话不仅展示了演讲者无畏的精神和坚定的信念，也传递了对未来的希望和对正义事业的执着追求。

学会撰写读后感

读后感是什么？

读后感是指在阅读完一本书、一篇文章、一段话或几句名言后，将自己的感受和思考写出来而成的文章。它不仅仅是对原文内容的简单复述，而是通过阅读引发的思考、联想和情感的表达。读后感可以帮助我们更好地理解和消化所读的内容，并通过写作的方式将这些感受和思考整理出来。

读后感一般是叙述和议论相结合，但是不同于一般的议论文，读后感需要把作品读透了读懂了才能有深刻的见解。虽然读后感必须要叙述所读文章的内容，但还是以"感"为主，读完的感受才是重点写作的内容。

感受可能是零碎和杂乱的，但撰写读后感时必须有清晰的结构和特点，不能面面俱到、泛泛而谈，而是要选择那些最能打动人心的感受来写。

如何撰写读后感

读后感是阅读作品之后的感想和思考，是读者看完作品之后的主观情绪，写作其实是比较自由的，但是对于初学者来说，可以按照基本的思路进行训练，熟练之后就可以进行更自由的创作。

1. 认真读原作，叙述部分适当引用原作

撰写读后感的基础就是要认真读原作，如果仅仅只是走马观花，原作所要表达的内容都不清楚，所得到的"感"自然空洞无物，甚至是胡编乱造，完全偏离作者想要表达的中心内容。阅读原作的时候，要理解作者的观点、情节发展和人物形象。可以在阅读过程中做一些笔记，记录下自己的感受和思考。如果时间允许，可以多读几遍，确保对原作有深入的理解。

可以适当引用原作的内容，结合原作的内容来进行叙述议论，值得注意的是，引述的原作内容必须要简洁。引用过多会显得过于累赘，可以引用最能触发感想的部分，用自己的语言对内容进行总结。

2. 找到原作中的"感悟点"

读后感写作的重点还是在于"感",如何在原作中找到感悟点,这是关键的一步。以下是几种在原作中找到感悟点的方法。

记录感受

仔细阅读原作,注意作者的情感表达和思想脉络。特别关注那些让你产生共鸣的段落或句子。在阅读过程中,随时记录下自己的感受和想法。这样可以帮助你整理思路。

分析情节和人物

分析原作中的情节发展和人物形象,思考他们的行为和动机。看看哪些情节或人物让你印象深刻,联系上下文,做针对性的分析。

联系自身经历

将原作中的情节或人物与自己的经历联系起来,思考为什么这些内容会打动自己。这样的联系可以使你的读后感更加真实和有深度。

通过这些方法,你可以更容易地在原作中找到感悟点,从而写出有深度、有情感的读后感。

对一篇文章或者一本书的感受,一般可以分为四个类型。

鉴赏型

鉴赏型就是对作品的主题、人物、艺术手法、表现手法等某一方面进行分析,表达自己对于这个方面的见解。当然,鉴赏不止局限于某一个方面,也可以是整个作品的整体特点。例如,陶渊明的《读山海经·其十》:

精卫衔微木,将以填沧海。刑天舞干戚,猛志固常在。同物既无虑,化去不复悔。徒设在昔心,良辰讵可待。

前四句总结了《山海经》中让他有感的内容,后四句抒发了他的感受——赞叹精卫、刑天的反抗精神。

质疑型

很明显,这是对作品的某一方面提出不同的看法。例如,王安石在《读孟尝君传》中，对"孟尝君能得士"的传统观点提出质疑，认为孟尝君得到的不过是鸡鸣狗盗之徒，而非真正的"士"。如果他能得士，就不需要依靠这些人的帮助。

迁移型

迁移型是指将作品中的内容迁移到社会现实，二者结合发表感慨。例如，读完蕾切尔·卡逊的《寂静的春天》后，可以联系到现实生活中环境污染严重的问题。

收获型

这种类型是畅谈自己读完作品之后的收获。可以根据自己的阅读过程，把收获写出来。

需要注意的是，读一篇文章，尤其是一本书，可能会有很多感触，但是读后感的篇幅是有限的，无法面面俱到。因此，要找一个自己感受最深、角度最新、现实针对性最强的感悟点。感悟点不宜过大，否则容易写得空洞、教条化。

3. 由此及彼，联系阅读和生活

所谓联系，就是要紧密联系现实，可以由书中的现象联系到现实生活中的类似现象，也可以由古到今联系现实生活中的相关问题，可以从大处着眼，这也可以从小处入手。具体可以从以下三点入手。

联系相关资料

如果原作的时代背景很强，就需要联系相关背景，想要了解当时的时代背景，最好的办法就是查阅相关资料。例如，如果要写一篇《济南的冬天》的读后感，首先要问的是，在老舍先生笔下，济南的冬天如此温情，作为一个北京人，他为什么会如此热爱济南？这就需要联系当时的背景。老舍在济南度过的四年多时间，是他创作的黄金时期，所以他对济南如此热爱。

联系现实

优秀的作品不会是高高在上、纸上谈兵式的夸夸其谈，而是能与现实相联结。"世事洞明皆学问，人情练达即文章"，只有联系现实的"世事""人情"来谈感想，读后感才不会空洞，才会拥有人间的"烟火气"。例如，要写一篇《红岩》的读后感，如果单单写爱国，就显得过于空洞。但如果结合现实的事例，比如烈士肖思远的"清澈的爱，只为中国"的故事，或者身边朋友的爱国故事，就会更加生动、接地气。

联系自己

读者在阅读作品时，通常会不断对照自己的言行，不自觉地把自己代入其中。感触越深，说明读者代入的程度越深。在写读后感时，可以把自己代入作品，问问自己有什么收获，得到了什么启示，会怎么做，对自己的人生有何作用。例如，要写《秋天的怀念》的读后感，可以把自己代入史铁生的视角，看看自己会怎么做。是像史铁生一样，时不时以怒火发泄心中的绝望，还是有别的选择。

4. 总结全文，表明观点，引起共鸣

在完成文章的主体部分后，就该进入结尾部分。在这一部分，可以做一个小结。这样不仅可以明确自己的阅读感受和体会，还能体现阅读和自身感受的密切关系。从另一个角度来说，这也是对自己看法和感受的印证，并能再一次引起读者的共鸣。如果有余力，还可以将这一部分进行提升，由"这一个"想到"这一类"，升华主题。

学会撰写倡议书

倡议书是什么？

倡议书是一种公开的书面文件，通常由个人或组织发起，旨在呼吁公众或特定群体采取某个行动或支持某项事业。倡议书通过文字表达发起者的立场、观点和期望，激发读者的共鸣和行动。其内容多来自真实生活，常涉及社会热点问题。

倡议书一般由标题、称呼、正文、结尾、落款五部分组成。

1. 倡议书的标题

倡议书的标题一般在第一行居中书写，可以写"倡议书"三个字，也可以由倡议内容加上"倡议书"共同组成，方便读者一看标题就能快速了解核心内容，例如"节约用水倡议书""无偿献血倡议书"等。需要注意的是，倡议书要从正面表达，不要用反面表达，比如"不要浪费水资源倡议书"，读起来不太通顺，也没有力量。

2. 倡议书的称呼

倡议书的称呼一般顶格写在第二行开头，后面要加上冒号。称呼对象要根据倡议对象决定，如"广大市民朋友："" 广大青少年朋友："等。有的倡议书也可以不写称呼，直接在正文中指出。倡议书不同于信件，不需要在称呼之后写问候语。

3. 倡议书的正文

倡议书的正文一般在第三行开始，要空两格。正文是倡议书的核心内容，通常分为两个部分，第一部分是倡议的背景、原因和目的，第二部分是倡议的具体内容和要求。

在背景部分，要交代清楚发布倡议的原因和当时的背景，说明发起倡议的目的，使读者理解、信服并接受倡议。

在写倡议书的目的时，必须充分考虑读者的接受程度和可操作性，把目的写清楚明确，不要泛泛而谈。例如，目前地球环境污染问题严重，如果只是单纯地谈保护环境，显得比较宽泛，缺乏针对性。如果将倡议目的缩小为保护小区、校园或街道等环境，重点是不随地乱扔垃圾，随手捡起地上垃圾放进垃圾桶，这样目的就更明确了。

写完倡议的目的之后，就要写具体要求。倡议什么内容，具体要怎么做，这些问题都需要一一说清。倡议书的内容如果比较单一，就不需要分条列出；如果内容较

多，则需要分条列出，每一条独自成段。例如，在"保护校园环境倡议书"中，具体要求可以包括：不乱扔垃圾，保持校园清洁；节约用水用电，爱护公共设施；积极参与校园绿化活动，共同维护美丽校园；爱护学校的花草树木，不随意践踏草坪等。从多个方面提出具体要求，让读者明确什么该做，什么不该做。一般倡议书的条款在五条左右，不宜过多。每条倡议之前可以用"1、2、3"或"第一、第二、第三"或"首先、其次、再次"等文字标明。

4. 倡议书的结尾

倡议书的结尾应表达倡议者的决心和希望，或提出某种建议。一般采用议论或抒情的表达方式。与书信不同，倡议书的结尾通常不写表示敬意或祝愿的话。

5. 倡议书的落款

倡议书的右下方应写明倡议者的单位、集体名称或个人姓名。另起一行写上发出倡议的具体日期，日期一般用国际通用的阿拉伯数字书写，比如"2024 年 11 月 1 日"，这就是倡议书的落款。需要注意的是，署名和日期的位置不能颠倒。

如何撰写倡议书

1. 倡议书格式要规范，条理要清晰

倡议书共分为五部分：标题、称呼、正文、结尾和落款。正文部分可以按照"提出问题—探究原因—发出倡议"三个步骤来写。另外，发出的倡议需要条理清晰，切实可行。当倡议的内容涉及多个方面时，注意各个方面的内容不要重复或交叉，并按照一定的顺序排列。

2. 倡议原因要情真意切

发出倡议是为了引起民众的广泛响应，因此倡议必须具有号召力。号召力从何而来？这要求倡议的原因要富有感染力。如何做到这一点？在倡议书中要表达真挚的情感，让读者感受到倡议者的诚意和决心。在讲到社会现象时，可以提供具体的细节和数据，增强说服力。例如，引用相关的统计数据或研究结果，说明问题的严重性和解决的必要性。

例如，提到浪费粮食现象时，可以引用联合国环境规划署的报告：2022 年全球每天浪费的食物总量超过 10 亿份餐，相当于每年浪费 10.5 亿吨食物。而 2024 年发布的《全球粮食危机报告》显示，2023 年 59 个国家和地区的近 2.8 亿人面临严重的突发性饥饿问题。也许我们随意倒掉的几碗饭菜，就是贫困地区孩子们梦寐以求的美食。

3. 倡议事项要简洁易行

倡议事项要具体明确，避免模糊不清的表述。例如，不要只说"保护环境"，而是要具体到"减少使用一次性塑料制品"。倡议书具有实用价值，因此，倡议事项要切实可行，必须考虑实际操作的难易程度。例如，倡议大家"每天步行或骑自行车上下班"，而不是"每天步行 50 公里"。

另外，倡议事项要简洁明了，避免冗长复杂的描述。使用简短的句子和明确的指令，使读者一目了然。如果倡议事项较为复杂，可以分步骤进行描述，逐步引导读者完成。例如，倡议大家"首先减少食物浪费，其次进行垃圾分类，最后参与社区环保活动"。

4. 倡议语言要简练准确，表达要得体

倡议书一般是公开宣读、张贴或发表的，因此必须注重语言表达，用语要考虑读者的身份和公众因素，表达事项时需简练准确，选择最恰当的词语，确保表达的意思准确无误。避免使用模糊或多义的词语，以免让读者产生误解。

此外，发出倡议时要注意语言的分寸感，避免训斥或责备的语气，否则，不但不能引起共鸣，反而会让读者反感。

5. 倡议结尾要坚定有力

倡议书的结尾部分应起到"火上浇油"的作用。前面已经把内容和事项说得很清楚了，结尾时不要重复赘述。此时可以运用气势如虹的排比句或者朗朗上口的小标语，来引起共鸣，从而让读者接受倡议。

写作

记叙文
- 立意：文章的地基
- 叙事：文似看山不喜平
- 写人：让人物"活"起来
- 布景：一切景语皆情语
- 细节：细节决定成败

议论文
- 观点要明确
- 议论要言之有据
- 论证要合理

应用文
- 新闻
- 书信
- 演讲稿
- 读后感
- 倡议书

7

古代诗歌

中国是诗的国度。在古代诗歌部分，我们会讲到诗、词、曲，意象、意境，古体诗、近体诗，平仄、韵律，诗的题材、修辞手法等概念，帮助大家建立对古代诗歌的整体认知。

古代诗歌概念与分类

诗歌是一种抒情言志的文学体裁，用高度凝练的语言，生动形象地表达作者的丰富情感，集中反映社会生活，并具有一定的节奏和韵律。从广义来说，中国古代的诗歌包括诗、词、曲。在初高中阶段，诗的部分是我们学习的重点。

诗

从古至今，诗就是我们的生活。东汉时期的著作《吴越春秋》中记载，春秋时期，越王勾践问射箭能手陈音怎么制作弹弓，陈音回答时引用了一首《弹歌》："断竹，续竹；飞土，逐宍（ròu）。"这八个字或许就是中国第一首诗，描写了从制作工具到狩猎的全过程。又比如先秦古诗《击壤歌》："日出而作，日入而息。凿井而饮，耕田而食。帝力于我何有哉？"展现了太平盛世下，老百姓自由自在，不羡慕帝王权力的精神风貌。

《诗经》是中国第一部诗歌总集，收集了西周初年至春秋中叶的诗歌，横跨500多年，共收录311篇，也称"诗三百"。《诗经》的第一首是大家耳熟能详的《关雎》。

关关雎鸠，在河之洲。

窈窕淑女，君子好逑。

参差荇菜，左右流之。

窈窕淑女，寤寐求之。

《毛诗序》记载："诗者，志之所之也。在心为志，发言为诗。"意思是，诗是人的情感意志的一种表现形式，怀抱在心则为情感意志，用语言把它表现出来就是诗。孔子在教导自己的儿子孔鲤时就曾说过："不学《诗》，无以言。"可以说，《诗经》开创了中国的诗教传统，读诗学诗是士人君子的必修课。

诗有很多分类标准，比如按内容和风格分为抒情诗、叙事诗，按体裁分为古体诗、近体诗，按题材分为田园诗、边塞诗、咏物诗、怀古诗、思乡诗、送别诗等。

如何鉴赏古代诗歌？首先，了解具体字词、意象、典故的含义；其次，体会韵律、意境、风格，感受诗歌之美；再次，整体把握主旨和诗人所要表达的思想感情；最后，要把作品放到时代背景和诗人的经历当中去看，甚至放到文学史当中去看，把握它的历史价值和时代意义。

诗的意象

意象是创作主体通过艺术思维所创造的融汇了主体意趣的形象。意象是一种事物，可以是人、物，也可以是景。它是诗人的主观情感——"意"，投射在外在事物——"象"上，与"象"结合而产生的。只有熔铸了作者思想情感的事物才是意象，所以意象是带有浓厚主观色彩的形象。如于谦《石灰吟》："千锤万凿出深山，烈火焚烧若等闲。粉骨碎身浑不怕，要留清白在人间。""石灰"就是带有诗人主观情感的意象，诗人以石灰自比，表明自己坚强不屈、洁身自好的品质。

从古至今，诗人在诗歌中创造的意象数不胜数，其中有一些常见意象渐渐承载了相对固定的思想感情，成为标志性的语言符号。常见的意象大致可分为五类：植物类、动物类、自然现象类、特定地点类、人文器物类。

植物类常见意象：柳、梅、菊花、兰、竹、莲（芙蓉、荷）、松柏、梧桐、芳草、落红、丁香结、芭蕉、转蓬（飞蓬、飘蓬、征蓬、孤蓬）、红豆、红杏。如王安石《梅》："墙角数枝梅，凌寒独自开。"诗人借梅花耐寒的特点，表达不畏艰难、坚持操守的品格。

动物类常见意象：蝉、鸿雁、杜鹃（子规、杜宇、望帝）、鹧鸪、黄莺、鸿鹄、惊鸿、燕、青鸟（青鸾）、比翼鸟、猿、暮鸦（寒鸦、昏鸦）。如马致远《天净沙·秋思》："枯藤老树昏鸦，小桥流水人家。"诗词中的"昏鸦"，常用以渲染衰败萧索之景、痛惜悲凉之情。

自然现象类常见意象：白云、浮云、月、流水、黄昏、细雨（烟雾）、冰雪。如李清照《声声慢》："梧桐更兼细雨，到黄昏、点点滴滴。这次第，怎一个愁字了得！"诗词中的"黄昏"常用以表达感伤的情绪。

特定地点类常见意象：长城、长亭、关山、楼兰、南浦、南园、南山、蓬莱、西楼。如王昌龄《从军行七首·其四》："黄沙百战穿金甲，不破楼兰终不还。"西汉时期，楼兰国王曾多次杀害前往西域的汉使。后来西汉著名外交家傅介子出使西域，用计策斩杀了楼兰王，从此，"楼兰"就成为敌国的象征。

人文器物类常见意象：尺素（鲤鱼）、寒灯（孤灯）、舟（孤舟、扁舟）、寒砧（zhēn）、锦字、阑干（栏杆）、芦管、羌笛（羌管）、山阳笛、吴钩。如王之涣《凉州词》："羌笛何须怨杨柳，春风不度玉门关。""羌笛"是古代西部少数民族的一种乐器，声音凄切，唐代边塞诗常用其表现征夫思乡的怆然心情。

有的意象在不同的诗中有不同的含义。同是落花，孟浩然《春晓》中"夜来风雨声，花落知多少"，表达诗人对春天落花的惋惜和春光流逝的淡淡哀愁。而龚自珍《己亥杂诗》"落红不是无情物，化作春泥更护花"，则表达了诗人虽脱离官场，依然关心国家命运、不忘报国之志的感情。

诗歌创作离不开意象，分析意象是读懂诗歌的方法之一。除了上文常见意象，更多的意象还需要同学们平时注意积累。

诗的意境

我们读到一首好诗，往往会说："这首诗很有意境。"到底什么是意境？意境指文艺作品中所描绘的客观图景与所表现的思想感情融合一致而形成的一种艺术境界。简单来说，意境是作者把自己的思想情感，通过生动的画面表现出来，达到"内情"与"外物"相统一，从而形成具有艺术感染力的境界。比如柳宗元的《江雪》："千山鸟飞绝，万径人踪灭。孤舟蓑笠翁，独钓寒江雪。"作者把天寒地冻、人鸟绝迹的雪景垂钓与自己遭到贬斥后孤独无援的心情融为一体，创造了一种凄清孤寂的境界，这便是意境，是组合意象创造出的"意与境谐"的艺术境界。

中国近代学者王国维先生化"意境"为"境界"，进一步把诗歌境界划分为"有我之境"和"无我之境"两大基本艺术形态。

有我之境，以我观物，故物我皆著我之色彩。

"有我之境"指情感直露、倾向鲜明的意境。如杜甫《春望》："感时花溅泪，恨别鸟惊心。"花草本不会流泪，鸟儿也不会因人的别离而惊心，只因人痛苦不堪，所以一景一物都有了人的情感色彩，这就是典型的"有我之境"。由此可见，"有我之境"具有强烈的主观感情色彩。

无我之境，以物观物，故不知何者为我，何者为物。

"无我之境"的特点是情感藏而不露，作者通过对客观景物的描绘，使"我"和"物"，主观与客观，自然地融为一体。在具体的自然物象中，虽有诗人主观感情的流露，不过因为诗歌含蓄蕴藉，而显得毫无痕迹。比如陶渊明的《饮酒》："采菊东篱下，悠然见南山。"虽然作者出现在画面中，但他的感情却是藏而不露的，需要读者自己从画面中体会。可见，"无我"并不是说只忠实于自然景物，毫不顾及诗人的感情或个性。恰恰相反，"无我"是一种形象化的理论比喻，自然地留下艺术空间，从而最大限度地保证诗人的丰富想象能够自由驰骋。

意境是诗歌的灵魂，意境的优劣决定诗歌的好坏。所以，品味一首好诗，主要还是品味诗歌所营造的或凄美、或壮美、或秀美的意境，其次才是诗人所展现的文字技巧。

抒情诗

顾名思义，抒情诗就是以抒发感情为主的诗。抒情诗是诗歌中最常见的一种，从《诗经》《楚辞》到李白、杜甫、李商隐等人的诗歌，绝大多数是抒情诗。抒情诗具有主观性、含蓄性、诗意化的特点。

屈原是战国时期楚国的诗人。他的《离骚》是中国古代第一部长篇政治抒情诗，也是楚辞的代表作。诗中写道，"朝饮木兰之坠露兮，夕餐秋菊之落英"，每天只靠花上的露水、菊花的花瓣充饥，显然不可能。诗人用这种诗意化的语言，含蓄地展现了自己高洁的志向，表达了自己不和小人同流合污的信念。"路漫漫其修远兮，吾将上下而求索"，"路漫漫"反映的是当时社会的黑暗，而"求索"则抒发了作者对真理的不懈追求，对国家忠诚的情感。

抒情诗的抒情方式分为直接抒情和间接抒情。直接抒情，即直接对有关人物、事件等表明爱憎态度的一种抒情方式，比如，李白《赠孟浩然》："吾爱孟夫子，风流天下闻。"刘禹锡《秋词》："自古逢秋悲寂寥，我言秋日胜春朝。"

间接抒情，即让感情依附于一定的景物，通过对景物的描写来抒发感情，表现方式有寓情于景、托物言志、用典抒情、借古抒怀等。

寓情于景，特点是不正面表达情感，只让景物说话，"一切景语皆情语"。比如，杜甫《春望》："感时花溅泪，恨别鸟惊心。"鲜花本来是明媚鲜艳的，鸟鸣本来是清脆悦耳的，但杜甫因为有国破家亡的痛苦，所以他看到这些就都带有愁苦的感觉。

托物言志，通过对事物的记叙和描写，来抒发感情，表达意愿。比如，王冕《墨梅》："我家洗砚池头树，朵朵花开淡墨痕。不要人夸好颜色，只留清气满乾坤。"诗人借墨梅来表达自己不向世俗献媚的高尚情操。

用典抒情，特点是以少量的文字传递丰富的思想。比如，辛弃疾《南乡子》："天下英雄谁敌手？曹刘。生子当如孙仲谋。"诗人借用"曹刘""孙仲谋"，表达抗金的主张和收复中原的决心。

借古抒怀，借古人、古事抒发自己的情怀。比如，杜甫《咏怀古迹·其三》："群山万壑赴荆门，生长明妃尚有村。一去紫台连朔漠，独留青冢向黄昏。"诗人借王昭君也遭到君王遗弃的故事，抒发自己怀才不遇的苦闷。

用典抒情和借古抒怀两者含义相近，但"用典"不一定是历史人物、事件，还可以包括神话传说、寓言故事、前人语句等，而"借古"必须是用古人、古事。

叙事诗

叙事诗是以叙述历史或当代事件为内容的诗。更通俗地说，叙事诗就是用诗的语言讲一件事。与小说、戏剧等其他叙事体裁相比，它的情节一般较为简单。叙事诗按创作主体来划分，可以分为民间叙事诗，比如《木兰诗》《孔雀东南飞》等；文人叙事诗，比如《长恨歌》《琵琶行》等。

我们一起来大致梳理下，看看中国历史上有哪些经典的叙事诗。

先秦时期，《诗经·卫风·氓》，诗中女主人公以无比沉痛的口气讲述了恋爱生活的甜蜜以及婚后被丈夫虐待和遗弃的事情，表达了内心的悲愤。

汉代，《上山采蘼芜》记述了一位弃妇和故夫在山上重逢时的一番对话，侧面反映弃妇的美丽善良，以及她的被弃是一个悲剧。《陌上桑》以幽默诙谐的风格和喜剧性艺术手法，讲述了采桑女秦罗敷拒绝太守调戏的故事，歌颂罗敷坚贞的情操。这也是中国历史上少有的喜剧风格的叙事诗。

南北朝，最有名的叙事诗即"乐府双璧"——《孔雀东南飞》《木兰诗》。《孔雀东南飞》讲述的是刘兰芝和丈夫焦仲卿真心相爱，结果被婆婆赶回娘家，最后两人双双自杀的爱情悲剧。《木兰诗》记述了木兰女扮男装，代父从军，征战沙场，凯旋回朝，建功受封，辞官还家的故事。

唐代开始大量创作叙事诗，例如李白的《长干行》，杜甫的"三吏""三别"，白居易的《长恨歌》《琵琶行》，韦庄的《秦妇吟》。

唐代之后最精彩的叙事诗是明末清初诗人吴伟业创作的《圆圆曲》，此诗通过讲述明末清初歌妓陈圆圆与吴三桂的聚散离合，反映了明末清初一系列重大的历史事件，委婉曲折地谴责了吴三桂的叛变行为。

叙事诗和抒情诗有什么区别呢？两者区分要点：重在叙事还是重在抒情。叙事诗一定要有完整的情节，抒情诗重点表达感情，故事情节非重点。

古体诗

古体诗和近体诗是唐代形成的概念，是从诗的音律角度来划分的。唐代之前的诗歌都是古体诗。古体诗一般又称古风，特点是没有一定的格律，不限长短，不讲平仄，用韵也相当自由。此外，题目有"歌、歌行、引、曲、吟"等字眼的多是古体诗，如《长恨歌》《古朗月行》《李凭箜篌引》《西洲曲》《白头吟》等。

一句诗有几个字，称作"几言"。所以，古体诗按照每句的字数可以分为四大类：四言诗、五言诗、七言诗、杂言诗（字数不限）。

西周、春秋战国时期主要盛行四言诗，除楚辞外，其他杂言体的诗作较少。秦汉时期，五言体开始成为主流。比如，秦始皇时的民歌《长城谣》："生男慎勿举，生女哺用脯。不见长城下，尸骸相支拄。"汉代的乐府诗如《孔雀东南飞》《江南》《陌上桑》等也是五言。五言的句式是在四言的基础上每句增加一个字，在句子的节奏上增加一拍，形成"二二一"（日出 / 东南 / 隅）或"二一二"（江南 / 可 / 采莲）的节拍群。不同节奏在诗中交错运用，使句式更富于变化，更具有音乐感。从南北朝开始，七言体古诗和五言体古诗渐渐并驾齐驱，成为古体诗的主流。

古体诗因为用字没有一定的平仄要求，押韵比较自由，可以句句押韵，也可以隔句押韵，还可以一韵到底，展现了早期诗歌纯真质朴的特点。

乐府诗

前文我们讲到古体诗没有一定的格律，但也不是绝对的，古体诗有一个重要的分支——乐府诗，它是讲究音律的。

乐府诗最初是由汉代朝廷的音乐管理机关搜集、保存而流传下来的诗歌。一部分是统治者祭祀祖先、神明使用的郊庙歌辞，相当于《诗经》的《颂》。另一部分是民间流传俗乐，也就是乐府民歌，相当于《诗经》的《风》。

乐府诗歌的歌词，也就是乐府古辞。到了魏晋时期，很多乐府古辞已经失传，于是就有人根据乐府的音律重新填词，这一形式被称作拟乐府。最先掀起这股风潮的人是曹操。曹操的拟乐府深沉饱满、雄健有力，其直抒胸臆的抒情方式不仅突破了汉乐府原有的抒情模式，还奠定了建安文学的发展基调，对后世影响很大。

到了盛唐时期，又出现了新乐府，这是相对于古乐府来说的。新乐府是一种用新题写时事的乐府诗，它的题目虽然形式上跟古乐府很像，但是诗人新拟的，而且也不再讲究音乐性。诗圣杜甫是新乐府的创造者，他的《兵车行》《丽人行》《哀江头》都是新乐府诗，并且都是反映社会现实、民间疾苦的。杜甫的这种现实主义精神被元结、顾况等人继承，又得到白居易、元稹的大力提倡，逐渐演变成历史上有名的新乐府运动。这一时期诗人们创作了大量的新乐府诗，代表作有《卖炭翁》《盐商妇》《母别子》等。

近体诗

近体诗又叫今体诗或格律诗，是区别于古体诗的古代诗歌体裁。近体诗是唐代出现的新诗体，唐代人为了和以前不受格律限制的古体诗相区别，特地取了这样一个名字。近体诗和古体诗的区别主要在于格律。近体诗的基本格律包括字数、句数、平仄、押韵、对仗这几个方面。

字数和句数。古体诗不限长短，每句诗的字数没有绝对固定的要求。近体诗不同，字数只有五言、七言两种。按照句数划分，近体诗可以分为绝句、律诗、排律三种类型。其中，绝句四句，律诗八句（即四联：首联、颔联、颈联、尾联），排律八句以上。

平仄。近体诗对平仄有严格的规定，古体诗则没有。

押韵。近体诗一首诗限用一个韵，双数句押韵是近体诗的典型特征。如白居易的《赋得古原草送别》。

> 离离原上草，一岁一枯荣。
> 野火烧不尽，春风吹又生。
> 远芳侵古道，晴翠接荒城。
> 又送王孙去，萋萋满别情。

诗中偶数句的"荣""生""城""情",押的是同一个韵。古体诗的押韵则更自由,韵脚可以切换。

对仗。近体诗除了绝句,律诗、排律都要求对仗。对仗规则是:除首尾两联外,中间的每一联都要求对仗。如唐代王维的《晓行巴峡》。

> 际晓投巴峡,馀春忆帝京。
> 晴江一女浣,朝日众鸡鸣。
> 水国舟中市,山桥树杪行。
> 登高万井出,眺迥二流明。
> 人作殊方语,莺为故国声。
> 赖多山水趣,稍解别离情。

这首诗除最后两句,通篇对仗。比如"晴江一女浣,朝日众鸡鸣","晴江"对"朝日","一女"对"众鸡","浣"对"鸣"。再如"人作殊方语,莺为故国声","人"对"莺","作"对"为","殊方语"对"故国声"。

词

词是中国古代诗歌的一种,是为配合音乐而创作的歌词,又称诗余、长短句、曲子词等。

盛唐时期,词有了雏形。原产于西域的胡乐,尤其是龟兹乐,大量传入中土,与汉族原有的各种音乐相融合,产生了一种新的音乐——燕乐。燕乐有舞曲,也有歌曲,它的歌词就是词的雏形,所以叫曲子词。

中唐时期,词正式成为一种文体。唐代燕乐在发展过程中,逐渐形成一个显著的特点——严格按照乐曲的要求来制作歌词,形成一种句子长短不齐而有定格的形式。到了中唐以后,很多文人都用这种制作歌词的方式进行文学创作,曲子词因而逐渐成为一种体裁,就是"词"。晚唐时期,文人词成熟,并形成词派。

宋代,词开始盛行。我们经常说"唐诗宋词",可见词在宋代之繁荣。宋代,词

的意境、形式、技巧都发展到了顶峰，诞生了晏殊、晏几道、欧阳修、苏轼、柳永、李清照等著名词人。

词按字数可分为小令、中调和长调。小令：58字以内，一般不分片。中调：59 ~ 90字，分上下两片。长调：91字以上，分三或四片，叫"三叠"或"四叠"。词按作家流派风格分，可以分为婉约派和豪放派。

词有词牌和标题。所谓词牌就是词乐曲调的名称，规定了字数、句数及平仄声韵，一般与内容无关。如"菩萨蛮"这个词牌为44字，属于小令。例如辛弃疾的《菩萨蛮·书江西造口壁》。

郁孤台下清江水，中间多少行人泪？西北望长安，可怜无数山。

青山遮不住，毕竟东流去。江晚正愁余，山深闻鹧鸪。

标题是词主要内容的集中体现。比如《念奴娇·赤壁怀古》，"念奴娇"是词牌名，"赤壁怀古"则是词的标题，由这个标题我们可以知道这首词主要是咏史怀古。再如《卜算子·咏梅》，"卜算子"是词牌名，"咏梅"是标题，表示这首词主要是赞咏梅花。

婉约派与豪放派

词在宋代发展到顶峰，按风格不同，分为婉约派和豪放派两大流派。

婉约派，顾名思义，流派风格婉转柔美，代表作家有柳永、秦观、周邦彦、李清照等。题材上，伤感送别、男女恋情、酣饮醉歌是婉约派常选取的内容，也是词最开始常用的题材。格律上，婉约派很注重词的格式，注重谐音合律。意境上，婉约派的词婉转迷离，多显得低沉、柔软。情感上，婉约派多表达个人的生活情绪和苦闷闲愁。

豪放派的词开阔潇洒，清新豪迈。苏轼就是宋词豪放派的先驱，他主张词应摆脱格律的束缚，使形式为内容服务。豪放派的代表人物还有辛弃疾、张元干等。题材上，豪放派或喜欢选取军国大事，或使词能像诗文一样反映生活，山川景物、记游咏物、怀古感旧都可入词。格律上，豪放派不拘泥于格律，所以常说婉约派是词的正体，豪放派则是变体。意境上，豪放派的词大开大合，气势恢宏。

曲

我们常说唐诗、宋词、元曲，元曲一般指的是散曲和杂剧。

元曲实际发源于宋金时代。词在南宋以后发展为流传于文人士大夫之间的特殊诗歌体裁。与此同时，民间兴起的曲词和蒙古族等少数民族的乐曲融合，形成一种新的诗歌形式——散曲，在元代繁荣发展。这一现象的主要原因是，元代曾中止科举，于是大多数文人走向社会底层，从而促进了散曲的发展。这一时期的代表作家是元曲四大家：关汉卿、白朴、马致远、郑光祖。元曲在明清时期逐渐衰微。

散曲分为小令和套曲，有三个主要特点：语言通俗，多口语化；句式灵活多变；情感酣畅自然。元曲的代表作品之一是马致远的《天净沙·秋思》。

> 枯藤老树昏鸦，小桥流水人家，古道西风瘦马。
> 夕阳西下，断肠人在天涯。

全曲不着一"秋"，却写尽深秋荒凉萧瑟的肃杀景象；不用一个"思"字，却将游子浓重的乡愁与忧思写得淋漓尽致。

杂剧有故事情节，有剧本，可以在舞台上演出，是现代戏曲的雏形。杂剧代表作有关汉卿的《窦娥冤》《单刀会》，郑光祖的《倩女离魂》《周公摄政》，马致远的《江州司马青衫泪》《吕洞宾三醉岳阳楼》，白朴的《裴少俊墙头马上》等。

古代诗歌创作规则

从诗文韵律、形式等方面了解古代诗歌的创作规则，可以更好地帮助我们阅读和理解古诗。

平仄

平仄泛指由平声和仄声构成的诗文韵律，平指四声中的平声，仄指四声中的上、去、入三声。

诗歌中所用的字音需平仄互调（tiáo），使音韵和谐，读起来富有音乐美。平仄如果不协调，读起来会很别扭。平声发音平缓，仄声则有抑扬变化。一平一仄，一仄一平，声调才参差错落有美感，这样就形成了平仄的基本规律——句内相间、联内相对、联间相粘，一三五不论，二四六分明。例如苏轼的《惠崇春江晚景》。

竹外桃花三两枝，（仄仄平平仄仄平）

春江水暖鸭先知。（平平仄仄仄平平）

蒌蒿满地芦芽短，（平平仄仄平平仄）

正是河豚欲上时。（仄仄平平仄仄平）

我们可以看到诗中每一句的第二、第四、第六字都讲究平仄。第一句中，"外""花""两"分别为仄、平、仄，即句内相间。第二句中，"江""暖""先"为平、仄、平，与第一句正好相反，即联内相对；同时，与第三句"蒿""地""芽"平仄相同，即联间相粘。

古今语音声调变化很大，古音符合平仄的，现在可能就不符合了。这种情况，我们大部分还是按照今天普通话的语调去读。在中学阶段，大家只要知道一声二声是平声，三声四声是仄声，能大致辨别平仄就可以了。

押韵

诗歌为了使音调和谐，往往在偶数句的句末押同韵的字。押韵的地方叫作韵脚。同韵就是韵母相同或相近的字，可以划归到一个韵部。韵部共有 106 个，记载哪个韵部有哪些字的书就是韵书。这种书在三国魏晋时期就已出现，是古人写诗的主要依据。

从《诗经》的诗篇开始，到之后的诗、词、曲等，几乎没有不押韵的。近体诗的押韵规则最为严格。简单来说就是，逢双句押韵，单句不押韵；一个特殊情况是，首句押不押韵都可以。比如杜甫的《绝句》："两个黄鹂鸣翠柳，一行白鹭上青天。窗含西岭千秋雪，门泊东吴万里船。"偶数句句末的"天"和"船"同韵。

和平仄的情况一样，由于古今语音的变化，有些按照古音是同韵字的，按普通话就不完全押韵了。比如杜牧的《山行》："远上寒山石径斜，白云生处有人家。停车坐爱枫林晚，霜叶红于二月花。"按照古代的读音，"斜"应该读"xiá"，才能和后面的"家""花"押韵。但是，我们现在还是要按照普通话的标准读音来读古诗，不要为了押韵非要去读古音。只要我们知道这些字原本是押韵的，就可以了。

对仗

由两个字数相等、平仄相异、词性相对、结构相似的句子，形成一种整齐、对称的形式美，就是对仗。对仗是中国古代诗文特有的艺术表现形式，在律诗和骈文中，都有对仗的写法。

近体诗对仗的规则，除了要求字数相等、结构对称之外，还要求字面（意义）相对，词性一致，平仄相对，避免同字。比如杜甫《秋兴八首·其一》中的这两句：

丛菊　两　开　他日泪

孤舟　一　系　故园心

名词、数词、动词、偏正词组分别相对，平仄也完全符合要求，是很精彩的对仗句。

关于对仗和对偶的区别：对仗的规则更严格，对仗句一定是对偶句，对偶句未必是对仗句。对仗要求在对偶的基础上，上下句同一结构位置的词语必须词性一致，平仄要符合"二四六分明"的规则。

对联是对仗的一种特殊形式。它和诗歌中的对仗相比，相同之处在于，对联具有律诗对仗的一切特征和要求，比如字数相等、平仄相异、词性相对、结构相似。不同之处在于，诗歌中的对仗一句最多为七个字，而对联不限字数。此外，对联还有一个非常重要的原则：仄起平收，即上联的最后一个字是仄声，下联的最后一个字是平声。

古代诗歌题材

古代诗歌的题材十分广泛，内容极为丰富。不同时期盛衰兴亡的历史背景，以及文学审美取向的发展变化，使诗歌的不同题材呈现出异彩纷呈的趣味与情调：或高昂，或低沉，或婉转，或豪迈，或寄情山水，或充满哲思。

送别诗

送别诗是古代诗歌的重要题材之一。古人送别之际，往往设酒饯别、折柳相送、吟诗赠别，表达依依不舍之情。诗题中往往有"送、别、赠、酬"等字。

送别诗的常见情感有五种。

依依惜别的不舍与伤感。如李白《黄鹤楼送孟浩然之广陵》："孤帆远影碧空尽，唯见长江天际流。"诗人眼看着朋友的船消失在大海的尽头，表达了依依惜别之情及对朋友深深的眷恋。

离别后的思念与牵挂。如李白《闻王昌龄左迁龙标遥有此寄》："我寄愁心与明月，随君直到夜郎西。"听说好朋友王昌龄被贬官，李白非常担心，他希望把自己的心寄托给明月，去陪伴好友，表达了对远方友人的惦念和惋惜之情。

对朋友的安慰与勉励。如王勃《送杜少府之任蜀州》："海内存知己，天涯若比邻。无为在歧路，儿女共沾巾。"诗人一改送别诗的悲伤低沉，劝慰友人不要因分别悲伤，语句豪迈、心绪豁达，但又充满了对友人的情谊，堪称送别诗的典范。

借送别友人表明自己的心志。如王昌龄《芙蓉楼送辛渐》："洛阳亲友如相问，一片冰心在玉壶。"这是王昌龄被贬到外地做官时写的一首送别诗。诗人没有过多地去描写离愁别绪，而是重点强调了自己洁身自好的志向和品格。

抒发对人生的感慨。如刘长卿《重送裴郎中贬吉州》："同作逐臣君更远，青山万里一孤舟。"刘长卿和裴郎中曾一起被召回长安又同时遭贬，同病相怜，诗中除了对朋友的惜别之情，还有一份对人生、对命运的感叹。

送别诗表达情感，常用一些固定的意象，如柳树、春草、浮云、杨花、流水、酒、眼泪、长亭等。

柳。因为"柳"与"留"谐音，古人送别的时候，经常会折下柳枝相赠，表达希望友人留下来的愿望。如王维《送元二使安西》："渭城朝雨浥轻尘，客舍青青柳色新。"

草。因为草连绵不绝，就像离愁一样。如白居易《赋得古原草送别》："又送王孙去，萋萋满别情。"

杨花（柳絮）。因为杨花、柳絮漂泊不定，就像远游的游子一样。如李白《闻王昌龄左迁龙标遥有此寄》："杨花落尽子规啼，闻道龙标过五溪。"

流水。因为流水连绵不绝，无穷无尽，就像无边的离愁。如李白《金陵酒肆留别》："请君试问东流水，别意与之谁短长？"

眼泪。分别之际，最容易流泪，所以眼泪也是送别诗常见的意象。如杜牧《赠别二首·其二》："蜡烛有心还惜别，替人垂泪到天明。"

怀古诗

怀古诗以历史事件、历史人物、历史遗迹等为题材，借咏叹史实、描绘古迹来抒发兴衰之感，标题中往往有"咏史、怀古、有怀、古迹"等。常见情感有三种：慨叹感伤、缅怀前贤、借古讽今。

慨叹感伤，针对历史人物或事件，表达观点，抒发感情。如刘禹锡《乌衣巷》。

> 朱雀桥边野草花，乌衣巷口夕阳斜。
> 旧时王谢堂前燕，飞入寻常百姓家。

诗歌描写了作为前朝繁盛之地的朱雀桥和乌衣巷如今破败不堪的景象，抒发了诗人对物是人非、世事无常的无限感慨。

缅怀前贤，表达敬仰或惋惜、同情，抒发个人情感。如杜甫《咏怀古迹·其三》。

> 群山万壑赴荆门，生长明妃尚有村。
> 一去紫台连朔漠，独留青冢向黄昏。
> 画图省识春风面，环佩空归夜月魂。
> 千载琵琶作胡语，分明怨恨曲中论。

作者表达了对王昭君的深切同情，同时通过想象描绘了昭君对故国的思念与怨恨，虽已身死，魂魄还要归来。其实，杜甫不仅是在怀念王昭君，也是在借王昭君抒发自己的抱负，寄寓自己仕途失意、颠沛流离的身世之感。

借古讽今，表达忧国忧民之情。如杜牧《泊秦淮》。

> 烟笼寒水月笼沙，夜泊秦淮近酒家。
>
> 商女不知亡国恨，隔江犹唱后庭花。

《后庭花》全称《玉树后庭花》，是陈后主创作的一首歌曲，被称为"亡国之音"。这首诗表面是在批评歌女，实际是讽刺晚唐统治者不吸取陈后主亡国的教训，还在醉生梦死，表达了诗人忧国忧民的思想感情。

山水田园诗

山水田园诗以美丽清新的自然风光、闲适恬淡的田园生活为题材，分为田园诗和山水诗。

东晋文学家陶渊明是第一个以田园景色和田园生活为题材进行创作的诗人，因此被尊为"隐逸诗人之宗""田园诗之祖"。陶渊明以纯朴自然的语言、高远拔俗的意境，为中国诗坛开辟了新天地。

山水诗派的鼻祖是南朝时期的大文学家谢灵运。谢灵运是古代有名的文学家、旅行家，热爱探险。为了旅行方便，他还发明了一种木屐。李白有诗"脚著谢公屐，身登青云梯"，其中的"谢公屐"就是谢灵运发明的木屐。谢灵运是第一个以山水为题材进行大量诗歌创作的诗人，极大地丰富和开拓了诗的境界，使山水诗成为一个独立的诗派。

到了唐代，田园诗派和山水诗派合并，统称山水田园诗派，以王维、孟浩然为代表，因此也称"王孟诗派"。山水田园诗的常见情感有三种：赞美山河，热爱自然；厌恶官场，渴望自由；闲适淡泊，悠然自得。

赞美山河，表达对大自然的喜爱之情。如李白的《望天门山》。

> 天门中断楚江开，碧水东流至此回。
>
> 两岸青山相对出，孤帆一片日边来。

诗歌描绘了一幅动态的、色彩绚丽的画面：随着诗人行舟，山断江开，东流水回，青山相对迎出，孤帆日边驶来，景色由远及近再由近及远地展开。这首诗写出了山的雄奇险峻，写活了水的浩荡奔流。全诗赞美了大自然的神奇壮丽，表达了作者初出巴蜀时乐观豪迈的感情。

表达对官场仕途的厌倦，对黑暗现实的不满，以及对自由的向往。如陶渊明的《归园田居·其一》（节选）。

少无适俗韵，性本爱丘山。

误落尘网中，一去三十年。

羁鸟恋旧林，池鱼思故渊。

开荒南野际，守拙归园田。

在这首诗中，诗人把自己比作笼中鸟、池中鱼，表达了对黑暗官场的鄙弃厌倦，对自然和自由的热爱。

表达对闲适恬淡的山水田园生活的喜爱和向往。如王维的《山居秋暝》。

> 空山新雨后，天气晚来秋。
>
> 明月松间照，清泉石上流。
>
> 竹喧归浣女，莲动下渔舟。
>
> 随意春芳歇，王孙自可留。

这首诗把空山雨后的清凉、松间的明月、石上的清泉、竹林中的欢笑、归来的浣女以及渔船穿过荷花的动态巧妙地融合在一起，表达了诗人寄情山水、享受隐居生活的愉悦之情。

边塞战争诗

边塞战争诗是以边疆地区军民生活和自然风光为题材的诗。诗题中往往有"行、军、征人、塞、戍"等与军旅有关的词。边塞战争诗的常见情感和主题有五种：保家卫国，建功立业；塞外风光，奇丽壮观；将士思乡，妇女盼归；连年征战，残酷艰辛；愤懑哀痛，反对战争。

抒发渴望建功立业、报效国家的豪情壮志。比如王昌龄《从军行七首·其四》。

> 青海长云暗雪山，孤城遥望玉门关。
>
> 黄沙百战穿金甲，不破楼兰终不还。

三、四句意思是说，守边将士身经百战，铠甲磨穿，壮志不灭，不打败进犯之敌，誓不返回家乡。全诗表现了战士们保家卫国、英勇无畏、矢志不渝的崇高精神。同时，也侧面反映了作者想要报效国家、建功立业的愿望。

以惊叹的笔调描绘边地的奇异风光和民风民俗。如岑参《白雪歌送武判官归京》（节选）。

> 北风卷地白草折，胡天八月即飞雪。
>
> 忽如一夜春风来，千树万树梨花开。

塞外苦寒，北风一吹，大雪纷飞。诗人以春风使梨花盛开比拟北风使雪花飞舞，极为新颖贴切，写出了边疆八月飞雪的壮丽景色，也表现了作者的浪漫情怀。

描写戍边将士的乡愁、家中思妇的别离之情。如李益的《夜上受降城闻笛》。

> 回乐烽前沙似雪，受降城外月如霜。
>
> 不知何处吹芦管，一夜征人尽望乡。

诗的后两句是说，不知何处吹起凄凉的芦管，一夜间征人个个眺望故乡，形象地描绘了戍边将士（包括吹笛人）浓烈的思乡之情和满心的哀愁。

描写塞外戍边生活的单调艰辛，反映连年征战的残酷。如王昌龄的《出塞二首·其一》。

> 秦时明月汉时关，万里长征人未还。
>
> 但使龙城飞将在，不教胡马度阴山。

这首诗表达了诗人希望朝廷任用良将，早日平息边塞战争，使国家安宁、人民和平幸福的思想感情。

宣泄对统治者的不满、对将军贪功冒进的怨恨，表达反战主题。如高适的《燕歌行》（节选）。

> 山川萧条极边土，胡骑凭陵杂风雨。
>
> 战士军前半死生，美人帐下犹歌舞。

战士们在沙场上艰辛作战，而将官们却在营帐里尽情地欣赏歌舞。这首诗描写了战争的艰苦，深刻地揭露了将领的骄纵无能，表达诗人对战争的厌恶，以及对前线作战士兵的钦佩和同情。

在诗歌鉴赏中，边塞战争诗是经常遇到的一类题材，大家要多多重视。

咏物诗

咏物诗借助吟咏自然或社会事物来表达诗人的思想感情，或托物言志，或借物抒情，经常用到拟人、比喻、双关、借代等修辞手法。常见的类型有四种。

单纯咏叹事物的美好。这类咏物诗表达诗人的喜好和兴趣，没有特别的寓意，比如贺知章的《咏柳》。

> 碧玉妆成一树高，万条垂下绿丝绦。
>
> 不知细叶谁裁出，二月春风似剪刀。

这是一首非常经典的咏物诗。诗歌描写的是早春时期的杨柳，把春风比喻成剪刀，赞美了柳树的美丽，表达了对春天的喜爱。

寄托诗人的理想抱负。诗人借所咏之物，或抒发追求田园生活的愿望，或抒发渴望建功立业的抱负。以李纲的《病牛》为例。

> 耕犁千亩实千箱，力尽筋疲谁复伤？
>
> 但得众生皆得饱，不辞羸病卧残阳。

李纲是宋代名臣，历史上著名的民族英雄。这首诗表面上是在写病牛，只要能让众生吃饱饭，即使自己累了、病了也在所不惜。其实李纲是以病牛自比，抒发心怀天下百姓，鞠躬尽瘁、死而后已的理想。

抒发诗人的愁情幽愤。诗人借咏物，或讽刺现实，或忧国忧民，或愤世嫉俗，或针砭时弊。以罗隐的《蜂》为例。

> 不论平地与山尖，无限风光尽被占。
>
> 采得百花成蜜后，为谁辛苦为谁甜？

诗人通过描写蜜蜂采花酿蜜，供人享受这一现象，赞美了蜜蜂（其实说的是百姓）辛勤劳动的高尚品格。同时，也表达了作者对不劳而获之人的痛恨和不满，寄寓着作者愤世嫉俗的思想感情。

表现诗人高尚的情操。诗人在诗中托物言志，表现自己清高孤傲的性格，以及坚持理想、决不向恶势力屈服的坚定意志。例如郑板桥的《竹石》。

咬定青山不放松，立根原在破岩中。

千磨万击还坚劲，任尔东西南北风。

这首诗表面是赞美扎根于破岩中的劲竹，实际上是托"竹"言志，含蓄地表达了自己决不向任何邪恶势力低头的高尚情操。

思乡诗

思乡诗的特征是：诗人长期客居在外、漂泊异地，对所见所闻有所感，借诗句抒发自己的羁旅愁绪、孤独寂寞和对亲人的思念。诗题中多含有"望月、寄、思、夜、忆"等字眼。常见情感有两种：天涯漂泊之苦，感念亲情之深。

天涯漂泊之苦，叙写客居他乡的艰难，抒发孤独、凄凉、思乡之情。比如马致远的《天净沙·秋思》。

枯藤老树昏鸦，小桥流水人家，古道西风瘦马。

夕阳西下，断肠人在天涯。

作者通过枯藤、老树、乌鸦、瘦马、夕阳等景物，营造出一种凄凉的氛围，表达了飘零天涯的游子在秋天思念故乡、厌倦漂泊的凄苦心情。

感念亲情之深，表达对亲人的热爱与思念。比如白居易的《邯郸冬至夜思家》。

邯郸驿里逢冬至，抱膝灯前影伴身。

想得家中夜深坐，还应说着远行人。

诗的意思很简单：诗人客居邯郸的驿站，刚好这天是冬至，诗人独自坐在灯前，想象家中的亲人今天肯定会相聚到深夜，谈论着他这个离家在外的人。通过想象家人相聚的场景，反衬出自己的孤寂凄凉，抒发对亲人的浓浓思念。

哲理诗

所谓哲理诗，就是表达某种哲学观点，反映某种哲学道理的诗，也叫说理诗。哲理诗的特点：以鲜明的艺术形象来阐释抽象的道理，总结人生智慧，传达理趣，内容大多含蓄隽永，深沉浑厚。比如苏轼的《题西林壁》。

横看成岭侧成峰，远近高低各不同。

不识庐山真面目，只缘身在此山中。

这首诗是苏轼游庐山后所写，通过描写庐山，联系生活，阐释哲理。为什么不能辨认庐山的真实面貌呢？因为身在庐山之中，无论从哪个位置看，庐山都会呈现出不同的面貌。诗人想告诉我们：观察问题应该全面客观，才能不被局部现象所迷惑。

再如，朱熹的《观书有感·其一》。

半亩方塘一鉴开，天光云影共徘徊。

问渠那得清如许？为有源头活水来。

这首诗先是描写池塘的清澈，像镜子一样，天光和云影在水面上浮动。进而问，为什么这池塘可以如此清澈呢？最后告诉我们，是有源头为其输送源源不断的活水。作者想告诉我们：人也应该不断地读书，不断地获取新的知识，才能保持思想活跃，保持睿智。

我们在解读哲理诗时，可以先抓住诗中景物的特点，然后联系生活，想想其中所蕴含的道理。另外，上文举的例子，苏轼和朱熹都是宋代诗人，这不是偶然。宋代理学兴盛，人们崇尚哲理，好以议论为诗，所以哲理诗在宋代蓬勃发展。

闺怨诗

闺怨诗指表达闺中女子的思念、悲伤、怨愤、失落、悔恨、惆怅等心情的诗，标题中多含有"怨、怀、思、别、忆"等字眼。常见的情感有两种，思念丈夫或感叹青春逝去。还有一种比较特殊，表达特定人群——宫女的寂寞。

表达独守闺房的哀怨，还有对丈夫的思念。如王昌龄的《闺怨》。

> 闺中少妇不知愁，春日凝妆上翠楼。
> 忽见陌头杨柳色，悔教夫婿觅封侯。

这首诗写的是一个贵妇看到柳色青葱，春意盎然，顿觉自己生活空虚，表达独守空闺的寂寞和对夫婿的思念之情。

表达青春逝去的悲凉。生活在思念中的闺中女子，看到冬去春来、落花流水，而自己容颜渐衰，难免心生悲凉。比如欧阳修的《蝶恋花·庭院深深深几许》（节选）。

> 雨横风狂三月暮，门掩黄昏，无计留春住。
> 泪眼问花花不语，乱红飞过秋千去。

暮春、黄昏、落花都是马上就要逝去的事物，很容易让人联想到青春逝去，形象地表现了闺中女子的悲伤。

表达宫女寂寞心情的诗歌也叫宫怨诗。宫女生活在高高的宫墙内，只能在深宫之中虚度光阴。这类诗在唐宋时期比较盛行，如元稹的《行宫》。

> 寥落古行宫，宫花寂寞红。
> 白头宫女在，闲坐说玄宗。

曾经富丽堂皇的古行宫已是一片荒凉冷落，宫中艳丽的花儿在寂寞寥落中开放。幸存的几个满头白发的宫女，闲坐无事，只能谈论着玄宗轶事。入宫时是少女年纪，而如今已是白发苍颜，青春都在宫中消耗殆尽。看着眼前荒败的行宫，内心一定无限唏嘘。

古代诗歌修辞手法

古代诗歌运用了极为丰富的修辞手法，与现代文的修辞相比，既有相通之处，又有其独有的特征。鉴赏古诗要学会判断修辞手法，了解和掌握各种修辞的特点，分析它们是如何表达诗人情感、体现诗歌主旨的。

比兴

比兴是古代诗歌传统的表现手法。它一共包含两种手法，但经常放在一起使用。

比，"以彼物比此物也"，可以使事物的特征变得更加鲜明突出。如贺知章的《咏柳》。

> 碧玉妆成一树高，万条垂下绿丝绦。
> 不知细叶谁裁出，二月春风似剪刀。

诗人将柳叶比喻成碧玉，柳叶的嫩绿跃然纸上；将柳枝比喻为丝带，形象地写出了柳枝的柔软袅娜。

兴，"先言他物，以引起所咏之词也"，就是借助其他事物作为诗歌的开始，来引出真正想歌咏的内容，让诗歌的抒情更加含蓄委婉，富有韵味。如李白的《静夜思》。

> 床前明月光，疑是地上霜。
> 举头望明月，低头思故乡。

诗人没有直接写思乡，而是先写月亮，再由月亮引到思念故乡。

比和兴通常是连用的，比如《诗经》的第一篇《关雎》的开头。

关关雎鸠，在河之洲。

窈窕淑女，君子好逑。

诗人用关关鸣叫的雎鸠来起兴，用鸟儿求偶与君子追求爱情作比，表达君子对淑女的爱恋之情。

借代

借代指不直接说出要说的人或事物，而用相关事物来代替，这种修辞在古代诗歌中经常出现。借代的好处是可以引人联想，让事物的特点鲜明、形象、生动。比如"金戈铁马"，就可以让我们联想到战争的激烈。

古诗中常用的借代有四种类型。

用部分代指整体。如李白《黄鹤楼送孟浩然之广陵》："孤帆远影碧空尽，唯见长

江天际流。"用帆船的一部分——"帆",代指整个船。

用特征代指本体。如杜甫《自京赴奉先县咏怀五百字》:"朱门酒肉臭,路有冻死骨。"古代的豪门大族喜欢用朱红色的大门,后来,人们就用"朱门"代指显贵之家。

用具体代指抽象。如辛弃疾《永遇乐·京口北固亭怀古》:"想当年,金戈铁马,气吞万里如虎。"用具体的"金戈铁马",代指抽象的战争。

用特殊代指一般。如白居易《琵琶行》:"曲罢曾教善才服,妆成每被秋娘妒。""善才"是人名,善弹琵琶,后来就用他的名字泛指琵琶名师;"秋娘"是唐代的一位歌舞名妓,后来泛指长于歌舞的女子。

对比

古代诗歌中的对比手法,把相反、相对的两种事物或一种事物相反、相对的两个方面进行对照比较,使双方更加鲜明突出,从而更好地抒发作者情感。例如晏殊的《浣溪沙·一曲新词酒一杯》。

一曲新词酒一杯,去年天气旧亭台。夕阳西下几时回?

无可奈何花落去,似曾相识燕归来。小园香径独徘徊。

这首词运用了多处对比。"一曲新词酒一杯,去年天气旧亭台",这里有"新"与"旧"的对比。新的是唱词,旧的是唱词的环境——旧亭台。新词旧景,抒发了物是人非的惆怅情思。"无可奈何花落去,似曾相识燕归来","去"和"来"又形成对比。"去"指花儿凋谢,"来"指燕子归来,来去对比,抒发了对时光逝去的惋惜之情。

辛弃疾的《破阵子·为陈同甫赋壮词以寄之》也运用了对比。

醉里挑灯看剑,梦回吹角连营。

八百里分麾下炙,五十弦翻塞外声,沙场秋点兵。

马作的卢飞快,弓如霹雳弦惊。

了却君王天下事,赢得生前身后名。可怜白发生!

这里将梦境与现实进行对比。梦中是驰骋沙场的情景，而现实中自己白发已生，无能为力。辛弃疾用鲜明的场景对比，表达了杀敌报国、收复失地的理想，同时也抒发了壮志难酬、英雄迟暮的悲愤心情。

用典

用典就是引用古籍中的故事或词句。使用典故，可以丰富而又含蓄地表达作者的思想情感。常见的用典方式有明典、暗典和翻典。

明典，即明显地引用过去的典故或文字。如苏轼的《江城子·密州出猎》中："持节云中，何日遣冯唐？"这句很明显运用了冯唐赦免魏尚的典故。汉文帝时，云中太守魏尚抗击匈奴有功，但因报功不实，获罪削职。后来文帝听了冯唐的话，派冯唐持节去赦免魏尚，仍叫他担任云中太守的职位。苏轼引用这个典故是想说，什么时候皇帝会派人来，对自己委以重任，表达了他渴望报效国家的慷慨意气。

暗典，字面上看不出用典痕迹，需要细细品味才能体会。如李商隐的《锦瑟》中："沧海月明珠有泪，蓝田日暖玉生烟。"上半句用了《博物志·异人》中南海鲛人的典故："南海之外有鲛人，水居如鱼，不废织绩。其眼泣则能出珠。"明月之夜，沧海之间，鲛人泣泪，颗颗成珠。珍珠似水中之月，而月是天上的明珠。作者这里想说自己如沧海遗珠，美好理想破灭之后只剩下满眼不尽的泪水，意在表明自己怀才不遇的愁思。

翻典，即反用以前的典故，使之产生意外的效果。比如李商隐的《贾生》："可怜夜半虚前席，不问苍生问鬼神。"这里用了汉文帝和贾谊的典故。据《史记·屈原贾生列传》载，汉文帝在宣室召见贾谊，询问鬼神的本原。谈到深夜，文帝钦佩贾谊多学博识，不禁移动自己的座位凑近贾谊。此处托古讽今，讽刺了不重贤才的荒唐行径。同时，以贾谊自比，抒发了壮志难酬、怀才不遇之感。

解读典故时，要注意作者对所使用典故的态度，从而更好地理解诗歌情感。

反复

反复指使用同一个词语、句子或段落两次或两次以上，来加强语气和感情，是诗歌中非常常见的修辞手法。比如张养浩的《山坡羊·潼关怀古》："伤心秦汉经行处，宫阙万间都做了土。兴，百姓苦；亡，百姓苦。"这里"百姓苦"出现两次，使用了反复的手法。

反复分为连续反复和间隔反复。

连续反复即接连重复相同的词语、句子或段落，中间没有其他元素出现。如李清照的《如梦令·昨夜雨疏风骤》中："知否？知否？应是绿肥红瘦。"这里连用两个"知否"，就是连续反复。意思是：你可知道？你可知道？这个时节应该是绿叶繁茂，红花凋零。这里连续的反问，既是问侍女，也像是自言自语，写出了闺中人伤春的复杂情感。

间隔反复指的是某些词语、句子或段落间隔地反复出现，即中间有别的元素将它们隔开。上文《山坡羊·潼关怀古》就是间隔反复，表达了作者对人民的深切同情和对封建统治者的无比愤慨。

突出情感是反复手法最重要的作用。除此之外，反复还可以加强诗歌的节奏感，增强旋律美。比如李白的《行路难·其一》："行路难，行路难，多歧路，今安在？长风破浪会有时，直挂云帆济沧海。"

双关

双关就是言在此意在彼。利用语音或语义条件，有意使语句同时顾及表面和内里两种意思，达到一箭双雕、话里有话的效果。双关在古诗中比较常见，可分为语音双关和语义双关两种类型。

语音双关是利用同音字，构成谐音双关。如李商隐《无题》中的："春蚕到死丝方尽，蜡炬成灰泪始干。"丝线的"丝"和思念的"思"同音，是语音双关。所以我们解读这句诗时，经常说其借用春蚕到死才停止吐丝，蜡烛烧尽才停止流泪，来比喻男女之间至死不渝的爱情。

语义双关指利用词语或句子的多义性，在特定语言环境中构成双关。如林升的《题临安邸》："暖风熏得游人醉，直把杭州作汴州。"这里"暖风"一语双关，既指自然界的春风，又指社会上的淫靡之风。所以这句话表面说温暖的风把人吹得醉醺醺的，简直让人把杭州当成了汴州。但实际上是批判当时社会的淫靡之风，揭露统治者无视国家命运与前途，醉生梦死。

语义双关一般多见于诗歌中的环境描写，如许浑《咸阳城东楼》中的"山雨欲来风满楼"，这里指的不仅是实际的雨和风，还指唐王朝日薄西山、危机四伏的局势。再如杜甫《江南逢李龟年》中的"落花时节又逢君"，这里"落花时节"既指暮春时节，也指国运衰微，人生落魄，盛世不再。

通感

通感指叙事状物时运用词语，使视觉、听觉、嗅觉、味觉、触觉相互打通，使表达更形象、更鲜明。如杜甫的《赠花卿》中："锦城丝管日纷纷，半入江风半入云。此曲只应天上有，人间能得几回闻。""纷纷"本指事物多而乱的样子，在感官上属于视觉。这里用来描写音乐，而乐声显然对应听觉。用视觉描写听觉，用了通感的手法，形象地描绘出弦管错杂而和谐的效果。

"疏影横斜水清浅，暗香浮动月黄昏。"这是林逋《山园小梅》中的名句。"香"是嗅觉，"暗"是视觉。用视觉来描写香味，运用了通感的手法，生动形象地写出了香味的清淡。

李贺在《李凭箜篌引》中写道："昆山玉碎凤凰叫，芙蓉泣露香兰笑。"这两句的意思是，乐声清脆动听得就像昆仑山的美玉破碎，凤凰鸣叫，时而使芙蓉流泪，时而使香兰欢笑。乐声是听觉，"芙蓉泣露"和"香兰笑"是视觉，用视觉来描写听觉，运用了通感的手法，将无形的音乐写得形神兼备，让人将露滴残荷的形态与乐声的凄凉，兰花盛开露出的笑脸与乐声的欢快愉悦联系在一起。在古诗中，视觉与听觉、视觉与嗅觉的相通是比较常见的。

在诗歌中使用通感手法，可以强化意境，深化情感，表达独特的体验与感受。

古代诗歌

古代诗歌概念与分类

古代诗歌创作规则
- 平仄
- 押韵
- 对仗

古代诗歌题材
- 送别诗
- 怀古诗
- 山水田园诗
- 边塞战争诗
- 咏物诗
- 思乡诗
- 哲理诗
- 闺怨诗

古代诗歌修辞手法
- 比兴
- 借代
- 对比
- 用典
- 反复
- 双关
- 通感

8

文言文

先秦诸子散文、两汉辞赋、史传散文、唐宋古文……都属于文言文范畴。中国古代的典籍著作大多是用文言文写的。可以说，要读懂中国古代经典，就一定要学会文言文。文言文以古雅为美，我们需要学习词汇、语法、句式、翻译技巧，才能让这种古代书面语变成我们可以理解的内容。

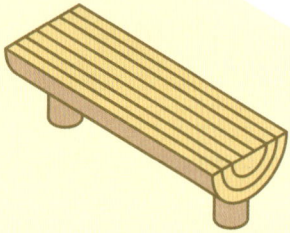

文言文概念与特点

文言是以先秦口语为基础形成的汉语书面语，而文言文就是用文言写成的文章，作为一种高度定型化的书面语言，已经沿用了两三千年。从先秦诸子散文、两汉辞赋、史传散文，到唐宋古文、明清八股，都属于文言文的范围。可以说，文言文是中华古典文化的载体。要读懂中国古代经典，就一定要学会文言文。

在几千年的使用过程中，文言文形成了自己独到的特点，主要有以下几个方面。

第一，文言文以单音节词为主，行文简练，言简意赅。现代汉语的词以双音节为主，文言文的词则绝大部分是单音节。所以同样的意思，用文言文表述如果是五个字，现代汉语有可能要十个字以上。同时，古人还讲究用字精练。用更少的字表达更丰富的含义，是很多文人的追求。

第二，文言文的语序和句式与现代汉语有较大差别。比如，文言文的特殊句式可分为倒装句、被动句，而倒装句又包括宾语前置句、状语后置句、定语后置句、谓语前置句四类。

第三，言文分离造成文言文深奥难懂。文言文在先秦口语的基础上形成，随着时间的推移，口语不断变化，而后世文人又喜好"以古雅为尚"，模仿先秦文人写作。这就导致文言文变化不大，基本保持着先秦时期的样态。但文言文与后世的口语逐渐拉开了距离，言文分离。所以，每一代人都需要给经典做注释。到了今天，我们需要学习词汇、语法、句式、翻译，才能让这种古代书面语变成我们可以理解的内容。

高效学习文言文，可以从以下三种方法入手。

多读多背，锻炼语感。阅读文言文，言文分离的特点可能导致强烈的陌生感。在接受这个距离感的前提下，有意识地锻炼文言文的语感。多读，有了语感，理解就会更容易。有很多文言文因为文辞简练，辞藻华美，也很适合背诵，所以多背也是锻炼语感的重要方式。

积累词汇，打通关节。文言文和现代汉语的词汇是一脉相承的，有很多相同的地方，所以难点就在于有差别的地方。重点学习文言文专有的词类用法，再加上已经积累的古今无差别的词汇，文言文学习会事半功倍。

大胆联想，理解含义。有了语感的锻炼和词汇的积累之后，就可以理解文言文的大致含义了。如果还有陌生的内容，可以凭借"直觉"大胆地猜一下，可能会有意外的收获。

文言文句读与翻译原则

句读

古时称文辞停顿的地方为句读，也叫句逗。因为古时的文言文一般是不用标点符号的。从先秦开始，有人用标点来辅助阅读和写作。当一句话的意思表达完了，就标一个圈，这就是句号的前身；如果语意未完但需要停顿，就标一个点，相当于逗号和顿号的前身。现在标点符号逐渐丰富，但需要断句的地方其实是不变的。我们在做文言文断句时，首先大致理清文意，知道文章或句子说的是什么，然后再利用辅助信息判断该停顿在哪里。

抓名词，理句子。文言句子中的人名、地名、官名、民族名、器物名等，一般都是陈述、描写、说明或议论的对象，碰到这样的名字，可以看看它们的前后需不需要断句。

例句：何晏七岁明慧若神魏武奇爱之（《何氏之庐》）

分析："何晏"和"魏武"都是人名，"魏武"指的是曹操。显然这个句子前边说何晏，后边说魏武，所以魏武前需要断句。何晏具体怎样呢？"七岁"指年龄，"明慧若神"指他聪明伶俐，就像是神童，句意的转换，需要断句。因此，这句话的断句是：何晏七岁／明慧若神／魏武奇爱之。

抓对话标志词断句子。对话标志词后边一般都需要断句，文言文中常见的标志词有"曰、道、云、言"等。

例句：故渔者歌曰巴东三峡巫峡长猿鸣三声泪沾裳（《三峡》）

分析：这里看到"曰"，后边需要注意断句。后接诗句，七字一断，比较好判断。因此这句的断句是：故渔者歌曰／巴东三峡巫峡长／猿鸣三声泪沾裳。

找虚词，分句子。文言文中的虚词往往有固定的位置。"夫、若夫、然则、盖"等多放于句首，"者、也、矣、耳"等常用于句尾。

例句：余是以记之盖叹郦元之简而笑李渤之陋也（《石钟山记》）

分析："盖"是句首发语词，所以"盖"前要断句。后边"郦元之简"和"李渤之陋"明显是对应的，"而"表示并列，所以在"而"前断。这里断句应该是：余是以记之／盖叹郦元之简／而笑李渤之陋也。

根据句式特点来断句。如果句中有对称的句子，行文时上下句有相同的字数或相同的结构，可以凭此来断句。

例句：静以修身俭以养德（《诫子书》）

分析：这里明显是对称的句式，在"俭"前边断句，即：静以修身／俭以养德。

翻译原则

文言文翻译的总原则是：信、达、雅。

信，指用现代汉语，字字落实、句句落实，直译出来，不可随意增删内容。

达，指翻译出来的现代汉语表意要明确，语句要通畅，语气不走样。

雅，指用简明、优美、富有文采的现代汉语，把原文的内容、形式及风格准确地表达出来。

"翻译六字法"是具体翻译时可以遵循的方法。

留。专有名词、国号、年号、人名、物名、地名、职称、器具等，可照录不翻译。

例句：壬戌之秋，七月既望，苏子与客泛舟游于赤壁之下。（《赤壁赋》）

分析：这句话中的"壬戌"是年号，"七月"是月份，"苏子"是人名，"赤壁"是地名，翻译时都可以保留。

译文：壬戌年秋，七月十六日，苏子（苏轼）与友人在赤壁下泛舟游玩。

补。指在翻译时补出省略成分或隐含的成分，如句子中省略的主语、谓语、宾语、介词及关联词等。

例句：一鼓作气，再而衰，三而竭。（《曹刿论战》）

分析：例句中后两个分句都省略了谓语动词"鼓"，翻译时应补出。

译文：第一次击鼓能够振作士兵们的士气，第二次击鼓士兵们的士气就开始低落了，第三次击鼓士兵们的士气就耗尽了。

删。把没有意义或不必译出的虚词、衬词删去。如句首语气词"盖、夫"，音节助词"之"等。

例句：夫战，勇气也。（《曹刿论战》）

分析："夫"是句首发语词，翻译时不译，要删去。

译文：作战，靠的是士气。

例句：久之，目似瞑，意暇甚。（《狼》）

分析：这里"之"是音节助词，翻译时不译，要删去。

译文：过了一会儿，狼的眼睛好像闭上了，神情悠闲得很。

调。按照现代汉语的习惯，将倒装句的语序调整过来。

例句：甚矣，汝之不惠！（《愚公移山》）

分析：这句话是谓语前置，翻译时应调整为正常语序，即：汝之不惠，甚矣。

译文：你太不聪明了。

例句：大王来何操？(《鸿门宴》)

分析：这句话是宾语前置，翻译时应调整为正常语序，即：大王来操何？

译文：大王来时拿着什么礼物？

选。主要针对一词多义，根据上下文和句意，选用恰当的词义进行翻译。

例句：先帝不以臣卑鄙，猥自枉屈，三顾臣于草庐之中。(《出师表》)

分析："顾"是一个多义词，作为动词可译为"回头看"，还可译为"探望、拜访"；作为副词可译为"不过、只是"。在这里应该是"探望、拜访"的意思。

译文：先帝不介意我的社会地位低微，见识短浅，屈尊就卑，接连三次到草庐来拜访我。

变。对于文言文中运用的修辞手法、典故或文化知识，应灵活变通，以准确翻译出句子的本意。

例句：曹公，豺虎也。(《赤壁之战》)

分析："豺虎"是比喻，如果直接译为"曹操是豺狼猛虎"则偏离了句意。

译文：曹操像豺狼猛虎一样凶狠残暴。

文言文实词

实词是含有实际意义的词，能单独充当句子成分，是一种同时有词汇意义和语法意义的词。在文言文中，除了数量有限的虚词之外，剩下的都是实词。文言文通常一个字就是一个词，所以文言文实词的数量非常庞大，有几万个。不过，常考的实词数量在 500 个以内。掌握尽可能多的实词，是提高阅读文言文能力的关键。

文言文常见实词包括名词、动词、形容词、数词、量词、代词六类。

名词，表示人或事物的名称。

例句：城非不高也，池非不深也。(《得道多助，失道寡助》)

分析："城"和"池"都是名词，指城墙、护城河。

动词，表示动作或状态。

例句：兴利除弊。(《答司马谏议书》)

分析："兴"，兴办；"除"，去掉，除去。

形容词，表示人或事物的性质、状态、特征或属性。

例句：百姓皆以王为爱也。(《齐桓晋文之事》)

分析："爱"是形容词，是"吝啬"的意思。

数词，表示数目多少或顺序先后。

例句：臣密今年四十有四，祖母刘今年九十有六。(《陈情表》)

分析："四十有四"即四十四岁，"九十有六"即九十六岁。

量词，表示人、事物或动作的数量单位。

例句：虽与之天下，不能一朝居也。(《孟子·告子下》)

分析："朝"是量词，"一朝"就是一天。

代词，代替其他词，文言文中常见的是人称代词、指示代词、疑问代词等。

例句：同予者何人？(《爱莲说》)

分析："予"是第一人称代词，意思是"我"，"何"是疑问代词，意思是"哪个"。

文言文实词数量大，变化多，掌握实词需要日积月累。接下来，说一说文言文实词的特殊用法：通假字、古今异义、一词多义，以及词类活用。

通假字

通假是文言文常见的用字现象之一，指汉字的通用和假借，即用一个字代替另一个字。代替别的字的就是通假字，被代替的是本字。为什么会出现通假现象？主要有以下四个原因。

造字、用字过程缺乏规范。汉字从象形字、指事字开始造字，慢慢地有了会意字和形声字，数量越来越多。但是早期没有字典，也没有规范汉字的国家机构，所以难免出现一些用法上的混乱。时代越靠前的文章，通假字相对越多。

古人喜欢"因声托事"。汉字是记录汉语的文字，同一个音，不同人可能会选用不同字表示，所以音同或音近的通假字最为常见。

地域和方言差异。古汉语有很多不同分支，因年代和地域不同，语言差异很大，在记录每一种方言的时候，大家的用字也会有差别。

为体现修辞效果有意为之。这种通假字一般出现得较晚，是作者为了达成一种特别的修辞效果而"明知故犯"。

判断通假字要看具体的语境。

一个字原本有两个或更多不同的意思，后世为了区别，将这个字加上偏旁，变成一个新的字，新旧两个字就形成通假。

例句：少读诗书陋汉唐，莫年身世寄农桑。（《自嘲》）

分析："莫"通"暮"，是"暮年"的意思。"莫"字甲骨文是个会意字，上下都是草，中间是太阳，表示日落草中，天色已晚，所以本义是"傍晚"，引申义为"晚期"，如"莫春、莫年"等，读音为 mù。后来"莫"被假借为否定词（读 mò），表示"没有谁、不要"等意思，于是又另造一个形声字"暮"表示"傍晚"。所以"莫"和"暮"新旧两个字形成通假。

两个字读音相同或古时读音相同，有一定概率出现通假。

例句：甚矣，汝之不惠。（《愚公移山》）

分析："惠"通"慧"，表示"聪明"。这两个字含义之近，连古人也很难区分开，比如佛教高僧慧能，也经常被写成"惠能"。

一个字有古今两种写法，且现代都在使用，则会代表不同的含义。

例句：桃之夭夭，灼灼其华。(《诗经·周南·桃夭》)

分析：桃树啊多么茂盛，开着火红的花。"华"的本义就是"花"，读 huā。王力《同源字典》中说："花是后起的形声字。""华"字中的"花朵"含义，后来就写作"花"，而"华"现在有别的含义。

古今异义

语言学家吕叔湘说："语言始终在变。"正所谓"古今言殊"，古代汉语中词语或短语的意义与现代汉语中字形相同而意义、用法不同的现象很多，这种现象称为古今异义。可以按中国近现代历史上的白话文运动，划分"古今"的界限。古今异义词可以分为四类。

第一类是词义扩大，指今义的范围大于古义，古义被包含于今义之中。

例句：至今思项羽，不肯过江东。(《夏日绝句》)
"江"古义：专指长江。
"江"今义：泛指江河。

第二类是词义缩小，指同一个词今义和古义相比，或义项减少，或范围缩小，或程度减轻。

例句：率妻子邑人来此绝境。(《桃花源记》)
"妻子"古义：妻子和儿女。
"妻子"今义：专指男子的配偶。

第三类是词义转移，有的词古今词义差别很大，词义发生了转移，即由表示甲事物变为表示乙事物了。

例句：停车坐爱枫林晚，霜叶红于二月花。(《山行》)

"坐"古义：因为。

"坐"今义：坐下、坐车。

第四类是感情色彩变化，古今词义由褒义变为贬义，或由贬义变为褒义。

例句：先帝不以臣卑鄙。(《出师表》)

"卑鄙"古义：身份低微。

"卑鄙"今义：道德品质恶劣。

一词多义

一词多义，指一个词有两个或两个以上的意义，几个意义彼此不同而又相互关联。赋予同一个词更多词义，可以减少词的数量，减轻人们的记忆负担，这展现了语言的经济性原则。

一词多义可以分为引申义、比喻义和假借义几种类型。例如下面几个词。

"兵"本义：兵器

"兵"引申义：手握兵器的人

"心脏"本义：人或动物的器官之一

"心脏"比喻义：事物的中心

"然"本义：燃烧

"然"假借义：……的样子

区分一词多义词的词义有两种方法：词性辨义、注音辨义。

词性辨义。名词表示人、事物、地点或抽象概念的名称，动词表示动作或状态，形容词表示人或事物的性质、特征或属性。这三类词关联比较紧密，经常互相引申。

例句：范增数目项王。（《鸿门宴》）

译文：范增多次向项王使眼色。

分析：这句话中"范增"和"项王"都是名词，"数"如果是动词，就是"数数"，难道范增要数项王有几个眼睛？显然不对，动词只能是"目"。"目"本义是眼睛，在这里表示使眼色。

注音辨义。在"范增数目项王"的例子中，"数"字本身也拥有多种含义，通过读音比较容易辨别。

读音：shù。释义：数字、数目。

例句：数者，一、十、百、千、万也。（《汉书·律历志》）

读音：shǔ。释义：计算，查点。

例句：归而饮至，以数军实。(《臧僖伯谏观鱼》)

读音：cù。释义：细密的。

例句：数罟不入洿池，鱼鳖不可胜食也。(《寡人之于国也》)
译文：密网不下到池塘里，鱼鳖之类的水产就会吃不完。

读音：shuò。释义：屡次，多次。

例句：范曾数目项王。(《鸿门宴》)

词类活用

文言文中的词类活用，指在古代汉语中某些实词在特定的语言环境中，临时改变其基本用法和意义，当成另一类词使用。"活用"是相对"本用"而言的。判定"活用"自然需要一个"本用"作为参照点。由此，可以通过两个基本特征判断词类活用：该词有基本语法功能；在当下句中，它需要临时改变词类，才能充当句子的成分。古代汉语中的词类活用主要有三类。

名词的活用：活用为动词，包括使动、意动，做状语。

动词的活用：活用为名词，做状语。

形容词的活用：活用为动词，包括使动、意动；活用为名词。

词类活用可以理解为一种修辞手法，能使语言表达简洁、生动、富有文采，体现汉语的抑扬顿挫之美，主要表现在以下三个方面。

使语言灵活多变，避免句子呆板。如"丑父使公下，如华泉取饮"(《齐晋鞌之战》)，这里的动词"饮"作名词"水"讲。如果把"饮"改为"泉"或"泉水"，句子就显得赘述；如果把"取饮"改为"取水"或"取水饮"，句子则缺少灵动。

增强语言的形象性，使词语更为生动传神。如"春风又绿江南岸"(《泊船瓜洲》)中的"绿"字别开生面，生动传神地描绘了春到江南的盎然生机。如果改为"春风吹绿江南岸"，则黯然失色。

使语句抑扬顿挫，渲染气氛。如"怀敌附远，何招而不至"（《论积贮疏》），"怀敌附远"指对敌国实行怀柔政策，使远方的国家归附，用凝重有力的语言突出了问题的重要性。如果改为"使敌国来怀，使远国归附"，语言的分量就大大削弱了。

词类活用、一词多义容易混淆。词类活用的特点是，本有其词，临时用其他词代替，活用之后词本身的语义范畴不变，词性可能会进行转化。而一词多义的特点是，本无其词，用旧词引申，引申之后会造成词的语义范畴和词性的相应转化。

文言文虚词

不能单独充当主、谓、宾、定、状、补等句法成分，意义较为虚灵的词。在文言文中，与实词相比，虚词数量要少得多，总共 300 多个，但常用的只有十几个。虽然总数不多，但这些虚词的使用频率却很高，对掌握程度的要求也相对比较高。因此在学习文言虚词时，要能准确分辨每个虚词的词性及其在句子中的语法作用。

虚词常用作代词、副词、介词、连词、助词、叹词、兼词等，下文结合常见虚词具体分析。

　　虚词一直是学习文言文的一个难点。学习的重点是弄清词性，多多积累。从句子出发，不用硬性记忆。知道了常见词性，再结合句子来分析，就可以判断出虚词的用法和含义。

之

用作动词，译为"往、到……去"。

例句：辍耕之垄上。（《陈涉世家》）

分析：这句话正常翻译，即（陈涉）停止耕作之田埂上，这里显然缺动词，"之"在这里做动词，意思是"到……去"。

译文：（陈涉）停止耕作到田埂上去（休息）。

用作代词，可以代人，可以代事，也可以代物。

例句：学而时习之。（《论语》）

分析：这里"之"是代词，代指"学过的知识"。

译文：学习，然后按时复习学过的知识。

用作结构助词，译为"的"。

例句：醉翁之意不在酒。（《醉翁亭记》）

分析：这里"之"做结构助词，可译为"的"。

译文：醉翁的意趣不在喝酒。

用作音节助词，使朗读节奏更舒适，不译。通常放在形容词或动词后。

例句：久之，目似瞑，意暇甚。（《狼》）

分析：这里"之"做结构助词，可译为"的"。

译文：过了很久，它的眼睛好像闭上了，神情十分悠闲。

用在主谓之间，取消句子独立性。

例句：予独爱莲之出淤泥而不染。（《爱莲说》）

分析："莲出淤泥而不染"是一个完整的主谓句，加"之"字取消这个主谓句的独立性，使"莲之出淤泥而不染"变成整个句子的宾语。

译文：我独爱莲花从淤泥中长出而不被污染。

作定语后置标志，不译。

例句：居庙堂之高则忧其民，处江湖之远则忧其君。（《岳阳楼记》）

分析："庙堂之高"翻译为"高高的庙堂"，这种把定语放在中心语后边的句子叫作定语后置句，"之"就是定语后置的标志。

译文：在高高的庙堂之上（在朝廷做官）就为百姓担忧，处在僻远的江湖（不做官）则为国君忧虑。

作宾语前置标志，不译。

例句：何陋之有？（《陋室铭》）

分析：这里将宾语放在了动词前边，我们叫宾语前置句，"之"作为宾语前置的标志。

译文：有什么简陋呢？

其

用作人称代词，多作为第三人称代词，如"他、他的、他们的"等。

例句：恐前后受其敌。（《狼》）

译文：（屠户）害怕前面后边都受到它们（狼）的攻击。

用作指示代词，如"这、那、那些"等。也可表示"其中的"，一般后边跟数词。

例句：其人舍然大喜。(《杞人忧天》)

译文：那个人释怀了，非常开心。

例句：其一犬坐于前。(《狼》)

译文：其中的一只像狗一样蹲坐在前边。

用作副词，加强语气，可表示反问、感叹等，具体翻译随句意而定。

例句：其真无马邪？其真不知马也！(《马说》)

分析："其"这里表示反问，可以译为"难道"。

译文：难道真的没有千里马吗？恐怕是真的不认识千里马啊！

以

用作动词，译为"认为"。

例句：皆以美于徐公。(《邹忌讽齐王纳谏》)

译文：(他们)全都认为(我)比徐公美。

用作介词，介绍动作行为的方式、对象、原因，可译为"把、拿、用"等。

例句：以刀劈狼首。(《狼》)

译文：(屠户)用刀砍狼的头。

用作介词，介绍动作行为凭借的条件，可译为"凭借、按照"等。

例句：以我酌油知之。(《卖油翁》)

译文：凭借我倒油的经验可以懂得这个道理。

用作介词，介绍动作行为产生的原因，可译为"因为、由于"等。

例句：不以物喜，不以己悲。(《岳阳楼记》)

译文：不因为外物的好坏和自己的得失或喜或悲。

用作连词，表示后一行动是前一行动的目的，可译为"来、用来"等。

例句：属予作文以记之。(《岳阳楼记》)

译文：嘱托我写一篇文章来记述这件事。

而

用作连词，表并列关系，一般可不译，有时可译为"和、又"。

例句：望之蔚然而深秀者，琅琊也。(《醉翁亭记》)

分析：这里"蔚然"和"深秀"都是琅琊山的景色，用"而"连接，是并列关系。

译文：远远望去，树木茂盛、幽深秀丽的地方，是琅琊山。

用作连词，表转折关系，可译为"却、但是"等。

例句：学而不思则罔。(《论语》)

译文：只是学习却不思考就会感到茫然。

用作连词，表顺承关系，译为"就、接着、然后"，或不译。

例句：乃记之而去。(《小石潭记》)

分析：这里先"记"，记完之后离开，有时间上的先后顺序，是顺承关系。

译文：于是记下小石潭的情况就离开了。

表修饰，可不译。

例句：朝而往，暮而归。(《醉翁亭记》)

分析：句中"朝"修饰"往"，"暮"修饰"归"，这里"而"表修饰，一般指"而"连接的前后内容是修饰关系，没有实际含义。

译文：清晨前往，黄昏归来。

"俄而、已而"，表示"不久、一会儿"。

例句：俄而雪骤。(《咏雪》)

译文：不久，雪下得大了。

于

"于"一般用作介词。

介绍动作行为到达的处所，译为"至、到、到达"。

例句：箕畚运于渤海之尾。(《愚公移山》)

译文：用箕畚（将土石）运到渤海之尾。

介绍动作行为有关的处所，译为"在"。

例句：相与步于中庭。(《记承天寺夜游》)

译文：（我们）一起在庭院中散步。

介绍动作行为有关的受者，译为"向、给"。

例句：欲报之于陛下也。(《出师表》)

译文：想要报答给陛下。

表示比较，译为"比"。

例句：皆以美于徐公。(《邹忌讽齐王纳谏》)

译文：（他们）都认为（我）比徐公美。

为

用作动词，译为"做、是"。

例句：可以为师矣。(《论语》)

译文：可以凭借（温故而知新）做老师了。

用作介词，译为"被"。

例句：岂能为暴涨携之去？(《河中石兽》)

译文：难道能被暴涨的洪水带走吗？

用作介词，译为"向、对"等，介绍动作行为的对象。

例句：不足为外人道也。(《桃花源记》)

译文：（我们这个地方）不值得向外面的人说啊。

用作介词，译为"为着、为了"，表示动作行为的目的，读 wèi。

例句：天下熙熙，皆为利来；天下攘攘，皆为利往。(《史记》)

译文：人们都是为了利益奔波劳累。

所

用作代词，用在动词前构成名词性词组，代人或事物。

例句：此人一一为具言所闻。(《桃花源记》)

分析："闻"是动词，"所"加动词构成名词性词组，指的是所知道的事情。

译文：这个人一一向他们详细地说了自己所知道的事情。

用作助词，与"为"字配合使用，表示被动。

例句：茅屋为秋风所破。

译文：茅草屋被秋风吹破。

与"以"连用，表示"……的原因、用来……的"。

例句：此先汉所以兴隆也。(《出师表》)

译文：这是先汉兴盛的原因。

例句：此臣所以报先帝而忠陛下之职分也。(《出师表》)

译文：这是我用来报答先帝而尽忠陛下的职责。

然

用作形容词或副词词尾，表示状态，相当于"……的样子"，可不译。

例句：屋舍俨然。(《桃花源记》)

译文：房屋整整齐齐。

用作指示代词，相当于"这样"。

例句：人恒过，然后能改。(《生于忧患，死于安乐》)

译文：一个人常常犯错，这样之后才能改正。

用作连词，表转折，可译为"可是、却、但是"等。

例句：然侍卫之臣不懈于内。(《出师表》)

分析：这里"然"表示转折，前边说"天下三分，益州疲弊，此诚危急存亡之秋也"。先说形势紧迫，话锋一转，说侍卫大臣毫不懈怠，希望陛下"开张圣听"。

译文：但是侍卫大臣在皇宫内毫不懈怠。

则

用作连词，可以表示转折、假设、顺承等关系，需要根据语境来翻译。

例句：余则缊袍敝衣处其间。(《送东阳马生序》)

分析：这里"则"表转折关系，译为"却"。

译文：(同舍生穿戴华丽，）我却穿着旧棉袍、破衣服处于他们之间。

例句：入则无法家拂士。(《生于忧患，死于安乐》)

分析：这里"则"表示假设，译为"如果"。

译文：在国内如果没有坚守法度的大臣和足以辅佐君王的贤士。

用作连词，与"然"搭配，构成固定结构"然则"，表示"那么"。

例句：然则何时而乐耶？(《岳阳楼记》)

译文：那么他们什么时候才会感到快乐呢？

用作副词，加强判断，相当于"乃、即"，可译为"是、就是"。

例句：此则岳阳楼之大观也。(《岳阳楼记》)

译文：这就是岳阳楼的壮丽景象。

者

用作代词，可以代人、代事或代物，译为"……的人、事、物"等。

例句：二者不可得兼。(《鱼我所欲也》)
译文：这两种东西（鱼和熊掌）不能同时都得到。

用作助词，在说明句中表示停顿，没有实际含义。

例句：北山愚公者，年且九十。(《愚公移山》)
译文：北山下面有个名叫愚公的人，年纪将近九十岁了。

用作助词，用在复合句前面分句的结尾，引出后面的说明解释。

例句：吾妻之美我者，私我也。(《邹忌讽齐王纳谏》)
译文：我妻子认为我美，是偏爱我。

作定语后置的标志。

例句：马之千里者。(《马说》)
分析：这句话中"之"和"者"都是定语后置的标志。
译文：日行千里的马。

也

作为语气词，需要结合句子来分析。
表示判断。

例句：知之为知之，不知为不知，是知也。(《论语》)
译文：知道就是知道，不知道就是不知道，这就是聪明智慧。

表疑问语气。

例句：君美甚，徐公何能及君也？（《邹忌讽齐王纳谏》）
译文：您美极了，徐公怎么能比得上您呢？

表感叹语气。

例句：而不知太守之乐其乐也。（《醉翁亭记》）
译文：却不知道太守以游人的快乐为快乐啊。

在句中表停顿，舒缓语气，不译。

例句：是马也，虽有千里之能。（《马说》）
译文：这样的马，即使有日行千里的能力。

与

用作动词，译为"给"。

例句：与尔三矢，尔其无忘乃父之志！（《五代史伶官传序》）
译文：给你三支箭，希望你一定不要忘了你父亲的志向。

用作连词，多表并列关系，相当于"和、同、跟"。一般连接并列的名词、代词或名词性短语。

例句：彼与彼年相若也，道相似也。（《师说》）
译文：他和他年龄差不多，道德学问也差不多。

用作介词，可译为"替、为、和、同"等，具体需要根据语境来判断。

例句：秦伯说，与郑人盟。（《烛之武退秦师》）
译文：秦伯很高兴，和郑国结盟了。

用作助词，后作"欤"，一般在句尾，可译为"吗、呢"等，读 yú。

例句：渔父见而问之曰："子非三闾大夫与？"（《渔父》）

译文：渔父见到屈原便问他说："您不是三闾大夫吗？"

且

用作连词，表并列，经常用在两个形容词或两个动词之间。

例句：不义而富且贵，于我如浮云。（《论语》）

译文：那些用不义的手段得到的荣华富贵，对我来说如同天上的浮云，毫无意义。

用作连词，表示转折。

例句：穷且益坚，不坠青云之志。（《滕王阁序》）

译文：处境艰难但志向更加坚定，决不放弃远大崇高的志气。

用作连词，表递进，多译为"况且"。

例句：以君之力，曾不能损魁父之丘，如太行、王屋何？且焉置土石？（《愚公移山》）

译文：凭借你的力气，连魁父这样的小山丘都不能削减，能把太行山、王屋山怎么样呢？况且往哪里放置土石呢？

用作副词，表示动作行为将要发生，常用在动词前，多译为"将、将要、就要"等。

例句：不出，火且尽。（《游褒禅山记》）

译文：再不出去，火就要熄灭了。

用作副词，表示数量接近，常用在数词之前，多译为"将近"等。

例句：北山愚公者，年且九十。（《愚公移山》）

译文：北山下面有个名叫愚公的人，年纪将近九十岁了。

用作副词，表示动作行为的不得已，用在动词前，多译为"姑且、暂且"等。

例句：存者且偷生，死者长已矣！（《石壕吏》）
译文：活着的人姑且活一天算一天，死去的人就永远不会复生了！

曰

用作动词，相当于"说"。

例句：子曰："学而时习之，不亦乐乎？"（《论语》）
译文：孔子说："学了，然后按一定的时间去复习，不也很高兴吗？"

由"说"的意思，引申为"叫作、称为"。

例句：隶而从者，崔氏二小生：曰恕己，曰奉壹。（《小石潭记》）
译文：跟着同去的，有姓崔的两个年轻人：一个叫作恕己，一个叫作奉壹。

语气词，用于句首或句中，无实际含义，不译。

例句：曰归曰归，岁亦莫止。（《诗经·采薇》）
译文：回家啊，回家啊，但到了年末仍没有实现。

若

用作动词，译为"像、好像"。

例句：急湍甚箭，猛浪若奔。（《与朱元思书》）
译文：湍急的水流比箭还快，凶猛的巨浪像奔腾的骏马。

用作第二人称代词，译为"你、你的、你们"等。

例句：若屈伸呼吸，终日在天中行止。（《杞人忧天》）
译文：你一举一动，一呼一吸，整天都在天空里活动。

用作指示代词，译为"这个、这样、此"等。

例句：君既若见录，不久望君来。(《孔雀东南飞》)
译文：你既然这样惦记我，不久之后希望你来看我。

用作连词，表假设，译为"假如、如果"。

例句：若士必怒，伏尸二人，流血五步，天下缟素。(《唐雎不辱使命》)
译文：如果有胆识、有才能的人一定要发怒，就要让两个人横尸在地，血流五步远，全国人民都要穿白色丧服。

用作连词，表示选择，可译为"或、或者"。

例句：以万人若一郡降者，封万户。(《汉书·高帝纪上》)
译文：带领一万人或者一个郡投降的，封为万户侯。

用作助词，用在形容词词尾，表示"……的样子"。

例句：桑之未落，其叶沃若。(《诗经·氓》)
译文：桑树叶子未落时，它的叶子非常茂盛。

因

用作介词，表示动作出现的原因、依据、方式，译为"趁着、通过、按照"等。

例句：因击沛公于坐。(《鸿门宴》)
译文：(你) 趁机把沛公击杀在座位上。

例句：因宾客至蔺相如门谢罪。(《史记·廉颇蔺相如列传》)
译文：(廉颇) 通过宾客的带领到蔺相如门前谢罪。

用作连词，多表顺承，一般处于复句的两个分句之间，或者有承接前文动作行为开启下文的作用，可译为"于是"等。

例句：先生不知何许人也，亦不详其姓字，宅边有五柳树，因以为号焉。（《五柳先生传》）

译文：不知道先生是什么地方的人，也不清楚他的姓和字，因为宅边有五棵柳树，于是就把这个当作名号了。

用作动词，译为"沿袭、依靠"等。

例句：蒙故业，因遗策。（《过秦论》）

译文：承接已有的基业，沿袭前代的策略。

乎

用作语气助词，可用在句尾表示疑问，这个用法比较常见。

例句：学而时习之，不亦乐乎？（《论语》）

译文：学了，然后按一定的时间复习，不也很高兴吗？

用作语气助词，放在句中表示停顿，舒缓语气，没有实际含义。

例句：牡丹之爱，宜乎众矣。（《爱莲说》）

译文：（对于）牡丹的喜爱，人数当然就很多了。

用作语气助词，用在形容词词尾，表示感叹、赞叹，不译。

例句：飘飘乎如遗世独立，羽化而登仙。（《赤壁赋》）

译文：飘飘然如遗弃尘世，超然独立，成为神仙，进入仙境。

用作介词，相当于"于"，一般用在句中。

例句：颓然乎其间者。（《醉翁亭记》）

译文：醉倒在众人中间。

矣

用作语气词，用于疑问句中，表示疑问语气。

例句：年几何矣？（《触龙说赵太后》）
译文：年龄多大了？

用作语气词，用在祈使句中，表示祈使语气。

例句：公子勉之矣，老臣不能从。（《信陵君窃符救赵》）
译文：公子您努力干吧，老臣不能随从了。

用作语气词，用在陈述句中，表示陈述语气或表示已然、将然。可译为"了"，也可以不译。

例句：温故而知新，可以为师矣。（《论语》）
译文：在温习旧知识时，能有新体会、新发现，就可以做老师了。

用作语气词，用在感叹句中，表示感叹语气。

例句：甚矣，汝之不惠！（《愚公移山》）
译文：你太不聪明了！

用在复句中的前一分句后，表示停顿，没有实际含义。

例句：吾尝终日而思矣，不如须臾之所学也。（《劝学》）
译文：我曾经一天到晚地冥思苦想，（却）比不上片刻学到的知识（收获大）。

何

用作疑问代词，译为"什么"。

例句：然则何时而乐耶？（《岳阳楼记》）

译文：那么他们什么时候才会感到快乐呢？

用作疑问副词，通常用在句首或动词前，常表示反问。

例句：徐公何能及君也？（《邹忌讽齐王纳谏》）
译文：徐公怎么能比得上您呢？

用作副词，与"其、一"连用，译为"多么、怎么这么"。

例句：吏呼一何怒！妇啼一何苦！（《石壕吏》）
译文：差役吼得多么凶狠啊！老妇人啼哭得多么可怜啊！

虽

用作连词，相当于"纵使、即使"，一般用在假设关系中。

例句：期年之后，虽欲言，无可进者。（《邹忌讽齐王纳谏》）
译文：一年之后，即使想进言，也没有什么可说的了。

用作连词，相当于"虽然"，多用于转折关系。

例句：故余虽愚，卒获有所闻。（《送东阳马生序》）
译文：所以我虽然愚钝，最终还是得到不少教益。

文言文句式

句式也是文言文翻译的一个难点，但只要掌握规律，就能做到有据可循，使难题迎刃而解。接下来来看主要的句式类型。

判断句

判断句指对事物的性质、情况、事物之间的关系做出肯定或否定判断的句子，即是什么或不是什么。在文言文中，判断句会有一些固定的格式，帮助我们更好地辨认。

用"者、也"表示判断，有四种句式。

①……者，……也。这是比较标准的判断句，"者"在主语后表示停顿，"也"表示判断。

例句：陈胜者，阳城人也。(《陈涉世家》)

译文：陈胜是阳城人。

②……者，……。"者"在主语后表示停顿，谓语后不用"也"。

例句：粟者，民之所种。(《论贵粟疏》)

译文：粮食，是百姓种出来的。

③……，……也。前面不用"者"表示停顿。

例句：项脊轩，旧南阁子也。(《项脊轩志》)

译文：项脊轩，就是原来的南阁子。

④……，……者也。前边不用"者"停顿，在谓语后用"者也"表判断。

例句：莲，花之君子者也。(《爱莲说》)

译文：莲，是花中的君子。

用"为"做判断动词。句式多为"……为……"，可灵活翻译成"是、就算是、就像是"等。

例句：如今人为刀俎，我为鱼肉。(《鸿门宴》)

译文：现在人家就像是切肉的刀和案板，而我们就像是鱼和肉。

用"是"做判断动词。

例句：斯是陋室，惟吾德馨。(《陋室铭》)

译文：这是简陋的房子，只是我（住屋的人）品德高尚（就感觉不到简陋了）。

用"乃"做判断动词。

例句：当立者乃公子扶苏。(《陈涉世家》)

译文：应当立的是公子扶苏。

无明显标志词，通过语意直接表示判断。

例句：秦，虎狼之国。(《屈原列传》)

译文：秦国是像虎和狼一样凶猛的国家。

否定判断句。一般是在谓语前面加上副词"非"，可译为"不是"。

例句：卿今者才略，非复吴下阿蒙。(《孙权劝学》)

译文：你现在的才干和谋略，不再是原来那个东吴的（没有学识的）阿蒙了。

省略句

文言文语句中，根据习惯省略某词或某种成分的句子叫省略句。在翻译时，记得"瞻前顾后"，结合上下文全面翻译句子，避免遗漏。主要有省略主语、省略谓语、省略宾语、省略介词、省略兼语几种情况。

省略主语。指逻辑上有主语而形式上没有主语的情况，有三种类型。

①承前省略，前后主语一致，后边的主语省略了。

例句：屠大窘，恐前后受其敌。顾野有麦场，场主积薪其中，苫蔽成丘。(《狼》)

分析：前半句话的主语是"屠夫"，后边的主语依然是"屠夫"，但省略了，应该是"（屠）顾野有麦场，场主积薪其中，苫蔽成丘"。

译文：屠夫很为难，恐怕前后一起遭受它们的攻击。看野地里有一个打麦场，场主人在打麦场里堆积柴草，覆盖成小山一样。

②蒙后省略。

例句：度我至军中，公乃入。(《鸿门宴》)

分析：这句话的主语是"公"，前边省略了，应该是"(公)度我至军中，公乃入"。前后主语一致，蒙后省略了主语，在翻译的时候注意补充出来。

译文：(你)估计我回到军营里，你再进去。

③对话中省略。

例句：樊哙曰："今日之事何如？"良曰："甚急！"(《鸿门宴》)

分析：这里"甚急"前省略了主语"今日之事"。

译文：樊哙说："今天的事情怎么样？"张良说："很危急！"

省略谓语也有三种情况。
①承上文谓语而省略。

例句：一鼓作气，再而衰，三而竭。(《曹刿论战》)

分析：后面两句省略了谓语，应该是"再(鼓)而衰，三(鼓)而竭"。

译文：第一次击鼓能够鼓起士气，第二次击鼓时士气减弱，到第三次击鼓时士气已经穷尽了。

②蒙下文谓语而省略。

例句：杀人如不能举，刑人如恐不胜。(《鸿门宴》)

分析：前半句省略了谓语"恐"，应该是"杀人如(恐)不能举，刑人如恐不胜"。

译文：杀人唯恐不能杀尽，惩罚人唯恐不能用尽酷刑。

③联系上下文，看省略的谓语是什么。

例句：公之视廉将军孰与秦王？（《史记·廉颇蔺相如列传》）

分析：这句话应该是"公之视廉将军孰与秦王（威）？"需要联系上下文来看。

译文：诸位认为廉将军和秦王相比谁更厉害？

省略宾语。文言文中，省略动词或介词后的宾语是比较普遍的，省略的多是"之"。

例句：项伯乃夜驰之沛公军，私见张良，具告以事。（《鸿门宴》）

分析："告"后边省略了宾语"之"，应该是"具告（之）以事"。这是省略了动词后边的宾语。

译文：项伯就连夜骑马跑到刘邦的军营，私下会见张良，把事情详细地告诉了他。

例句：衣食所安，弗敢专也，必以分人。（《曹刿论战》）

分析：这里"以"后省略了"之"，应该是"必以（之）分人"。省略了介词后宾语。

译文：衣食这类用来安身的东西，不敢独自享有，一定把它分给别人。

省略介词。

例句：顾野有麦场，场主积薪其中，苦蔽成丘。（《狼》）

分析：这里应该是"场主积薪（于）其中"。省略介词"于"，译为"在"。

译文：（屠户）看野地里有一个打麦场，场主人在打麦场里堆积柴草，覆盖成小山一样。

省略兼语。"使、命、令"这类动词的宾语常兼作后面一个主谓短语的主语，这个词就称作兼语。古汉语中兼语往往被省略，所省多是代词"之"。

例句：不如因而厚遇之，使归赵。（《史记·廉颇蔺相如列传》）

分析：这里"使"后边省略了"之"，指蔺相如，应该是"使（之）归赵"。

译文：不如趁此好好款待他，放他回到赵国。

被动句

古代汉语中，主语是谓语动词所表示行为的受动者的句式，叫被动句。文言文中被动句很少直接用介词"被"，而是以借用其他介词的方式来表示。常见的有五种句式。

用介词"于"引进动作行为的施动者，表示被动，即"谓语＋于……"的形式。

例句：故内惑于郑袖，外欺于张仪。（《史记·屈原贾生列传》）

分析：这里"于"引进动作"惑、欺"的施动者，表示被动。"于"表被动在文言文中很常见。

译文：所以在内被郑袖迷惑，在外被张仪欺骗。

在动词前面用"见"表示被动，构成"见＋谓语"的形式，或者构成"见＋谓语＋于"的形式。

例句：众人皆醉而我独醒，是以见放。（《史记·屈原贾生列传》）

译文：世人都迷醉了，唯独我清醒，因此被放逐。

例句：臣诚恐见欺于王而负赵。（《史记·廉颇蔺相如列传》）

译文：我实在害怕被大王欺骗而对不起赵王。

在动词前面用"受"字来表示被动，构成"受＋谓语＋于"的形式。

例句：吾不能举全吴之地，十万之众，受制于人。（《赤壁之战》）

译文：我不能拿整个吴国的土地以及十万大军，被别人控制。

用"为"引进动作行为的施动者，表被动，通常谓语前会再加上"所"字，构成"为……所……"式或"……为所……"式。

例句：数十伶人困之，而身死国灭，为天下笑。（《五代史伶官传序》）

译文：几十个伶官便把他困住了，进而导致他命丧国亡，被天下人所耻笑。

例句：不（fǒu）者，若属皆且为所虏！（《鸿门宴》）

译文：否则，你们都将被他俘虏！

无任何标志的被动句。这种被动句中不出现任何被动词，翻译时要根据上下文的意思补出。

例句：帝感其诚。（《愚公移山》）

分析：其实这句话也可以当作省略句"帝感（于）其诚"，这就是比较明显的被动句了。

译文：天帝被愚公的诚心感动。

例句：戍卒叫，函谷举。（《阿房宫赋》）

分析：这里没有明显表示被动的标志，是根据上下文的意思翻译出来的。

译文：戍边的陈涉、吴广一声呼喊，函谷关被攻下。

倒装句·宾语前置句

为了强调、突出等目的而颠倒原有语序的句式叫作倒装句。在倒装句中，颠倒了的成分可以恢复原位而句意基本不变，句法成分也不变。我们主要介绍四种文言文倒装句：宾语前置句、定语后置句、状语后置句、谓语前置句。

首先是宾语前置句。在正常语序中，宾语一般在动词或介词之后。如果动词或介词的宾语在其前边，就是宾语前置。宾语前置有以下几种情况。

疑问句中，疑问代词做宾语时，一般放在谓语动词或介词前面。

例句：孔子云，何陋之有？（《陋室铭》）

分析："何"是疑问代词，做"有"的宾语，正常语序应该是"有何陋之？"

译文：孔子说，有什么简陋的呢？

否定句中，宾语如果是代词，要前置。

例句：古之人不余欺也！（《石钟山记》）

分析："余"是"欺"的宾语，应放在"欺"的后边，即"古之人不欺余也"。

译文：古人没有欺骗我啊！

表强调，将宾语提到前边。

例句：全石以为底。（《小石潭记》）

分析：这句话的语序应该是"以全石为底"。

译文：潭以整块石头为底。

倒装句·定语后置句

定语的位置一般在中心词前边，但有时为了突出中心词的地位，或使语气更流畅，往往把定语放在中心词之后，这就是定语后置，主要有四种情况。

定语放在中心语之后，用"者"字收尾，构成"中心语 + 定语 + 者"的形式。

例句：峰回路转，有亭翼然临于泉上者，醉翁亭也。（《醉翁亭记》）

分析："翼然临于泉上"是"亭"的定语，正常语序应该是"翼然临于泉上亭"。

译文：山势回环，路也跟着拐弯，有一座像鸟张开翅膀一样高踞于泉水之上的亭子，就是醉翁亭了。

在中心语和后置定语之间加上"之"字，构成"中心语 + 之 + 定语"的句式。

例句：凌万顷之茫然。（《赤壁赋》）

分析：正常语序应该是"凌茫然之万顷"。

译文：越过苍茫万顷的江面。

有时后边会加上"者"，构成"中心语 + 之 + 定语 + 者"的句式。

例句：马之千里者，一食或尽粟一石。（《马说》）

分析："马之千里者"的正常语序应为"千里之马"。

译文：能日行千里的马，吃一顿有时能吃完一石粮食。

数量词做定语，构成"中心语 + 数量词"的形式。文言文中数量词做定语一般都会放在中心语后边。

例句：我持白璧一双，欲献项王；玉斗一双，欲与亚父。(《鸿门宴》)

分析：这里应该是"一双白璧""一双玉斗"。

译文：我带了一对玉璧，想献给项王；一双玉斗，想送给亚父。

倒装句·状语后置句

现代汉语中，介宾短语做状语一般放在谓语之前。古代汉语中，介宾短语一般放在谓语之后，这种句子我们称为状语后置句。其中，以"于、以、乎"构成的介宾短语后置句居多，翻译时要将介宾短语移到谓语前。主要有四种情况。

介词"于"组成的介宾短语做状语后置。

例句：躬耕于南阳，苟全性命于乱世。(《出师表》)

分析：正常语序应为"于南阳躬耕，于乱世苟全性命"。

译文：在南阳郡亲身耕种，在乱世间只求保全性命。

介词"以"组成的介宾短语做状语后置。

例句：我非爱其财而易之以羊也。(《齐桓晋文之事》)

分析：这里"易之以羊"应该是"以羊易之"，翻译时要调整为正常语序。

译文：我不是吝惜那点财物，才用羊替换牛的。

介词"乎"构成介宾短语，做状语后置。

例句：生乎吾前，其闻道也固先乎吾。(《师说》)

分析："生乎吾前"应该是"乎吾前生"，"先乎吾"应该是"乎吾先"。

译文：在我之前出生的人，他们见识事情本来也比我早。

还有一些状语后置没有明显的标志，多是比喻句，需要根据句子来分析。

例句：更有痴似相公者。(《湖心亭看雪》)

分析："痴似相公者"是"似相公痴者"的倒装，"似相公"即"像相公您一样"，修饰"痴"做状语。

译文：还有像相公您一样痴的人啊。

倒装句·谓语前置句

古代汉语中谓语的位置和现代汉语中一样，一般放在主语之后。但有时，为了强调和突出谓语的意义，在一些感叹句或疑问句中，会把谓语提到主语前面，加重谓语的语气和感情色彩，这就是谓语前置。

例句：甚矣，汝之不惠！(《愚公移山》)

分析：这句话的谓语是"甚矣"，正常语序应该是"汝之不惠，甚矣"。

译文：你太不聪明了！

例句：安在公子能急人之困也？(《信陵君窃符救赵》)

分析："安在"是"公子能急人之困"的谓语，提到了前边。应该是"公子能急人之困安在也？"这是一个疑问句，疑问代词"安"做宾语，所以同时还是一个宾语前置句。应该是"公子能急人之困在安也？"

译文：公子能帮助别人摆脱危难又表现在哪里呢？

谓语前置在陈述句中也会见到。

例句：丰年留客足鸡豚。(《游山西村》)

分析：这里"足鸡豚"应该是"鸡豚足"。

译文：在丰收的年景，农家待客的菜肴非常丰盛。

疑问句与反问句

文言文中，表疑问、反问的句子会有比较明显的疑问词。

第一种疑问句，有"何"字的情况，分为四种类型。

①何所，即"所何"的倒装，疑问代词前置，可译为"……的（人、事、物）干什么用"。

例句：白雪纷纷何所似？（《咏雪》）

分析："何所似"实际是"所似何"，即"像什么呢"，是疑问语气。

译文：这纷纷扬扬的白雪像什么呢？

②何以，即"以何"的倒装，表疑问，译为"用什么办法、凭借什么"等。

例句：何以解忧？唯有杜康。（《短歌行》）

分析："何以"即"以何"，也就是"用什么"，显然是疑问语气。

译文：靠什么来排解忧闷？唯有狂饮方可解脱。

③何如，常用来询问行为方式或事物状况，译为"怎么样"。

例句：今日之事何如？（《鸿门宴》）

分析："何如"译为"怎么样"，显然是疑问语气。

译文：今天的事情怎么样？

④奈何、何哉，译为"为什么……呢"或"为什么呢"。

例句：奈何忧其坏？（《杞人忧天》）

译文：为什么还担心地会陷下去呢？

第二种疑问句，"乎"用在疑问句句尾，表示疑问语气。

例句：王侯将相，宁有种乎？（《陈涉世家》）

译文：王侯将相难道天生高贵吗？

反问句。"不亦……乎"，译为"不也是……吗"。

例句：学而时习之，不亦乐乎？（《论语》）
译文：学了，然后按一定的时间去复习，不也很高兴吗？

否定句

否定句指表示否定意思的判断句，需要重点关注句中的否定词。

副词表否定，如"不、非、弗、勿"等。

例句：朽木不可雕也。（《论语》）
分析：这里"不"是否定副词，修饰动词"雕"，表否定，译为"没有，不能"。
译文：腐烂的木头无法雕刻。

例句：己所不欲，勿施于人。（《论语》）
分析：这里"勿"修饰动词"施"，是否定副词，译为"不要"。
译文：自己不想要的东西，就不要强加给别人。

动词表否定，如"无"，可译为"没有"。

例句：黔无驴，有好事者船载以入。（《黔之驴》）
分析：这里"无"是动词，译为"没有"。
译文：黔这个地方本来没有驴，有一个喜欢多事的人用船运来（一头驴）进入这个地方。

文言文

- 文言文概念与特点
- 文言文句读与翻译原则
- 文言文实词
  - 通假字
  - 古今异义
  - 一词多义
  - 词类活用
- 文言文虚词
  - 之 其 以 而 于
  - 为 所 然 则 者
  - 也 与 且 曰 若
  - 因 乎 矣 何 虽
- 文言文句式
  - 判断句
  - 省略句
  - 被动句
  - 倒装句
  - 疑问句与反问句
  - 否定句